政治文化与政治文明书系

主 编：高 建 马德普

行政文化与政府治理系列

执行主编：吴春华

天津市高等学校人文社会科学研究项目：
知识型团队成员异质性对团队创造力的影响机制研究
（项目号：52WR1409）

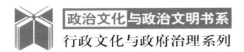

政治文化与政治文明书系
行政文化与政府治理系列

知识型团队创造力形成机理研究

陈文春 ◎著

天津出版传媒集团
天津人民出版社

图书在版编目（ＣＩＰ）数据

知识型团队创造力形成机理研究 / 陈文春著. -- 天
津：天津人民出版社, 2019.12
（政治文化与政治文明书系. 行政文化与政府治理系
列）
ISBN 978-7-201-15785-6

Ⅰ.①知… Ⅱ.①陈… Ⅲ.①组织管理学—研究
Ⅳ.①C936

中国版本图书馆 CIP 数据核字(2020)第 019369 号

知识型团队创造力形成机理研究
ZHISHIXING TUANDUI CHUANGZAOLI XINGCHENG JILI YANJIU

出　　版	天津人民出版社	
出版人	刘　庆	
地　　址	天津市和平区西康路35号康岳大厦	
邮政编码	300051	
邮购电话	（022）23332469	
电子信箱	reader@tjrmcbs.com	

策划编辑	王　康	
责任编辑	郑　玥	
特约编辑	安　洁　武建臣	
封面设计	卢炀炀	

印　　刷	天津新华印务有限公司	
经　　销	新华书店	
开　　本	710毫米×1000毫米　1/16	
印　　张	18.25	
插　　页	2	
字　　数	250千字	
版次印次	2019年12月第1版　2019年12月第1次印刷	
定　　价	78.00元	

政治文化与政治文明书系

天津师范大学政治文化与政治文明建设研究院·天津人民出版社

编 委 会

前　言

在行业调整频繁与竞争环境日益严峻的今天，创新对于组织应对内外环境变化，获得可持续竞争优势有着举足轻重的作用。创造力是创新的前提和起点，更是组织核心能力的重要体现。随着专业化和任务复杂化程度的提升，团队协作成为组织中越来越普遍采用的工作方式，团队创造力（team/group creativity）形成对组织创新体系及整体创新活动的开展具有重要意义。但在实际情况中，团队项目或任务进度缓慢甚至失败，创意枯竭的现象经常出现，不仅浪费了大量的组织资源，也降低了团队士气和凝聚力。如何激发和管理团队创造力成为一个重要的理论和实践问题。

从已有理论与文献研究来看，创造力研究往往更多地关注于个体创造力（individual creativity）的影响因素及表现，在少数的团队创造力研究中大都采用单一研究视角探讨团队过程（如人际冲突、信任）的作用机制，既忽视了对团队整体创造力形成的考察，也忽略了对具体组织情境下团队创造力形成的核心过程与关键驱动要素的分析。知识型组织是知识与信息的分布系统，团队完成组织目标，实现创新的主体，其创造力的形成具有明显的"知识特性"，也与其拥有的"社会资源"密不可分。因此，本书试图在知识型组织情境中，以团队社会资本、团队多样性为起点，知识整合为中间过程，探索知识型团队创造力的形成机理。这一新思路能有效地丰富和拓展相关领域的理论研究。对于知识型组织管理实践而言,相关研究成果也为知识型团队建设、知识管理、创造力管理提供了策略建议。

结合相关理论与文献研究、实际调研,笔者聚焦了五个研究问题:①知识型团队社会资本的内在构成是什么? 其不同构成对团队创造力形成是否有着不同的影响? 回答这一问题有助于进一步深化团队社会资本对创造力的影响研究,从更微观的角度理解哪些社会资本要素有助于增进团队创造力。②知识型团队存在哪些多样性特质? 不同的多样性特质是否影响团队创造力的形成? 回答这一问题有助于进一步厘清知识型团队不同多样性特质的影响机理。③团队如何整合与任务有关的知识与信息? 即知识整合方式的类型与作用。团队在知识整合过程中是否能形成团队创造力? 回答这一问题有助于剖析团队创造力形成的知识特征。④团队社会资本如何影响团队创造力的形成? 即团队社会资本通过知识整合方式形成团队创造力的作用规律和机制,回答这一问题有助于更加全面地考察团队创造力的形成机理。⑤团队多样性特质如何影响团队创造力的形成? 即不同多样性特质通过团队学习行为形成团队创造力的作用机理。围绕以上问题,本书以知识型团队为研究背景,沿着"团队社会资本/团队多样性特质→知识整合方式/团队学习行为→团队创造力"的逻辑思路,采用问卷调研的方式,利用SPSS21.0和AMOS21.0等软件工具,对研究假设进行了实证分析。主要研究结论如下:

第一,团队社会资本对团队创造力有着正向影响作用,但不同构成要素的影响效果存在差异。本书采用联结强度(tie strength)衡量结构社会资本,共同语言衡量认知社会资本,情感信任(affect-based trust)与认知信任(cognition-based trust)衡量关系社会资本,并通过工作团队数据分析得出,结构社会资本与关系社会资本对团队创造力均存在正向影响, 而认知社会资本对团队创造力则不存在显著的正向影响。在具体衡量指标影响效应上,对团队创造力的影响效应从大到小依次是联结强度、情感信任与认知信任。

第二，基于理论分析与企业实地调研，系统研究了知识整合过程、类型与特征，并通过实证研究验证了系统式整合与协调式整合对团队创造力的影响作用，结果发现系统式整合与协调式整合均对团队创造力有着积极的影响。在影响效应上，协调式整合对团队创造力的预测效果要优于系统式整合。

第三，不同的知识整合方式在团队社会资本对团队创造力的影响机制中发挥了不同的作用。其中，协调式整合在团队社会资本各要素对创造力的影响机制中起到了完全中介作用，即结构社会资本与关系社会资本是通过开展协调式整合方式完成了相关信息与知识的组合与重构，形成了团队创造力。但系统式整合对团队社会资本与创造力的关系中介传导机制是有限的，仅在认知信任对创造力的作用机制中发挥了部分中介作用，而对其他社会资本要素则未发挥中介作用。总的来看，团队社会资本对团队创造力的影响机制主要是由协调式整合的中介传导来实现。

第四，知识多样性是知识型团队尤为凸显的多样性特质，其对团队创造力有着显著的影响。不同的知识整合方式在知识多样性与团队创造力关系间发挥不同的作用，其中协调式知识整合是基于团队成员互动交流的整合活动，其在知识多样性与团队创造力之间发挥中介效应，说明在高科技企业中知识多样性是通过协调式知识整合完成相关知识的组合与重构，从而提升团队创造力。系统式知识整合具有程序化和常规化的特点，在协调式知识整合与团队创造力之间的调节效应，说明高水平系统式整合有助于增强协调式知识整合对团队创造力的影响，低水平系统式整合则削弱协调式知识整合对团队创造力的影响。此外通过分析被调节的中介效应发现，协调式知识整合对知识多样性和团队创造力间关系的中介作用依赖于系统式知识整合程度，即当系统式知识整合高的时候，协调式知识整合在知识多样性和团队创造力之间起完全中介作用，反之，协调式知识整合的中介作用消失。

第五，研究验证了价值观异质性与知识异质性通过团队学习行为作用于团队创造力。其中，知识异质性程度高会提升高水平的团队学习行为，进而增强团队创造力的形成，而价值观异质性程度高会抑制团队学习行为，进而削弱团队创造力的形成。两种异质性特质对团队创造力的作用受到边界条件的影响，即团队认同在两者关系中起调节作用，但调节作用的方向不同。基于交互效应分析的两种异质性竞争对团队创造力有着负向的影响作用，表明知识异质性对团队创造力的影响效应随着价值观异质性的增加而降低，价值观异质性的增加将削弱知识异质性对团队创造力的关系，两种异质性特质存在显著的竞争关系。

上述研究结论既有助于丰富和完善团队创造力理论、知识整合理论、团队社会资本理论及团队多样性理论，也对我国知识型团队的管理实践具有一定的启示和指导意义。

目　录

第一章　绪论 / 1

　　第一节　研究背景与问题提出 / 1

　　第二节　研究目的与意义 / 7

　　第三节　研究范围 / 11

　　第四节　研究方法、技术路线和结构安排 / 13

第二章　相关理论与文献评述 / 18

　　第一节　社会资本相关文献研究 / 18

　　第二节　团队多样性相关文献研究 / 33

　　第三节　知识整合相关文献研究 / 40

　　第四节　团队创造力的相关概念及其研究 / 59

　　本章小结 / 81

第三章　社会资本视角下知识型团队创造力形成过程

　　　　　——以高科技企业为例 / 82

　　第一节　高科技企业的界定与特征 / 83

　　第二节　高科技企业成长障碍与路径分析

　　　　　——基于信息空间的视角 / 86

　　第三节　高科技企业团队创造力的内涵与特征 / 96

　　第四节　团队创造力形成的驱动要素:团队社会资本 / 99

　　本章小结 / 108

第四章　知识型团队知识整合的构建与测量

　　　　——以高科技企业为例 / 109

　第一节　团队知识整合的内涵、过程与划分 / 110

　第二节　团队知识整合方式的量表设计与预调研 / 116

　第三节　数据分析 / 119

　第四节　结论与展望 / 122

第五章　团队社会资本对团队创造力的影响的研究模型 / 124

　第一节　以往研究取得的进展与存在的不足 / 124

　第二节　本章拟解决的理论问题 / 130

　第三节　本章的理论基础 / 132

　第四节　本章主要创新点 / 142

　第五节　基本概念界定 / 144

　第六节　研究假设的提出 / 149

　第七节　研究假设汇总与概念模型 / 164

　本章小结 / 165

第六章　团队社会资本对团队创造力的影响机制的实证设计与

　　　　数据处理 / 166

　第一节　调查问卷设计的原则与过程 / 166

　第二节　测量条款的产生 / 168

　第三节　预调研 / 172

　第四节　正式研究数据收集方法与过程 / 180

　第五节　团队层面数据加总验证 / 182

　本章小结 / 183

第七章　团队社会资本对团队创造力的影响机制的假设检验 / 185

　第一节　研究数据的描述性统计 / 185

第二节　研究数据质量评估 / 187

第三节　控制变量的影响分析 / 195

第四节　主要变量间的相关性分析 / 199

第五节　相关研究假设检验 / 200

第六节　假设检验结果分析 / 214

本章小结 / 219

第八章　团队社会资本对团队创造力的影响研究的结论与讨论 / 221

第一节　主要结论与讨论 / 221

第二节　管理启示 / 225

第三节　研究局限性及展望 / 228

第九章　知识多样性对团队创造力的影响机制研究
　　　　——一个被调节的中介模型 / 230

第一节　问题的提出 / 230

第二节　文献回顾与研究假设 / 231

第三节　研究方法 / 237

第四节　假设检验及结果讨论 / 240

第五节　讨论与启示 / 245

第十章　团队异质性竞争对团队创造力的影响机制研究 / 248

第一节　问题的提出 / 248

第二节　研究理论与假设 / 249

第三节　研究方法 / 257

第四节　实证分析结果 / 261

第五节　结论与展望 / 266

主要参考文献 / 270

第一章　绪　论

第一节　研究背景与问题提出

一、实现和提升团队创造力成为管理实践中的核心命题

知识经济带来了组织环境的高度不确定性。[1]行业调整加剧、顾客需求的快速变化、生产技术的不断改进,产品生命周期缩短,使得知识密集型行业中组织间的竞争模式由传统的规模竞争转向速度竞争和创意竞争。创新是组织获得可持续竞争优势的关键要素。[2]富有竞争性的产品创新体系成为明尼苏达矿务及制造业公司(Minnesota Mining and Manufacturing,简称 3M 公司)的成功源泉,其产品涵盖了航空材料、通讯电缆、建筑材料、医疗护理等数十个领域,研发的新材料被广泛应用到汽车、电脑、手机等产品上。谷歌

---

[1]　Nonaka I., The Knowledge Creating Company, *Harvard Business Review*, No.11, 1991, pp.96-104.

[2]　Kim Y., Min B. & Cha J., The Roles of R&D Team Leaders in Korea: A Contingent Approach, *R&D Management*, No.2, 1999, pp.153-166.

公司也成为近年来发展速度最快的公司,从最初的搜索引擎到邮件、文档、浏览器及互联网广告业务,都取得了用户的广泛认可,其"宽松管理、鼓励失败"与"20%原则"的创新理念是其获取成功的法宝。根据世界知识产权组织公布的 2008 年数据显示,华为公司在全球专利申请公司排行榜名列第一,在美国著名商业杂志《快速公司》(Fast Company)评选的2010 全球最具创新力的五十强中,其超越了阿尔卡特朗讯、诺基亚等多家国外通信设备制造商,名列第五。正是华为公司强大的技术创新力保证其在全球严峻的竞争形势下保持经营业绩的增长。从上述企业的成功经验中可以发现,创新是企业生存发展的根基,创新是富有创造力的观点、见解,创造力是组织创新的前提,对知识型组织的发展是不容忽视的。

随着组织面临的内外环境不确定性的提升,形成高水平的创造力是组织应对变革、突破发展瓶颈的重要途径。与此同时,专业分工的细化,任务工作的综合化与复杂化程度的提高,单靠个体已经无法完成整个产品开发与服务过程。团队日益成为组织构建竞争优势的重要单元,也是实现自主创新能力的重要平台。团队更是联结个体与组织的重要桥梁,是个体工作的重要情境。大量研究证明,团队能够促进组织运作的有效性及创新绩效的提升。在大多数组织中,团队创造力成为衡量团队绩效的重要标准,只有充分实现团队创造力才能真正提升组织创新能力,才能为组织创新提供丰富的"理念池"。

然而,在知识密集型行业中,创新道路并不是一帆风顺的,即使是组织认为富有革命性的创新也会遇到阻碍,如谷歌由于用户对 Google Wave 社交网络服务缺乏兴趣,取消了这个开发项目。而团队呈现出参差不齐的创造力水平,即使拥有优秀的团队成员,有些团队创造力水平仍然很低,不能及时响应外部环境的变化以提高团队有效性。一项通过对 235 个软件开发项目的问卷调查发现,其中的 79 个项目失败的原因主要集中在"交付日期影响了开发过程"(92.9%），"项目难度被低估"(81.4%），"项目成员合作不愉快"(72.9%)及"用户有不现实的预期"(68.6%)等。①而在笔者进行研究的93个知识密集型团队中,约43%的团队认为其创造力水平不理想,限制了其产品与服务的质量。

综上,创造力的形成日益成为组织与团队管理实践中的核心内容,本书试图从团队层面深入探讨知识型团队创造力的形成机理,识别出团队创造力的关键影响因素及其影响机制。

二、团队社会资本是实现团队创造力的关键资源要素

中国是一个"关系导向"的社会,与西方社会相比,中国社会不是个人本位,也不是社会本位,而是关系本位。②关系影响着个体、组织与环境的互动,并在某种程度上决定了社会资源的配置,成为组织竞争力的重要组成,直接影响着组织绩效。③不同于个体社会资本,团队社会资本是一个跨层次、多定义的概念。一方面,团队社会资本嵌入于团队成员拥有的关系网络中,是通过这些关系网络获得,并从这些关系网络中衍生出来的现实的和潜在的资源综合。④另一方面,团队社会资本体现了团队成员彼此互动中共有的非正式价值观或规范。团队社会资本既包含了成员拥有的部分资源内容,也涵盖团队整体拥有的资源水平,是属于准公共产品的范畴。

在知识密集型行业中,越来越多的组织开始重视社会资本在个体、团队

---

① Cerpa N., Verner J. M., Why Did Your Project Fail？, *Communication of the ACM*, No.12, 2009, pp. 130–134.

② 参见梁漱溟：《中国文化要义》,上海人民出版社,2011 年,第 78~80 页。

③ Park S. H., Luo Y., Guanxi and Organizational Dynamics：Organizational Networking in Chinese Firms, *Strategic Management Journal*, No.5, 2001, pp.455–477.

④ Nahapiet J., Ghoshal S., Social Capital, Intellectual Capital, and the Organizational Advantage, *Academy of Management Review*, No.2, 1998, pp.242–266.

与组织绩效中的积极作用,倡导对社会资本的干预与管理,实现从人力资源管理向社会资源管理过渡。在实际团队运作中,既重视高水平人力资本的获得,也重视高水平社会资本的积累,有效地避免"一人成龙,三人成虫""三个和尚没水喝"的现实问题。已有研究表明,社会资本的水平与多样性能带来卓越的组织绩效,团队社会资本对团队有效性有着积极的影响。[1]也有学者提出团队社会资本的不同构成对团队创造力的影响存在差异,如研究发现相互信任对团队创造力不存在作用机制。[2]

尽管在知识密集型行业,从团队社会资本角度构建团队的潜在价值很明确,但大量的实践证明,组织在实际运作中很难实现团队社会资本的积极作用。如在密集性团队网络中,成员要投入更多的精力和时间处理冗余信息及维系彼此的联结,在共同语言水平高的团队讨论中,成员难以形成思维"碰撞",在高水平信任环境下,成员间"搭便车"的现象较易出现。因此,深入且系统地探讨知识型团队社会资本及其构成对团队创造力的影响机制具有重要的理论和现实意义。基于此,本书提出的研究问题之一是:

在中国知识型团队中,团队社会资本由哪些维度构成? 有何种特征? 团队社会资本是否对团队创造力的形成具有关键驱动作用? 团队社会资本各构成对团队创造力形成的影响是否存在差异性? 哪些要素是最为关键的?

三、成员多样性是提升团队创造力的核心资源要素

多样化团队在组织运作中越来越普遍,全球化、战略联盟的兴起、兼并与并购的频繁使得团队多样性成为当代组织和团队运作的重要表现形式。

---

[1] Oh H., Chung M. & Labianca G., Group Social Capital and Group Effectiveness: The Role of Informal Socializing Ties, *Academy of Management Journal*, No.6, 2004, pp.860–875.

[2] Chen M-H, Chang Y-C & Hung S-C, Social Capital and Creativity in R&D Project Teams, *R&D Management*, No.1, 2008, pp.21–34.

如何有效地配置团队成员,如何在多样化背景下构建团队,以及如何干预团队多样性程度以实现良好的团队创新,不仅是管理者们经常要面对的问题,也是研究者们长期关注的问题之一。成员多样性是团队层面的聚合构念,指在互相依赖的工作团队中成员特有的个体特质之间的差异性。[①]越来越多的组织运用跨职能或跨学科的工作团队,如产品开发团队、管理团队、头脑风暴团队、跨职能团队,通过整合不同成员所拥有的知识和信息,解决复杂问题,获得良好的绩效。同时,团队多样性程度高也会带来一些负面影响,如冲突增多、团队凝聚力下降,以及团队分割理论指出性别多样性与创造性观点的数量负相关。[②]长期起来,研究者们一直致力于成员多样性与团队产出的关系研究,大部分研究既关注成员多样性与团队绩效的直接关系,验证了不同特质的成员多样性程度对团队产出的影响;也验证了不同环境、组织和团队情境下成员多样性对团队产出的影响是不同的,并通过引入中介变量,打开了成员多样性对团队产出作用的"黑箱"机制,了解成员多样性这一团队输入到团队产出的中间转换路径。基于此,本书提出的研究问题之二是:

在知识型团队中,成员异质性程度是否影响团队创造力的提升,影响机制是什么?围绕知识型团队的成员高异质性程度能否带来高团队创造力这一基本问题,深入探讨在何种情境(when)与何种机制下(how)高科技企业团队创造力能得到有效提升。

四、知识整合方式是实现团队创造力的核心过程机制

团队是介于个体和组织之间的复杂社会系统,具有很强的情境特征,团

---

① Jackson S E, Joshi A & Erhardt N. L., Recent Research on Team and Organizational Diversity: SWOT Analysis and Implications, *Journal of Management*, No.29, 2003, pp.801–830.

② Pearsall M. J. et al., Unlocking the Effects of Gender Faultlines on Team Creativity: Is Activation the Key?, *Journal of Applied Psychology*, No.1, 2008, pp.225–234.

队创造力的形成伴随着新知识或新观念产生的过程。尽管大多数研究认为高水平团队社会资本能为团队带来更多的资源，但在知识整合方式欠缺的情况下，即使拥有大量社会资源的团队仍如同散沙一般，不能发挥出高创造力。弗兰斯·约翰森(Frans Johanseen)指出，最为惊人的创新性观念总是源自不同知识体系的有机结合，保罗·萨夫(Paul Saffo)指出："单一领域的先进创新不会导致实质性变化，只有多个领域交叉影响、共同作用才会带来实质性创新。"①

团队是知识集合体，也是知识转移、共享、流动的最基本单元，知识整合是对知识的综合、集成和系统化的再构建，不仅包括现有知识和新知识的整合，个体知识与团队知识的整合，也包括内部知识与外部知识的整合等。知识整合是团队学习的重要过程，也是知识管理的重要环节，其整合方式的选择直接关系到团队创造力形成，是发挥团队社会资本对团队创造力积极效应的核心过程机制。如果说团队社会资本为团队创造力形成提供资源基础的话，知识整合方式的主要作用是将各类资源重新组合起来。知识整合方式反映了不同知识在团队内部的运行过程和作用结果，并最终影响团队创造力的形成。因此，本书提出的研究问题之三是：

知识型团队中如何划分不同的知识整合方式，其与团队创造力的形成的关系如何？是否存在差异？其不同的知识整合方式在团队社会资本与团队创造力关系中的中介作用是什么？或者说团队社会资本与知识整合方式对团队创造力的整合影响是什么？知识型团队拥有的社会资本的多寡是否会造成知识整合运行的效果差异？

基于上述研究背景，结合知识型工作团队这一研究对象的样本特征，本书拟将团队社会资本与知识整合方式相融合，剖析团队社会资本如何通过

---

① 转引自[美]凯斯·索耶：《天才团队如何激发团队创造力》，汤超颖、高鹏译，中国人民大学出版社，2009年，第62页。

不同知识整合方式的中介传导影响团队创造力，从而揭示知识型工作团队创造力形成的内在机理。

上述相关研究问题是本书研究的基本议题，其基本关系如图 1.1 所示。

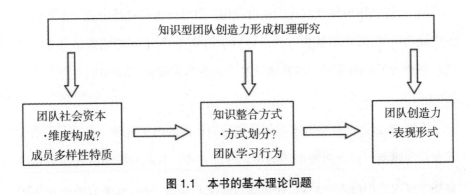

图 1.1 本书的基本理论问题

第二节 研究目的与意义

一、研究目的

本书的最终目的是探索在中国情境下，知识型团队社会资本、成员多样性特质及其知识整合方式、团队学习行为对团队创造力的影响，以全面揭示团队社会资本各维度与各多样性特质对团队创造力的作用机理，为我国知识型团队实现和提升创造力提供科学的理论依据。具体来说：

第一，明确团队社会资本的维度结构。以团队社会资本为切入点，对团队创造力进行研究，明确团队社会资本的维度结构，是研究深入开展的基础。本书在传统的团队社会资本的结果、认知、关系的划分基础上，提出了联结强度、共同语言、情感信任与认知信任的四维度结构，并通过经验研究对团队社会资本的维度划分进行验证。

第二，探索知识型团队成员多样性特质的内涵与构成，揭示团队成员多样性的不同特质对团队创造力的影响差异,是否存在竞争关系? 进而深入分析不同多样性特质对团队创造力作用的中间机制及情境要素, 识别出有效提升团队创造力的关键要素。

第三,探索知识整合方式的维度结构。通过分析高科技企业中知识整合的内涵与特征,对知识整合方式进行科学划分,剖析不同的知识整合方式与团队创造力形成的关系, 以及团队社会资本各维度对不同知识整合方式的影响。

第四,探讨团队社会资本对团队创造力作用的内在机理。通过引入系统式整合与协调式整合两种不同的知识整合方式,着重分析团队社会资本是直接导致团队创造力的形成,还是通过系统式整合、协调式整合的中介作用间接影响团队创造力? 两种知识整合方式的中介作用大小是否相同?

第五,探索影响知识整合方式与团队创造力的其他因素。本书探讨团队社会资本对系统式整合、协调式整合及团队创造力的影响,但知识整合方式与团队创造力除了受到团队社会资本的作用之外, 还会受到其他因素的影响。本书将团队规模、团队任务所处阶段、团队类型、组织性质及组织所处发展阶段作为控制变量,以检验其对知识整合方式和团队创造力的影响。

二、研究意义

(一)理论意义

综观国内外现有理论研究,团队社会资本、团队创造力等相关理论研究还处于起步阶段, 从团队知识整合方式揭示团队创造力实现机制的研究及以团队社会资本为出发点探讨团队创造力形成的研究还比较匮乏。本书融合了三个研究领域的研究视角,如图 1.2 所示,为国内知识型团队的创造力管理与知识管理提供理论与实证依据。具体说来：

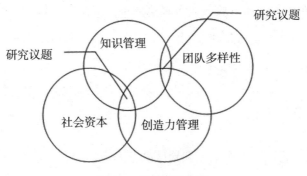

图 1.2　相关研究领域

第一，深入分析知识型团队创造力形成的特征及其影响因素，有利于推动创造力理论的发展与应用。由于学者们分析层面及理论视角不同，目前的创造力研究尚未形成统一的团队创造力分析框架。此外创新与创造力研究都具有鲜明的情境性，不同的组织行业与类型对创造力的影响差异明显。因此，本书聚焦于知识型团队这一情境进行分析，研究结论能丰富特定类型的团队创造力研究理论，为团队创造力的进一步研究提供支持。

第二，对团队社会资本内在构成的验证，有利于推动社会资本理论的发展和应用。目前有关社会资本的经验研究中，由于学者们的研究目的和内容的不同，社会资本的维度划分与测量存在较大的差异，使得不同研究之间难以进行比较与对话。同时，在知识型团队这一情境下，团队社会资本会表现出哪些特性，其维度会有哪些不同，仍是有待深入探讨的研究问题。基于相关文献，将团队社会资本划分为联结强度、共同语言、情感信任与认知信任四个维度，并通过经验研究验证了其合理性，这将有助于社会资本理论的丰富与完善。

第三，结合高科技企业特定情境，通过集中探讨团队社会资本与团队创造力两者之间的关系，探索影响二者关系的因素，揭示这些因素对二者关系的中介作用，既丰富了社会资本与创造力理论研究，也拓展了知识管理理论。对知识整合方式内在构成的验证则进一步细化了知识管理理论。

此外,在中国情境下检验西方经典理论的适用性,有助于拓展相关理论的跨文化应用范围和情景研究,并立足于以往的研究成果,推动相关理论的研究进展,开辟出新的研究方向。

(二)实践意义

创新是我们这个时代国家和地区的核心竞争力,在知识密集型行业,实现组织创新的主体在于团队,团队创新是组织核心竞争优势的主要来源,而团队创造力是团队创新的基础和源泉,是团队管理中不可缺少的内容。本书将在以下四个方面对组织管理实践具有指导意义,具体来说:

第一,提出的团队社会资本维度构成对我国知识型团队的社会资本构建具有一定的指导作用。在团队工作设计过程中,充分考虑团队社会资本不同要素的作用,结合组织实际有针对性地加强团队社会资本的获取与积累。

第二,探讨了知识型团队不同的多样性特质对我国知识型团队创造力的影响差异,对我国知识型团队建设有着具体的指导意义,团队管理者应充分发挥具有积极效应的多样性特质,避免可能存在负面影响的多样性特质。

第三,探讨了不同知识整合方式对团队创造力的影响,研究结果将对知识型团队如何通过不同的整合方式增强团队创造力提供实践上的参考,同时也对追求创新的团队在知识整合方式的选择上有所侧重。

第四,团队社会资本与知识整合方式是目前知识型团队形成创造力、进行创新的必然选择,对于技术与产品更新迅速,外部环境复杂多变,缺少社会资本的团队将无法获得更多、更有效的竞争资源,欠缺知识整合的团队即使拥有了社会资本仍无法有效地形成创造力。因此,在知识型团队管理实践中,既要重视团队社会资本的积累,也要重视知识整合方式的选择,如此才能形成团队创造力。

第三节 研究范围

一、研究层面的界定

综观已有的团队研究,大致上可以归纳为两类。一类是从个体层面展开研究,探讨个体属性的差异,如分析团队成员创造性特质(Gough,1979)、大五人格要素(e.g.,Feist,1998;George & Zhou,2001)、自我效能感(e.g.,Tierney & Farmer,2002)对创造力实现和提升的影响;分析团队成员社会网络特征对其创造力的影响(Perry-Smith & Shalley,2003);研究成员社会资本对成员间知识交换与整合的影响(Nahapiet & Ghoshal,1998);分析团队创造力与个体创造力的函数关系(丁志华等,2005;Pirola-Merl & Mann,2004)。不难看出,从个体层面展开研究容易忽略团队的整体特征或运作机制,难以全面把握团队的运作规律。另一类则是从团队层面着手展开研究,关注团队整体特征,如分析团队构成(团队多样性、团队社会网络特征等)等团队属性对团队创造力的影响;分析团队信任对团队知识整合的影响(Revilla & Cury,2008);分析团队氛围、团队沟通等对团队创造力的影响(Pirola-Merl & Mann,2004;Kratzer,2004)。相比从个体层面展开的研究,团队层面研究虽然有了一定的进展,但研究的深度和广度都还不够,如团队社会资本的特征、结果变量及作用模式,不同成员多样性特质的差异、结果变量及其作用模式,团队知识整合的类型及其作用机制,团队创造力的实现和提升机理等问题还需要深入研究。因此,从团队层面,沿着"输入—过程—输出"的逻辑思路,构建"团队社会资本/团队多样性→知识整合方式/团队学习行为→团队创造力"的双理论模型,既分析团队社会资本的维度构成和特征,团队社会资本通过系统式整合与协调式整合的中介传导机制促进团队创造力形成的作用机理,也分析团队多样性特质及其竞争,以及团队多样性对通过团队学习行为提升团队创造力的影响机理。

二、研究对象的界定

目前,有关团队的界定和划分仍未明确与统一,如斯蒂芬·P.罗宾斯(Steven P. Robinson)根据团队自主权力将团队划分为问题解决型团队、自我管理型团队、职能交叉型团队和虚拟团队。[①]里基·W. 格里芬(Ricky W. Griffin)根据团队任务划分为解决问题的团队、管理团队、工作团队、虚拟团队和质量圈。[②]克里斯·哈里斯(Chris Harris)根据运作规则不同,将团队划分为创新团队和稳态团队。[③]综合考虑以上三个标准,本书将研究对象最终界定为知识型团队,其具有以下特征:①团队成员需要在既定的时间内相互配合完成团队任务;②团队的核心能力体现在处理复杂问题或突发性问题,包括开发新产品、新技术、改进工艺、改进流程、设计新客户方案等;③团队实行自我管理,成员共同参与创造性活动;④团队产出应满足相关利益者的要求。从团队类型上看,将包括产品开发团队、技术服务团队、生产团队、市场销售团队等。从团队寿命上看,既包括临时团队,也包括永久性团队。

---

① [美]斯蒂芬·P.罗宾斯、戴维·A.德森佐、玛丽·库尔特:《管理学原理与实践》(原书第 8 版),毛蕴诗主译,机械工业出版社,2013 年,第 231 页。

② [美]里基·W.格里芬:《管理学》(第 9 版),刘伟译,中国市场出版社,2002 年,第 453 页。

③ [美]克里斯·哈里斯:《构建创新团队:培养与整合高绩效创新团队的战略及方法》,陈兹勇译,经济管理出版社,2005 年,第 13 页。

第四节 研究方法、技术路线和结构安排

一、研究方法

本书在方法论上力求做到定量与定性相结合，理论分析与实证研究相结合。实现科学过程有四个步骤：第一步是提出一个研究问题；第二步是进行文献回顾；第三步是找到理论，提出假设；第四步是设计并执行实证研究。结合所要研究问题的性质，本书将采用定性与定量相结合的方法，拟采用文献研究、访谈法与数据统计分析等研究方法。具体说明如下：

（一）文献研究

文献研究是科学研究中最基本的手段和途径。笔者借助南开大学图书馆电子资料数据库，搜索了 EBSCO、JASTOR、Wiley InterScience、Springer LINK 和 Blackwell 等英文数据库，以及 Google 学术搜索、SSRN 论坛等数据库，通过 creavtivity、team creativity、social capital、knowledge integration 等关键词语及组合进行了检索。在中文文献方面，笔者通过 CNKI 等中文数据库就"团队创造力、社会资本、团队多样性/异质性、知识整合、团队等关键词及其组合进行了搜索，广泛收集了与本书相关的各种文献与资料。基于国内外研究资料的梳理，笔者对社会资本理论、团队多样性理论、知识整合理论和团队创造理论有了较为清晰而全面的认识。在总结以往研究进展的同时，寻找相应的研究空白，从而确立了本书拟解决的主要理论问题和研究视角，即着眼于团队层面，沿着"团队社会资本/团队多样性→知识整合方式→团队创造力"的逻辑思路，探索团队社会资本各维度、团队多样性特质对团队创造力的可能影响及其作用机理，识别和界定了两种知识整合方式的中介机制，

打下扎实的理论基础,并以此提出相应的研究假设。

(二)访谈法

在研究问题形成阶段,笔者与人力资源领域的专家进行了多次的访谈,对研究题目的可行性进行了咨询,并且修正了研究方向。在调查问卷的设计过程中,笔者对天津两家高科技企业的团队领导和成员进行了深度访谈,对调查问卷及量表的设计进行了咨询,完成了问卷的调整与修改,使问卷具有更好的内容效度。

(三)数理统计分析

在理论分析和明确各变量的基础上,通过对相关量表项目的合并、整理和修订,完成问卷设计。以高科技企业工作团队为样本,对团队成员进行问卷调查。在小样本预调研阶段,对各变量的量表进行了 CITC 测量条款净化、信度分析及探索性因子分析(Exploratory Factor Analysis,EFA),完成对初始问卷的修订,提高量表的可靠性。在对大样本数据质量评估中,再次通过CITC 检验、信度分析与验证性因子分析验证调查问卷的信度与效度,并通过Rwg 指标进行组内一致性检验,将个体数据整合加总得到团队层面的数据。最后,在大样本的数据基础上,对研究假设进行实证分析。在具体应用的分析工具方面,利用 SPSS21.0 与 AMOS21.0 对数据质量进行评估,并采用Hayes的 Process 分析方法进行操作分析,检验有调节的中介模型。

二、结构安排

围绕研究问题和研究内容,本书的逻辑思路与内容安排如下:

第一章:绪论。本章重点叙述研究背景并提出所要研究的问题,明确研究目的和意义,对研究对象和范围进行界定,并提出相关研究方法、内容安排及研究的主要创新点。

第二章:相关理论与文献评述。作为本书研究的起点,本章主要围绕四个研究领域的已有成果展开,从而寻找研究的突破口,为进一步的理论模型构建奠定基础。本章主要包括五个部分:第一部分是对团队社会资本相关研究文献进行汇总和述评,侧重于介绍社会资本理论的主要内容、团队社会资本的界定与构成,以及相关经验研究;第二部分是对团队多样性理论相关研究文献进行梳理,侧重于介绍团队多样性的界定、构成及其经验研究;第三部分是对知识整合理论的相关研究文献进行回顾,包括知识整合的定义、影响因素、过程与作用模式等;第四部分是对团队创造力理论进行回顾,重点梳理了团队创造力的发展脉络、概念界定、理论模型、测量与相关经验研究的评述;第五部分是本章小结。

第三章:社会资本视角下知识型团队创造力的形成过程。在文献回顾的基础上,结合高科技企业中知识型团队的情境与访谈内容,本章重点探讨社会资本视角下知识型团队创造力的形成过程。首先,明确高科技企业的界定及其特征。其次,基于信息空间理论系统分析了高科技企业成长障碍与路径。最后,在界定高科技企业团队创造力的内涵与形成的情境特征的基础上,对团队社会资本对团队创造力的影响机制进行了理论探讨。

第四章:知识型团队知识整合方式的构建与测量。在实地调研的基础上,本章对团队知识整合方式的内涵与过程做了清晰的界定,明确了团队知识整合方式的构成体系,即系统式整合与协调式整合。在此基础上,编制了团队知识整合方式的测量量表,通过对高科技企业不同团队成员的问卷调查,检验该量表具有良好的信度和效度,为进一步的实证研究奠定了基础。

第五章:团队社会资本对团队创造力的影响的研究模型。本章在以往研究进展与不足的基础上,提出了三个拟解决的理论问题,并在团队学习理论、社会网络理论与社会交换理论的基础上,提出了团队社会资本对团队创造力影响机制的研究命题,为进一步实证研究提供基础。

第六章:团队社会资本对团队创造力影响机制的实证设计与数据处理。本章在已有研究基础上开发了团队社会资本、知识整合方式与团队创造力的初始测量条款,并通过预调研的数据分析进行了测量题项的修订。在正式研究数据收集和分析过程中,完成了团队层面数据加总验证,为进一步假设检验打下了数据基础。

第七章:团队社会资本对团队创造力影响机制的假设检验。本章首先对正式研究数据进行描述性统计,对研究数据质量进行信度效度评估,并对控制变量的影响进行了分析。在主要变量间相关性分析的基础上,运用多元回归分析验证了团队社会资本对团队创造力的正向影响,知识整合方式对团队创造力的正向影响,以及知识整合方式在团队社会资本与团队创造力之间的中介效应。

第八章:团队社会资本对团队创造力的影响研究的结论与讨论。本章探讨了团队社会资本的三个构面中的四个构成要素对团队创造力的影响及其作用机理,并对高科技企业团队建设提出了管理建议,并指出本研究对团队创造力的形成机理的挖掘不够全面,对团队创造力形成的影响因素仍有待进一步的探索。

第九章:知识多样性对团队创造力的影响——一个被调节的中介模型。本章以创造力理论和知识整合理论为基础,通过构建一个被调节的中介模型,对知识多样性、协调式知识整合、系统式知识整合影响团队创造力的机制进行研究。研究结果表明,知识多样性通过协调式知识整合的中介作用提升团队创造力;系统式知识整合对协调式知识整合和团队创造力间关系有显著正向调节作用,且具有调节协调式知识整合的中介作用,即在系统式知识整合高的情况下,协调式知识整合能够完全中介知识多样性和团队创造力之间的关系,反之,相应的中介作用则不存在。

第十章:团队异质性竞争对团队创造力的影响机理。从团队学习行为视角出发,探索团队认同情境下团队不同异质性特质及其交互效应对团队创造力的影响机理,构建团队异质性、团队学习行为与团队创造力的概念模型。运用层级回归分析方法,对知识型团队调研数据进行统计分析,研究结果表明团队异质性的不同特质对团队创造力影响不同:知识异质性对团队创造力有着正向影响,价值观异质性对团队创造力有着负向影响;基于两种异质性交互效应的竞争关系会负向影响团队创造力;两种异质性特质通过团队学习行为提升团队创造力;团队认同在两种异质性与团队创造力的关系中发挥不同的调节作用,团队认同正向调节知识异质性与团队创造力之间的关系,负向调节价值观异质性与团队创造力之间的关系。

第二章　相关理论与文献评述

　　本章主要梳理和评述与研究主题相关的理论文献。全章包括四个部分：第一部分是社会资本相关理论文献的回顾，介绍了社会资本的内涵界定、相关概念区分、理论视角及维度划分和测量等研究进展，希望借此更为全面、完整地了解和把握团队社会资本的构成及其作用机理。第二部分是对团队多样性理论相关研究文献进行梳理，侧重于介绍团队多样性的界定、构成及其经验研究。第三部分是对知识整合理论相关文献的梳理，知识整合既是知识流动的过程，也是团队成员互动的过程，该部分对知识整合的概念、影响因素和作用机理做了相应的归纳和总结，为下一步知识整合方式的提出奠定理论基础。第四部分别从不同研究视角对本书的结果变量——团队创造力的相关研究进行了简要评述。第五部分为本章小结。

第一节　社会资本相关文献研究

　　社会资本理论在社会科学领域发展迅速。[①]研究范畴涉及经济学、社会

---

　　① Woolcock M., Narayan D., Social Capital: Implications for Development Theory, Research and Policy, *World Bank Research Observer*, No.15, 2000, pp.225-250.

学、管理学等各个领域,内容和成果非常丰富。从经济学视角看,社会资本是促进经济增长的主要动因(Knack & Keefer,1997;Miguel et al.,2005)。从社会学视角看,社会资本是将个体凝聚在一起的机制,有助于个体获得工作(Granovetter,1973,1995;Yakubovich,2005)、教育机会(Coleman,1988;Hargens,2000)、取得职业生涯成功(Burt,1992;Gabbay & Zuckerman,1998;Podolny & Baron,1997),等等。而在管理学研究领域,社会资本成功地解释了一系列组织结果,如单元间资源交换和产品创新(Hansen,1998;Tsai & Ghoshal,1998)、智力资本创造(Hargadon & Sutton,1997;Nahapiet & Ghoshal,1998)、跨职能团队有效性(Rosenthal,1996)、降低离职率(Krackhardt & Hanson,1993),等等。然而,已有的社会资本的绝大多数研究仍集中在组织或个体层面,仅有少数学者(e.g.,Chen,2006;林亿明,2002;何芳蓉,2003;柯江林等人,2007)对团队社会资本理论进行了初探。本节将从社会资本理论的主要内容、相关概念区分、概念界定、维度划分与测量等方面进行系统的梳理和总结。

一、社会资本理论的主要内容

(一)社会资本的定义

社会资本(Social Capital)概念起源于社群研究,用以强调社群的人际关系中有助于个体在社群中发展的关系性资源,基于社群的信任、协作和集体行动。[①]

不同的研究领域对社会资本的界定有不同的侧重点,本文根据相关文献列表,如表 2.1 所示。

[①]　Jacobs J.,*The Death and Life of Great American Cities*,Random House,1961.

表 2.1 社会资本定义

研究观点	研究者	定义
资源观	贝克尔(Baker)	来自行动者特定社会结构的资源,用于追求自身利益,由行动者之间关系的变化而形成①
	布雷姆(Brehm)、拉恩(Rahn)	有助于集体行动问题的解决的成员间协作关系网络②
	布迪厄(Bourdieu)、华康德(Wacquant)	个体或群体所拥有的实体或虚拟的资源总和,其来自于彼此认同的关系网络③
	诺克(Knoke)	社会行动者形成或调动其在组织内与组织间网络关系的过程,从而获得其他社会行动者的资源④
	那哈皮特(Nahapiet)、戈沙尔(Ghoshal)	存在于由个人和社会单位拥有的关系网络中,通过这些关系网络获得,并从这些关系网络中衍生出来的现实的和潜在的资源的综合⑤
	阿德勒(Adler)、科恩(Kown)	社会资本是经由长期稳定的社会关系所产生的个体和集体资源⑥
能力观	伯特(Burt)	朋友、同事以及更广泛的接触,从他们那里获得机会⑦
	边燕杰、丘海雄	社会资本是行动主体与社会的联系以及通过这种联系摄取稀缺资源的能力⑧
社会规范观	科尔曼(Coleman)	社会资本由其功能决定,不是单一实体,而是不同实体的集合,这些实体具有两个特征:由社会结构组成,能促进结构中个体的行为⑨

① Baker W., Market Networks and Corporate Behavior, *American Journal of Sociology*, No.96, 1990, pp.589–625.

② Brehm J., Rahn W., Individual-level Evidence for the Causes and Consequences of Social Capital, *American Journal of Political Science*, No.41, 1997, pp.999–1023.

③ Bourdieu P., Wacquant L. J. D., Chicago: An Invitation to Reflexive Sociology, *University of Chicago Press*, 1992.

④ Knoke D., Organizational Networks and Corporate Social Capital, In R. T. A. J. Leenders, S. M. Gabbay (Eds.), *Corporate Social Capital and Liability*, Kluwer Academic Publishers, 1999, pp.17–42.

⑤ Nahapiet J., Ghoshal S., Social Capital, Intellectual Capital, and the Organizational Advantage, *Academy of Management Review*, No.2, 1998, pp.242–266.

⑥ Adler P. S., Kwon S. W., Social Capital: The Good, the Bad, and the Ugly, In E. Lesser (Ed.), *Knowledge and Social Capital: Foundations and Applications*, Butterworth-Heinemann, 2000, pp.89–115.

⑦ Burt R., *Structural Holes*, Harvard University Press, 1992.

⑧ 参见边燕杰、丘海雄:《企业的社会资本及其功效》,《中国社会科学》,2000 年第 2 期。

⑨ Coleman J. S., Social Capital in the Creation of Human Capital, *American Journal of Sociology*, No. 97, 1988, pp.95–120.

续表

研究观点	研究者	定义
社会规范观	普特南(Putnam)	社会组织中,如网络、规范和信任,促进彼此互惠的协调与合作[1]
	福山(Fukuyama)	社会资本是指群体成员彼此协调中共有的一套非正式价值观或规范[2]
	阿德勒、科恩	社会资本是个人或团体所具有的善良意愿(good will),植根于行动者社会关系的网络与内容之中[3]

资料来源:作者根据有关文献整理。

从上述不同研究视角对社会资本的定义中可以看出社会资本包含三层涵义:①强调嵌入性(over-embededdness)。社会资本是嵌入于行动者的社会关系网络中,行动者通过建立外部关系网络,能扩大社会资本并优先获得稀缺资源,而通过建立内部关系网络,能加强集体认同并提高集体行动的能力。②突出专有性。社会资本的拥有者既可以是个体、群体,也可以是组织乃至国家。然而,社会资本的专有性决定了其适用范围,在不同的情境下或条件下,社会资本所具有的价值会有所不同。③关注信任与规范。信任是社会资本的核心构面,其能限制或鼓励行动者的行为选择。

(二)社会资本的理论视角

目前,关于社会资本的研究,根据研究的切入点、关注内容等方面的不同,可以归纳为两种不同的研究视角,分别为社会资本成分(component)视角与构型(configuration)视角。

---

① Putnam R. D., Bowling Alone: America's Declining Social Capital, *Journal of Democracy*, No.6, 1995, pp.65-78.

② Fukuyama F., Social Capital and the Modern Capitalist Economy: Creating a High Trust Workplace, *Stern Business Magazine*, No.1, 1997, pp.1-16.

③ Adler P. S., Kwon S., Social Capital: Prospects for a New Concept, *Academy of Management Review*, No.1, 2002, pp.17-40.

社会资本成分视角侧重于阐述社会资本的性质与来源，探讨社会资本包含的内在成分及内在成分之间存在的联系，其代表性的研究是那哈皮特和戈沙尔，蔡(Tsai)和戈沙尔，阿德勒和科恩。

在社会资本的研究过程中，社会资本的成分即维度划分一直是研究的重点之一。尽管早期学者将社会资本视为单一概念，将社会资本等同于社会关系，采用信任(e.g.,Fukuyama,1995；Leana & Buren,1999)、关系强度(e.g.,Granovetter,1973；Krackhardt,1992)或网络结构(e.g.,Burt,1992；Lin,2001)来反映社会资本。学者们也提出，社会资本是一个多维度的复合概念，不能仅仅用一两个指标来衡量，如社会资本被划分为义务与期望、获得信息的能力以及权力地位三种形式。[1]在社会资本成分视角研究中，最具代表性的研究成果是那哈皮特和戈沙尔1998年提出的社会资本维度划分。

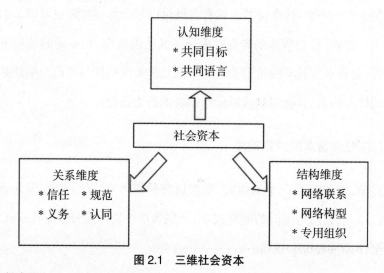

图2.1 三维社会资本

资料来源:Nahapiet J.,Ghoshal S.,Social Capital,Intellectual Capital,and the Organizational Advantage,*Academy of Management Review*,No.2,1998,pp.242-266.

---

[1] Coleman J. S.,Social Capital in the Creation of Human Capital,*American Journal of Sociology*,No. 97,1988,pp.95-120.

　　那哈皮特和戈沙尔在探索组织内智力资本创造的过程中，综合了以往研究涉及的结构观点、关系观点和认知观点，将社会资本划分为结构、关系和认知三个维度，[①]如图 2.1。此后学者的研究大都遵循这一划分方式，结合不同的研究目的和对象，修订或调整社会资本的具体内容。

　　蔡和戈沙尔（1998）研究发现，社会资本的结构维度影响关系维度，即公司处于网络核心位置时，更容易与他人建立信任关系。[②]而在蔡 2000 年的研究中，其发现关系维度反过来也会影响结构维度，认知维度会影响关系维度，三者之间的关系如图 2.2 所示。[③]

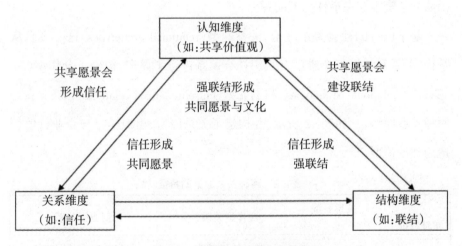

图 2.2　社会资本三维度间关系

资料来源：Tsai W., Social Capital, Strategic Relatedness and the Formation of Intraorganizational Linkages, *Strategic Management Journal*, No.21, 2000, pp.925–939.

　　社会资本构型视角集中于介绍社会资本整体构型，其不同于社会资本

---

　　①　Nahapiet J., Ghoshal S., Social Capital, Intellectual Capital, and the Organizational Advantage, *Academy of Management Review*, No.2, 1998, pp.242–266.

　　②　Tsai W., Ghoshal S., Social Capital and Value Creation: The Role of Intra-firm Networks, *Academy of Management Journal*, No.41, 1998, pp.464–476.

　　③　Tsai W., Social Capital, Strategic Relatedness and the Formation of Intraorganizational Linkages, *Strategic Management Journal*, No.21, 2000, pp.925–939.

的成分视角,更侧重于同时考虑行动者的内外社会资本,强调行动者内外社会资本的构型及其平衡,同时探讨不同构型对行动者行为的影响。

有学者区分了组织内部网络、战略联盟及产业区三种网络类型,并在那哈皮特和戈沙尔的社会资本三个维度模型基础上,探讨三种不同的网络类型中社会资本对成员间知识转移的影响。[1]也有学者提出,团队社会资源嵌入于团队内外的各个"导管"(conduit)中,这些联结构成了团队社会资本的构型,而团队运作中重要的任务在于平衡各个节点的活动,以实现团队有效性,而团队与外界过多的"导管"会对团队有效性产生负面的影响,因此提出团队社会资本存在最佳构型的观点。[2]

基于已有的社会关系理论,关系原型(relational archetypes)这一概念从结构、关系和认知三个维度对组织社会关系进行了界定,提出了合作型(cooperative relational archetypes)和创业型(entrepreneurial relational archetypes)两种关系原型。[3]如表2.2所示,并构建了关系原型、组织学习与企业价值创造的理论模型。

表 2.2　两种关系原型的特征

维度特征　　　关系原型	合作型关系	创业型关系
结构维度	紧密的强联结	松散非冗余的弱联结
关系维度	一般化信任	一对一的信任
认知维度	对系统性知识的认知	对组建性知识的认知

资料来源:作者根据康(Kang)等人(2007)的研究整理。

---

① Inkpen A. C., Tsang E. W. K., Social Capital, Networks, and Knowledge Transfer, *Academy of Management Review*, No.30, 2005, pp.146-165.

② Oh H., Chung M., Labianca G., Group Social Capital and Group Effectiveness:The Role of Informal Socializing Ties, *Academy of Management Journal*, No.6, 2004, pp.860-875.

③ Kang S. K., Morris S. M. & Snell S. A., Relational Archetypes, Organizational Learning, and Value Creation:Extending the Human Resource Architecture, *Academy of Management Review*, No.1, 2007, pp. 236-256.

二、团队社会资本的内涵界定

团队是联结个体与组织的重要单元，是由多个个体组成、具有一定结构模式的组织形式。从分析层次看，已有的社会资本研究都集中在单一分析层面上，如个体（Burt，1992）、组织（Leana & Van Buren，1999）、社群（Putnam，1993）、行业（Walker，Kogut & Shan，1997）等，从团队层面探讨社会资本的研究还相对较少。

目前，对团队社会资本的内涵还未有统一的界定。在国外，有学者将团队社会资本界定为团队成员社会关系构型，包含了成员在团队内形成的社会结构及在组织中正式与非正式的社会结构，团队通过这一构型能获得必要的资源。①也有学者将团队层面的社会资本界定为通过团队成员社会关系获得的一系列资源，有助于完成目标。②在国内，学者柯江林等人（2007）从团队内部出发，将团队社会资本界定为嵌入团队成员内部社会关系网络中的一种资源交换能力。③张娜和陈学中（2007）则从团队所处的系统和位置出发，将团队社会资本定义为反映团队内外部社会关系特征，存在于特定团队联结网络中，能促进团队内外部个体之间相互合作行为，减弱信息不对称程度的一种特殊资源及网络本身。④

通过上述团队社会资本的概念界定，不难看出团队社会资本具有两个

① Oh H.，Labianca G. & Chung M.，A Multilevel Model of Group Social Capital，*Academy of Management Review*，No.3，2006，pp.569–582.

② Chen M‑H，Chang Y‑C & Hung S‑C，Social Capital and Creativity in R&D Project Teams，*R&D Management*，No.1，2008，pp.21–34.

③ 参见柯江林、孙健敏、石金涛、顾琴轩：《企业 R&D 团队之社会资本与团队效能关系的实证研究——以知识分享与知识整合为中介变量》，《管理世界》，2007 年第 3 期。

④ 参见张娜、陈学中：《团队社会资本及对绩效的影响》，《科学学与科学技术管理》，2007 年第 11 期。

内涵特征:①团队社会资本的双重性。一方面,团队社会资本既体现了成员社会资本的专有性,也具有组织社会资本的公有性,是一种准公共产品。另一方面,团队社会资本既嵌入于团队成员相互结成的社会关系中,其联结强度决定了团队社会资本的水平,同时也嵌入于团队作为一个整体在组织内外的形成的社会网络中。②团队社会资本是团队能力的基础。能力观视角下的社会资本强调行动者从社会网络中获取资源和交换资源的能力(e.g.,Ports,1998;Burt,1992),团队社会资本既体现了团队内部资源交换能力,也体现了团队获得外部资源的能力,因此在衡量团队社会资本水平时,应从团队内外两个方面去衡量。

三、团队社会资本的分析维度

由于对团队社会资本的概念界定没有取得一致意见,团队社会资本的维度与测量也不尽相同,通过对已有文献的梳理和回顾,大多数研究将团队社会资本视为多维度的构念,但根据研究目的和研究对象的不同,划分方式有所差别。目前,广为接受的划分方式是基于那哈皮特和戈沙尔社会资本三维度的划分方法。

柯林斯(Collins)和克拉克(Clark)以高管团队为分析样本,运用网络规模、网络范围以及联系强度作为衡量高管团队内外网络的特征。①柯江林等人(2007)将研发团队社会资本划分为结构维度、关系维度和认知维度三个构面。②张娜和陈学中(2007)将团队社会资本维度分为团队内部、中部和外

① Collins C. J., Clark K. D., Strategic Human Resource Practices, Top Management Team Social Networks, and Firm Performance: The Role of Human Resource Practices in Creating Organizational Competitive Advantage, *Academy of Management Journal*, No.6, 2003, pp.740–751.

② 参见柯江林、孙健敏、石金涛、顾琴轩:《企业 R&D 团队之社会资本与团队效能关系的实证研究——以知识分享与知识整合为中介变量》,《管理世界》,2007 年第 3 期。

部社会资本。其中,团队内部社会资本指团队成员之间的互动沟通形成的内部联结网络上的信任、规范、共享的心智模式等;中部社会资本指团队与组织内部的其他团队、部门建立的关系网络中的位置;外部社会资本是指团队成员,尤其是团队领导与外部的联系。[①]

也有学者依照团队边界,对团队社会资本进行维度划分,最具有代表性的是奥尔(Oh)等人提出的群体社会资本模型,[②]其识别了群体社会资本来源的不同渠道,指出群体的首要任务是平衡各个渠道资源的流量,从而实现群体社会资本的最优构型,是构型视角下对群体社会资本的深入探索,如图 2.3 所示,这一划分方式不同于已有的社会资本维度划分,具有重要理论意义。

也有学者从更加具体的构面衡量团队社会资本的构成,如从社会互动、网络联结、相互信任和共享目标方面来衡量团队社会资本。[③]林亿明(2002)在研究团队社会资本对知识分享及创新的影响机制中,将团队社会资本划分为沟通频率、非正式化互动程度、书面沟通频率、整体信任感及共享价值观等多个维度。[④]

①　参见张娜、陈学中:《团队社会资本及对绩效的影响》,《科学学与科学技术管理》,2007 年第 11 期。

②　Oh H. et al.,Group Social Capital and Group Effectiveness:The Role of Informal Socializing Ties, *Academy of Management Journal*,No.6,2004,pp.860-875.

③　Chen M-H et al.,Social Capital and Creativity in R&D Project Teams,*R&D Management*,No. 1,2008,pp.21-34.

④　林亿明:《团队导向的人力资源管理实务对团队知识分享与创新之影响——社会资本的中介效果》,台湾东吴大学,2001 年硕士研究生毕业论文。

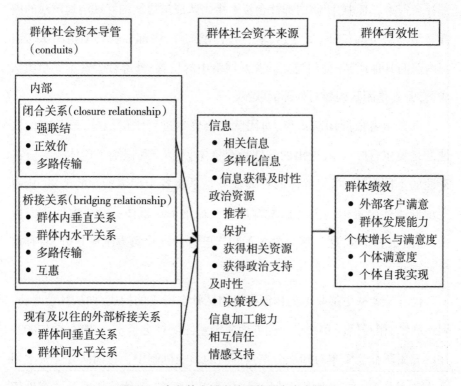

图 2.3　奥尔等人提出的群体社会资本模型

资料来源：Oh H. et al., Group Social Capital and Group Effectiveness: The Role of Informal Socializing Ties, *Academy of Management Journal*, No.6, 2004, pp.860–875.

总的看来，团队社会资本有着不同的维度划分，而每一维度具有两个特征，其一是各维度表示了社会结构的某些方面，其二是其能促进个体的行动。

四、团队社会资本的测量与经验研究

目前，团队社会资本的测量方法主要是通过加总团队成员社会资本水平，通过团队成员自评其所在团队成员间的结构、关系和认知方面的特征。在测量变量和题项的设计上借鉴了个体社会资本的测量方法，如通过个体网络位置与联结强度判断团队整体社会网络特征，通过个体之间的信任水平或关系质量来衡量团队整体的信任水平等。对应已有研究普遍认可的团队社会资本维度,蔡和戈沙尔开发了组织内社会资本量表,包含结构、关系与认知维度的量表,其中运用两种社会互动方式测量结构维度,信度为0.86;采用单元间信任与信赖的两个题项测量关系维度,信度为0.90;采用共享愿景的两个题项测量认知维度,信度为0.71。该量表被广泛地适用于测量组织或团队社会资本状况(e.g.,Chen et al.,2008;柯江林等,2007)。国内学者也对团队社会资本的测量进行了初步的探索,柯江林等人(2007)开发出团队社会资本六构面23个题项,陈(Chen)等人基于社会资本结构、认知与信任三个构面,开发了团队社会资本四维度测量,引用社会互动、网络联结、相互信任与共享目标四个方面进行测量,其中社会互动表示团队成员之间相互学习、交换信息与知识的程度,网络联结表示成员与团队外人员的联结程度。这一测量不同于以往的量表设计,更完善地表示出团队社会资本的构成。

有关团队社会资本构思测量、作用模式的经验研究相对较少。早期研究发现团队通过管理与外部团队或个体的关系获得重要的信息和政治资源,从而提高团队有效性。[1]对大型跨国电子企业里15个工作单元进行的问卷调查发现,结构社会资本与关系社会资本、资源交换/组合显著正相关,并通过其显著影响产品创新,而认知社会资本与资源交换/组合关系不显著。此外,研究对社会资本3个维度关系进行了探讨,得出结构社会资本与关系社会资本显著正相关,认知社会资本与关系社会资本显著正相关,而结构社会资本与关系社会资本关系不明确。[2]一项对韩国11家组织的工作团队的研究发

---

[1] Ancona D. G., Caldwell D. F., Bridging the Boundary: External Activity and Performance in Organizational Teams, *Administrative Science Quarterly*, No.37, 1992, pp.634–665.

[2] Tsai W., Ghoshal S., Social Capital and Value Creation: The Role of Intra–firm Networks, *Academy of Management Journal*, No.41, 1998, pp.464–476.

现,团队内部网络密集性与团队有效性成倒 V 形曲线关系,团队外部联结多样性与团队有效性不相关,而团队外部垂直联结与团队有效性显著正相关。①

柯林斯和史密斯(Smith)针对 136 家高科技企业的问卷调查发现,知识交换与组织部分中介社会氛围与组织绩效两者的关系,而承诺型人力资源实践通过社会氛围影响知识交换和组合,并最终影响企业绩效。②纽维尔(Newell)等人针对来自不同公司的两个 IT 项目团队的案例研究识别了两个项目团队管理和组织方式,指出项目团队在管理和组织方面的差异会使得项目成员的社会网络活动有所不同,也影响知识整合方式。③柯江林等人(2007)对中国 R&D 团队的研究发现,知识整合与知识分享在团队社会资本与团队效能关系上是完全中介功能,团队社会资本各构面对团队效能有着不同程度的间接正效应。④

安格洛斯(Angelos)通过对爱尔兰的三家公司——电子通讯公司、咨询公司与政府机构的问卷调查发现,组织内成员关系强度与共享目标价值观、共享语言显著正相关,与人际信任显著正相关;共享目标价值观、共享语言与人际信任显著正相关。⑤罗伯特(Robert)针对爱尔兰的电子通讯公司、咨询公司与政府机构进行调查研究发现,组织内成员关系强度与共享目标价值观、共享语言显著正相关,与人际信任显著正相关;共享目标价值观、共享语

① Reagans R. et al., How to Make the Team:Social Networks VS Demography as Criteria for Designing Effective Teams, *Administrative Science Quarterly*, No.49, 2004, pp.101–133.

② Collins C. J., Smith K. G., Knowledge Exchange and Combination:The Role of Human Resource Practices in the Performance of High‐technology Firms, *Academy of Management Journal*, No.3, 2006, pp. 544–560.

③ Newell S. et al., ERP Implementation:A Knowledge Integration Challenge for the Project Team, *Knowledge and Process Management*, No.4, 2006, pp.227–238.

④ 参见柯江林、孙健敏、石金涛、顾琴轩:《企业 R&D 团队之社会资本与团队效能关系的实证研究——以知识分享与知识整合为中介变量》,《管理世界》,2007 年第 3 期。

⑤ Angelos Alexopoulos, *Social Relations, Human Resource Management, and Knowledge Transfer in Work Organizations:Toward an Integrated Approach*, Dublin City University, 2008.

言与人际信任显著正相关。社会资本与成员间知识转移显著正相关。[1]陈针对台湾高科技企业 54 个研发团队的调查验证了团队社会资本四维结构特征,即社会互动、网络联结、相互信任及共享目标,指出社会互动、网络联结与研发团队创造力显著正相关, 而相互信任与共享目标则与团队创造力不相关。[2]

五、团队社会资本相关研究评述

通过梳理社会资本理论的主要内容,团队社会资本的内涵界定、分析维度、测量与经验研究,可以发现团队社会资本正在成为组织管理领域的一个重要研究方向,用于解释大量的社会现象与组织结果。团队社会资本是团队学习与创新的基础,也是组织获得竞争优势的重要来源。已有的经验研究成果为本研究提供了三方面的启示:①团队社会资本在团队层面研究进一步深入,在以往定性研究的基础上,不少学者对团队社会资本的定量研究进行了探索,开发了团队社会资本不同构面的测量,为团队产出绩效研究提供新的研究视角。②不同于以往的团队特征变量,团队社会资本从多角度(结构、认知与关系)描述团队的整体特征,既强调其嵌入团队内外社会网络当中,突出其获得与交换资源的能力,同时创建了团队运作的原则和规范。这些原则表现为成员能够接受的共同语言和价值观,提高成员与团队的行动效率,减少机会主义的可能性,能更有效解释团队产出绩效。③团队社会资本区别于个体或组织层面的社会资本内涵, 团队社会资本既是个体社会资本的聚合,但更体现了团队整体的社会属性。

---

[1] Robert Jr L. P. et al., Social Capital and Knowledge Integration in Digitally Enabled Teams, *Information Systems Research*, No.3, 2008, pp.314–334.

[2] Chen M - H et al., Social Capital and Creativity in R&D Project Teams, *R&D Management*, No.1, 2008, pp.21–34.

尽管团队社会资本理论和经验研究取得了一定的进展，但仍存在以下不足：

其一，国内外现有的团队社会资本研究仍停留在对那哈皮特和戈沙尔研究成果的分析和应用上，通过加总个体社会资本测量团队社会资本，而对团队层面社会资本的内涵和外延、影响因素、结果变量及其作用机理还缺乏深入的探讨，尚未建立起完整的理论体系。已有的团队社会资本的研究大都用于预测团队绩效或团队效能等常见的结果变量，其能否有效预测团队创造力的形成则值得进一步的研究。

其二，团队社会资本测量工具还有待进一步完善。尽管不少学者开发了团队社会资本的测量，很大程度上推动了团队社会资本测量工具的发展，但由于社会资本本身概念的多元化，构成要素也尚未形成一致的看法，其测量也尚未形成统一的指标体系。团队社会资本测量中单一的人际信任并不能有效地预测团队创造力，而应对不同信任类型的作用进一步区分，以探索影响团队产出的真正原因。

其三，以往团队社会资本的研究较多地选取研发团队或新产品开发团队单一团队类型进行测量，这类样本对团队社会资本的概念、维度提供了经验支持，但也存在一定的局限性，样本选择的多样化是未来探索团队社会资本影响机理的方向之一。在日益多元化的今天，不同团队类型具有不同的团队运作特征，其团队社会资本会有不同的表现形式和侧重点，尤其在高科技行业，产品导向型团队、技术导向型团队及市场导向型团队的工作特征和任务性质有所不同，会形成不同程度的团队社会资本，对其与结果变量的关系有一定的影响，因此，测量样本的多样化是团队社会资本未来研究的方向之一。

第二节 团队多样性相关文献研究

一、团队多样性的概念与特质

团队多样性是团队层面的聚合构念,既指在互相依赖的工作团队中成员特有的个体特质之间的差异性,[①]也指差异特征在团队成员间的分布情况,同时团队成员能够描述这些差异特征。团队多样性能够为团队带来更多的观念、知识和技能,与多样性程度低的团队相比,多样性程度高的团队会产生更多的任务冲突、人际冲突与程序冲突。[②]

团队多样性表现在一系列团队特质上,如成员的年龄、性别、职能等。因此,如何划分和选择团队多样性特质是研究者们关注的首要问题,其关系到多样性研究的开展和验证。有学者提出了任务导向多样性和关系导向多样性两种特质。任务导向多样性是指团队成员在教育、职能与任期上的差异程度,是团队成员基于技能和信息的多样性程度。[③]关系导向多样性是指团队成员在性别、年龄和种族方面的差异性,是团队成员在人口特征上的差异程度。很多学者都沿用了这样的特质划分展开研究,而早期多样性研究更多地围绕关系导向多样性展开,集中于管理团队多样性特质描述。与此类似,也有学者将团队多样化划分为信息化特征与社会分工特征两个特质, 前者也

---

① Jackson S. E., Joshi A. & Erhardt N. L., Recent Research on Team and Organizational Diversity: SWOT Analysis and Implications, *Journal of Management*, No.29, 2003, pp.801–830.

② Walsh J. P., Selectivity and Selective Perception: An Investigation of Managers' Belief Structures and Information Processing, *Academy of Management Journal*, No.31, 1988, pp.873–896.

③ Jackson S. E., May K. E. & Whitney K., Under the Dynamics of Diversity in Decision - making Teams, In R. A. Guzzo, E. Salas(Eds.), *Team Effectiveness and Decision Making in Organizations*, Jossey - Bass, 1995, pp.204–261.

称工作相关多样性(如职能背景和任期),后者则指种族、性别和年龄等方面的多样性程度。

近年来,多样化这一构念得到了进一步的检验和提炼,重新界定了多样性特质的分类:通过团队成员立场或意见的不同来表示团队内的分化程度(Separation),主要指成员价值观、信念或态度上的差异性;通过团队成员在相关知识或经验类型的不同来表示成员种类的差异性(Variety),主要指专长、职能背景、非冗余社会联结以及行业经历上的差异性;通过团队成员所占有的有价值资源的比例不同来表示成员在分配上的差异性(Disparity),主要表现为成员在薪酬、收入、声望、地位、权力等的差异性。[1]这三种多样性类别从不同理论基础描述了团队多样性的表现形式,进一步推动了团队多样性概念的精确和测量。

二、团队多样性的测量

在团队多样性的研究中,概念的操作化与测量也备受研究者的争论。团队多样性数据来源一般有三个:从人力资源部、问卷填写及相关档案中获得信息。与传统的人口特征方面的操作化测量不同,职能多样性的操作化途径更丰富,有学者将职能多样性操作化定义总结为四种类型:主功能多样性、职能背景多样性、职能分工多样性与内在职能多样性。[2]不同的操作化定义有着不同的测量方法,对研究结论的影响也有所不同。

根据多样性的不同维度,测量方法有所不同,如表 2.3。

---

[1] Harrison D. A., Klein K. J., What's The Difference? Diversity Constructs as Separation, Variety, or Disparity in Organizations, *Academy of Management Review*, No.32, 2007, pp.1199–1228.

[2] Bunderson J. S., Sutcliffe J. M., Comparing Alternative Conceptualizations of Functional Diversity in Management Teams: Process and Performance Effects, *Academy of Management Journal*, No.45, 2002, pp. 875–893.

表 2.3　实证研究中团队多样性特质的操作化测量与计算

团队多样性特质	定义	数据来源	计算指数
年龄、任期等连续变量	团队成员在年龄、组织任期中的差异程度	问卷	艾利森(Allison)标准差系数[1]
职能多样性	团队成员来自不同职能领域的差异程度	档案／人力资源部	蒂奇曼(Teachman)指数[2]
内在职能多样性	团队成员自身掌握的或内在的职能多样性,通常是由单一的职能专家还是跨职能领域的多面手来判断	问卷	
主功能多样性	团队成员来自不同职能领域的差异程度,即个体背景以及职业经历的差异性	档案／人力资源部	布劳(Blau)系数[3]
职能分工多样性	团队成员职能分工的差异程度,通常由工作头衔或工作职责来划分	问卷	
专长多样性	团队成员知识和技能领域的差异性,具体表现在群体成员工作经验和教育上	档案	

资料来源:根据相关文献整理。

综观已有的多样性研究,不同的多样性特质应采用不同的计算方法。最常用的计算方法是布劳(1977)系数,其适合用于计算团队在类别上的多样性,如职能多样性、专长多样性等,具体公式如下:

$$1-\sum_{i}^{n} P_{i}^{2}$$

其中,P_i 表示第 i 个类别成员在团队中所占的比重,数值在 0 至 1 之间,0 表示团队成员完全同质;而 1 则表示团队成员完全异质性。

也有部分研究引用蒂奇曼(1980)指数进行计算,公式如下:

[1]　Allison P. D., Measures of Inequality, *American Sociological Review*, No.43, 1978, pp.865–880.

[2]　Teachman J. D., Analysis of Population Diversity, *Social Methods and Research*, No.8, 1980, pp. 341–362.

[3]　Blau P. M., *Inequality and Heterogeneity: A Primitive Theory of Social Structure*, Free Press, 1977.

$$Diversity=\sum^{n} -P_i(\ln P_i)$$

其中，P_i 表示第 i 个类别成员在团队中所占的比例，系统越大则团队多样性程度就越大。

而相对于年龄、任期等连续变量的计算，大多数学者采用艾利森标准差系数进行计算。

三、团队多样性的经验研究

团队多样性与团队绩效的直接关系在以往的研究中备受关注，然而这一领域尚未对两者关系得出统一的认识（Harrision & Klein, 2007; Jackson, Joshi & Erhardt, 2003; Van Knippenberg & Schippers, 2007）。一些实证研究结论得出团队多样性与团队绩效正相关。例如，一项运用银行 199 个高管团队的研究分析得出职能多样性程度高的团队创新性更强。[1]一项通过分析 45 个新产品团队的样本的研究指出职能多样性程度高的团队有助于外部沟通。[2]有研究发现，由不同教育专业构成的管理团队更能有效地处理变革。[3]也有研究提出，团队多样性会阻碍团队过程和团队绩效，例如团队多样性会带来更多的冲突，对竞争反应较慢。更有研究提出团队多样性与绩效不存在直接关系，例如一项对新产品和流程开发团队进行的研究得出多样性程度

---

① Bantel K. A., Jackson S. E., Top Management and Innovations in Banking: Does the Demography of the Top Team Make a Difference?, *Strategic Management Journal*, No.10, 1989, pp.107-124.

② Ancona D. G., Caldwell D. F., Bridging the Boundary: External Activity and Performance in Organizational Teams, *Administrative Science Quarterly*, No.37, 1992, pp.634-665.

③ Wiersema M. F., Bantel K. A., Top Management Team Demography and Corporate Strategic Change, *Academy of Management Journal*, No.35, 1992, pp.91-121.

高的团队存在更大的任务冲突,但是职能多样性程度与绩效无关。①

团队层面的情境变量在以往的研究中备受关注。团队依赖性是目前研究最多的变量之一,团队依赖性程度高的团队,成员要进行连续的互惠交换以完成团队任务,团队依赖性程度低的团队,将成员各自的共享整合起来便能完成任务。团队依赖性包括目标依赖性和产出依赖性两个方面,目标依赖性是指团队拥有共同目标的程度, 产出依赖性指团队成员对报酬和反馈的依赖程度, 产出和目标依赖性高的团队能促使差异性明显的团队成员朝着共同目标努力。任务依赖性能促进团队间沟通,提升绩效。②团队类型是团队层面的又一重要情境变量,在长期团队中,任务要求更加稳定,任务和角色分配更加清晰。③此外,一项运用石油天然气行业的 57 个研发团队的样本分析得出专长多样性与团队绩效不存在直接关系,但团队认同与团队过程(沟通、冲突)的调节效应显著,即群体认同低的团队中,专长多样性与团队学习和绩效负相关,而在群体认同高的团队中,专长多样性与团队学习和绩效正相关。④一项实证研究中引入团队过程和领导有效性两个调节变量,对 43 个产品研发团队的研究发现,职能多样性与团队绩效没有直接效应,但是有显著的调节效应。⑤

国外学者在实证研究中引入权力距离变量,通过对跨国公司中 270 个生产单元的研究发现, 权力距离对团队多样性与单元绩效关系发挥显著的

①　Pelled L. H. et al., Exploring the Black Box: An Analysis of Work Group Diversity, Conflict, and Performance, *Administrative Science Quarterly*, No.44, 1999, pp.1-28.

②　Pettigrew T. F., *Intergroup Contact Theory*, Annual Reviews, No.49, 1998, pp.65-85.

③　De Dreu C. K. W., Weingart L. R., Task Versus Relationship Conflict, Team Performance, and Team Member Satisfaction: A Meta-Analysis, *Journal of Applied Psychology*, No.88, 2003, pp.741-749.

④　Van Der Vegt G. S., Bunderson J. S., Learning and Performance in Multidisciplinary Teams: The Importance of Collective Team Identification, *Academy of Management Journal*, No.48, 2005, pp.532-547.

⑤　Lovelace K. et al., Maximizing Cross-Functional New Product Teams and Constraint Adherence: A Conflict Communications Respective, *Academy of Management Journal*, No.4, 2001, pp.779-793.

调节效应,在权力距离低的国家团队多样性与创新氛围正相关,而在权力距离高的国家,团队多样性与创新氛围负相关。[①]有学者根据三家公司 45 个新产品和流程开发团队的研究显示,团队多样性通过任务冲突的中介作用,影响团队绩效。[②]也有学者根据高科技公司 53 个高管团队的研究指出团队职能多样性与绩效无关,但是职能多样性通过高管团队的团队过程,如信息沟通、沟通频率等,影响到团队绩效。[③]此外,一项对财富 100 消费产品公司的44 个业务单元管理团队的样本研究指出, 团队内信息共享在团队主功能多样性与团队绩效相关关系中发挥了部分中介作用。[④]

四、团队多样性相关研究述评

通过梳理团队多样性概念、特质、测量与经验研究,可以发现团队多样性已成为组织行为领域重要的研究方向之一, 团队多样性是团队创新的重要前提之一。

首先, 对团队多样性的准确测量是深入了解团队多样性和绩效关系的基础。从已有的研究现状来看,对团队多样性的测量仍存在较大的模糊性。有学者指出,团队多样性的概念化和操作化必须一致。[⑤]团队本身是不具有

① Van Der Vegt G. S. et al., Location-Level Links between Diversity an Innovative Climate Depend on National Power Distance, *Academy of Management Journal*, No.6, 2005, pp.1171-1182.

② Pelled L. H. et al., Exploring the Black Box: An Analysis of Work Group Diversity, Conflict, and Performance, *Administrative Science Quarterly*, No.44, 1999, pp.1-28.

③ Smith K. G. et al., Top Management Team Demography and Process: The Role of Social Integration and Communication, *Administrative Science Quarterly*, No.39, 1994, pp.412-438.

④ Bunderson J. S., Sutcliffe J. M., Comparing Alternative Conceptualizations of Functional Diversity in Management Teams: Process and Performance Effects, *Academy of Management Journal*, No.45, 2002, pp. 875-893.

⑤ Harrison D. A., Klein K. J., What's the Difference? Diversity Constructs as Separation, Variety, or Disparity in Organizations, *Academy of Management Review*, No.32, 2007, pp.1199-1228.

多样性的,团队内成员的特质才具有多样性,因此在研究中要避免团队总体多样性的测量,应更多地探讨不同多样性特质的界定和测量。尽管在测量团队成员在领导支持、职能背景多样性时,测量成员感知到的多样性是获得数据的一种方法,然而感知到的多样性不能替代实际多样性。基于上述分析,如何将团队多样性进行准确的测量,通过观察和调查得出最具代表性的团队多样性特质,是未来研究需要关注和改进的地方。

其次,对团队绩效的测量采用多种衡量指标。综观已有的研究大都采用单一的指标衡量团队绩效,主要包括财务指标和运营指标两大类,也有部分研究使用团队创新,主管评价绩效,团队自评绩效等方法进行测量。从不同的绩效指标可以看出团队多样性对绩效的不同方面的不同影响。因此,建立多种指标来测量绩效,可以获取不同团队多样性特质对绩效不同方面的解释。

再次,已有的团队多样性研究,尤其是职能多样性特质对绩效的影响,大都选择高管团队进行研究(Carpenter & Frederickson,2001;Bantel,1993)。高管团队的构成与工作情境与组织中其他工作团队有着很大的不同,因此以高管团队为样本的分析结论有待于推广到更大的样本中。尽管已有部分多样性研究关注产品开发团队、服务团队及跨职能团队,但其样本描述性及研究命题的普适性仍需要进一步加强。已有的团队多样性研究大都是在西方文化背景下进行的,在中国情境下,团队多样性与绩效的关系会受到哪些本土特有的情境因素影响,值得进一步的研究。

最后,团队多样性与绩效的研究经历了从最简单的双变量直接关系模型到复杂模型的演变过程。在这一过程中,调节变量的引入有助于探讨不同团队、组织和环境情境下多样性对绩效的不同影响,中介变量的引入有助于探讨多样性对绩效影响的中间机理。调节变量和中介变量的引入使得学者们更加细致地考察两者的关系,同样,对已有研究模型多变量跨层次的整合或模式化的研究,通过精致的研究设计补充或修正已有的理论,通过情境因素的作用准确地预测多样性对绩效影响的边界,通过中介因素准确地解释过程,既为团队多样性和绩效两者关系提供了理论支持,也为组织进行有效的团队运作提供了指导。

第三节　知识整合相关文献研究

对知识整合的研究是伴随着知识管理理论和实践的产生而出现的,在早期的知识管理研究中,大多数学者将知识整合视为知识管理的一个子内容来研究,知识整合是知识管理过程的关键环节之一。随着知识管理理论研究和实践的深入发展,知识基础观(knowledge-based view)指出组织成为知识的分布系统,如何将知识综合起来形成新的知识,成为越来越多组织面临的关键问题。因此,知识整合逐渐从知识管理领域独立出来,成为一个新的研究领域。

一、知识的界定与分类

(一)知识的概念界定

知识是个多元的概念,具有多层次的意义。[①]从实践到概念,从狭义到广义,其定义范围非常广泛。知识的概念界定直接关系到知识管理研究的科学性,也关系到实践活动的效果。然而,对于知识的界定仍存在较大差异且富

---

① 　Nonaka I.,The Knowledge Creating Company,*Harvard Business Review*,No.11–12,1991,pp. 96–104.

有争议。从古希腊时起,哲学层面便对知识的定义进行了探索,即本体论和认识论的争论。本体论强调知识的存在,而传统认识论将知识等同于客观"真理",存在形式是绝对的、静止的和非人类表现形式的,而当代认识论则将知识看成是追求真理的当代认识论将知识看成是追求真理的被证实的真的信仰,是相关的,可转化的和短暂的。在知识管理领域里,对知识的定义也有着差别,表 2.4 列举了 9 种具有典型性的知识定义。

表 2.4　知识的定义

野中郁次郎(Nonaka)	知识是"被证实的真实的信念",通过个体信念约束来组织、创造和传递,同时也传递着一整套文化和相关的背景系统。[1]
奎因(Quinn)等人	知识是存在于专业人员身上的技能,包括经验知识、高级技能、系统认知和自我激励创造力。[2]
阿克巴(Akbar)	知识包含了产品和过程两个方面,作为产品是指"客观真理的水平",作为过程是指这些水平的"主观和相对的探索"。[3]
达文波特(Davenport)、普鲁萨克(Prusak)	知识是既定的经验、价值观、情境信息和专长的混合流动,并为新经验和信息的评价与整合提供框架。[4]
莱纳德(Leonard)、森西伯(Sensiper)	知识是行动相关的信息,部分建立在个人的经验之上;知识是信息的子集,是主观的,和有意识的行为有关,拥有经验中的隐性成分。[5]
吉安内托(Giannetto)和惠勒(Wheeler)	知识包含了信念与价值观、创造力、判断、技能与专长、理论、规则、关系、意见、概念及已有的经验。知识比数据或信息的范围更广。[6]

---

① Nonaka I., A Dynamic Theory of Organizational Knowledge Creation, *Organization Science*, No. 1, 1994, pp.14–37.

② Quinn J. B. et al., Leveraging Intellect, Academy of Management Executives, No.3, 1996, pp.7–27.

③ Akbar H., Knowledge Levels and Their Transformation: Towards the Integration of Knowledge Creation and Individual Learning, Journal of Management Studies, No.8, 2003, pp.1997–2021.

④ Davenport T. H., Prusak L., *Working Knowledge: How Organizations Manage What They Know*, Harvard Business School, 1998, p.34.

⑤ Leonard D., Sensiper S., The Role of Tacit Knowledge in Group Innovation, *California Management Review*, No.3, 1998, pp.112–132.

⑥ Giannetto K., Wheeler A., *Knowledge Management Toolkit: A Resource for Creating Policy and Strategy, with Practical Guidance for Managing Knowledge at All Levels within the Organization*, Gower, Aldershot, U.K., 2000, p.50.

续表

德龙(De Long)、费伊(Fahey)	知识是人们的思考和精神的一种产品，植根于某个人或某个群体，或嵌入某个过程中的资源。①
巴加特(Bhagat)等人	知识是从不相关、相关的信息中变化、重构、创造而来的，但比信息、数据更广、更深、更丰富。②
博伊索特(Boisot)	知识是建立在从数据中提取的信息基础之上的，是行为主体的一种属性。③
布拉德菲尔德等人(Bradfield)	知识定义为新产品开发过程中的任务相关的信息、技能与诀窍。④

资料来源：作者根据相关研究整理而成。

（1）知识的嵌入性。在知识管理领域，知识的嵌入性体现在融入实物资源、嵌入个体或组织中，知识的嵌入性也决定了知识转移的过程和难易程度，也决定了知识的情境依赖性。

（2）知识是基于信息和数据基础上的。信息科学中的数据是指对世界状态的简单观察，信息指被赋予相关性和目的性的数据，而知识是人脑中储存的有价值的信息。⑤尽管部分研究将信息和知识替换使用，但两者有着重要的差别。信息是讯息（messages）的流动，这一流动能增加、重构或改变知识。信息也是获得知识的能力，信号携带的讯息包含了从中能学到的内容，知识是信息产生或持续的信念。⑥知识则是建立在从数据中提取的信息的基础上的，数据是在不同的物理状态之间所做的区分，数据的特征可以视为事物的

---

① De Long D., Fahey L., Diagnosing Cultural Barriers to Knowledge Management, *Academy of Management Executive*, No.4, 2000, pp.113−127.

② Bhagat R. S. et al., Cultural Variations in the Cross−border Transfer of Organizational Knowledge: An Integrative Framework, *Academy of Management Review*, No.2, 2002, pp.204−221.

③ Boisot M., *Information Space: A Frame Work for Learning in Organizations, Institutions and Cultures*, Routledge, 1995, p.26.

④ Bradfield D. J. et al., A Meta−Knowledge Approach to Facilitate Knowledge Sharing in the Global Product Development Process, *Computer - Aided Design & Applications*, No.4, 2007, pp.519−528.

⑤ Davenport T. H., Prusak L., *Working Knowledge: How Organizations Manage What They Know*, Harvard Business School, 1998, p.37.

⑥ Dretske F., *Knowledge and the Flow of Information*, MIT Press, 1981, p.55.

一种属性。[1]学者安吉洛斯（Angelos）从价值高低以及理解/判断高低两个维度上提出了数据—信息—知识—智慧的层级模型,如图 2.4 所示。[2]

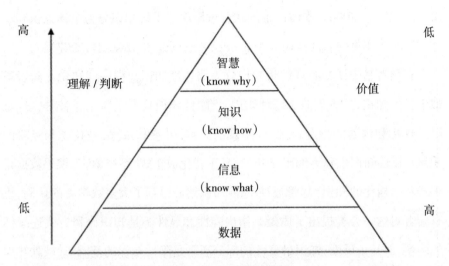

图 2.4　DTMW 层级模型

资料来源:Angelos Alexopoulos, *Social Relations*, *Human Resource Management*, *and Knowledge Transfer in Work Organizations:Toward an Integrated Approach*, Dublin City University, 2008, p.79.

（3）知识的行为性。知识预先决定了行为主体在特定条件下的行为方式,不同的知识会产生不同的行为选择,而知识的存在只能从行为主体的行动中加以判断。[3]

(二)知识分类

基于上述有关知识的定义, 学者们对组织中存在的知识进行了不同的

①　Boisot M., *Information Space:A Frame Work for Learning in Organizations*, *Institutions and Cultures*, Routledge, 1995, p.26.

②　Angelos Alexopoulos, *Social Relations*, *Human Resource Management*, *and Knowledge Transfer in Work Organizations:Toward an Integrated Approach*, Dublin City University, 2008, p.79.

③　Boisot M., *Information Space:A Frame Work for Learning in Organizations*, *Institutions and Cultures*, Routledge, 1995, p.29.

划分,其划分是基于认识论和本体论两个维度进行。[①]认识论维度将知识划分为显性知识和隐性知识两个类型(e.g.,Nonaka & Takeuchi,1995;Cowan,David & Foray,2000)。本体论维度从分析层次入手将知识分为个体知识和集体知识两个类型(e.g.,Brown & Duguid,1998;Felin & Hesterly,2007)。

有学者基于认知心理学将知识分为描述性知识和程序性知识,前者类似于显性知识,后者类似于隐性知识。[②]隐性知识具有个体化、特定情境、难以正规化和沟通的特点,是高度主观的见解、灵感和预感,是技能和经验的积累。显性知识也称为编码化知识,易于转化成正式、系统语言,编码数据是正式和结构化的知识。尽管显性/隐性知识划分得到了大多数学者的认同,也有学者对这一分类提出了质疑,指出隐性和显性不是知识诠释方式连续体的两端,而是正反面,知识最显性的部分通常是隐性知识的基础。[③]缄默知识是隐性知识的子集,缄默知识通过描述、沟通转化成显性知识。[④]

为了更好地理解组织中知识创造、转移和应用,学者们将知识的本体论和认识论两个维度相结合,其中最具代表性的是布莱克(Blacker,1995)与斯彭德(Spender,1996)的知识分类。

布莱克在柯林斯知识分类的基础上提出了五种知识类型,见表 2.5 所示。[⑤]

---

① Tywoniak S. A., Knowledge in Four Deformation Dimensions, *Organization*, No.1, 2007, pp.53–76.

② Anderson J. R., *The Architecture of Cognition*, Harvard University Press, 1983, p.78.

③ Tsoukas H., *Do We Really Understand Tacit Knowledge?*, In M. Easterby-Smith, Malyles(Eds.), *Handbook of Organizational Learning and Knowledge Management*, Blackwell, 2003, p.107.

④ Sternberg R. J. et al., *Practical Intelligence in Everyday Life*, Cambridge University Press, 2000, p.133.

⑤ Blacker F., Knowledge, Knowledge Work and Organizations: An Overview and Interpretation, *Organization Studies*, No.6, 1995, pp.1021–1046.

表2.5 组织内的五种知识类型

知识的类型	定义
观念型知识(embrained)	依赖于概念化技能和认知能力的知识(例如,know-that)
经验型知识(embodied)	行为导向并部分显性化的知识(例如,know-how),来源于个人的知觉信息,面对面讨论,以及通过行动获得,这类知识具有情境依赖性
编码化知识(encoded)	通过书籍、实践代码或电子文件记录的知识,通过符号和信号传递的信息
嵌入型知识(embedded)	保存在系统规则里的知识,例如技术、角色、正式流程等
文化型知识(encultured)	内含组织文化的知识,获得共同理解的过程

　　斯彭德(Spender)将知识划分为四种类型,如表2.6所示。[①]其中,个体知识包含了自觉和自动生成的知识,前者是指储存在个体内以事实、概念等形式存在的知识,后者则指促使个体完成一系列机能活动的理论或实践知识。社会知识包括了事物化和集体性知识两类,前者代表了共享知识的全集,如科学社区等,后者代表了常规或规则。其中,集体性知识是最具有战略性的知识,难以为竞争者所理解和模仿。尽管这一分类将组织内存在的知识进行了严格的划分,却没有深入说明个体和社会知识间的互动及组织的作用。

表2.6 组织中的四类知识

	个体知识	社会知识
显性	自觉的(conscious)	事物化的(objectified)
隐性	自动的(automatic)	集体的(collective)

　　综观上述知识的分类,尽管学者们从不同角度进行了划分,仍存在一些共同之处,如布莱克提出的观念型知识类似于隐性知识,编码型知识则类似于显性知识,文化型知识类似于斯彭德提出的集体性知识,嵌入型知识强调常规或规则通过正式流程表达出来, 或是组织内成员都意会的非正式化惯

---

① Spender J. C., Making Knowledge the Basis of a Dynamic Theory of the Firm, *Strategic Management Journal*, No.17, 1996, pp.46–62.

例。尽管知识的概念和分类存在差别,但从知识特性和行为视角出发,笔者认为知识是嵌入团队情境及个体中,与任务相关的信息、技能与诀窍。

二、知识整合的概念与内涵

虽然学者对知识管理的模型、框架等进行过大量的研究,但是知识整合相关的研究仍然较少,研究者们对知识整合的概念尚未形成统一的定义,不同的学者采用不同的视角对知识整合进行界定,综合学者们对知识整合概念的理解,笔者从研究视角方面列举了具有代表性的知识整合的定义,见表2.7。

表 2.7 知识整合定义

视角	定义	定义来源
能力观	知识整合是"对既有知识的综合"及"对潜在知识的开发"的能力[1]	科洛特(Kogut)与赞德(Zander)
	知识整合是组织的基本职能和组织能力的本质,包括知识整合效率、范围和弹性三方面[2]	格兰特(Grant)
	知识整合包含了系统化能力、社会化能力及合作化能力三个方面[3]	博尔(Boer)等人
过程观	知识整合是协调个体专有化知识的过程[4]	格兰特
	知识整合是将分散的专有化知识综合为特定情境的系统知识[5]	阿拉里(Alavi)、蒂瓦纳(Tiwana)

---

① Kogut B., Zander U., Knowledge of The Firm, Combinative Capabilities, and the Replication of Technology, *Organization Science*, No.3, 1992, pp.383–397.

② Grant R. M., Toward a Knowledge-based Theory of the Firm, *Strategic Management Journal*, No.2, 1996a, pp.109–122.

③ Boer D. M. et al., Management Organizational Knowledge Integration in the Emerging Multi–Media Complex, *Journal of Management Studies*, No.6, 1999, pp.379–398.

④ Grant R. M., Prospering in Dynamically–Competitive Environment: Organizational Capability as Knowledge Integration, *Organization Science*, No.4, 1996b, pp.375–387.

⑤ Alavi M., Tiwana A., Knowledge Integration in Virtual Teams: The Potential Role of KMS, *Journal of the American Society for Information Science and Technology*, No.12, 2002, pp.1029–1037.

续表

视角	定义	定义来源
知识观	知识整合是通过组织全体成员的社会交往行为实施的对已成形的信念的建构、系统化、再限定的集成过程[①]	黄(Huang)、纽维尔
知识观	知识整合是对知识的综合、集成与系统化地再建构[②]	谢洪明等人(2007)
知识观	知识整合是指知识的重构与综合，是在学习过程中，通过知识在组织中的流动和扩散，对所学知识进行评价、选择和重构，使不同主体、多种来源和功用的知识相互结合并综合成为组织的知识[③]	赵修卫(2003)
行为观	知识整合涵盖知识创造、获取、转移、存储。应用及维护等相关活动的集合[④]	杨(Yang)
行为观	知识整合是不同个体合并其拥有的信息以创造新知识[⑤]	奥克森(Okhuysen)、艾森哈特(Eisenhardt)

如表 2.7 所示，学者们由于理论背景与研究问题不同，所提出的概念也各有侧重，其研究视角大致可以归纳为四类：

(一)能力观

这种观点将知识整合看作是团队或组织所具备的一种能力，知识整合能力是组织能力的具体表征，其强调组织或团队对知识获取、共享及应用方面所具备的能力，相关研究大都是基于资源基础论或知识基础论。格兰特认为对不同类型知识的整合是形成组织能力的关键要素。[⑥]而博尔(Boer)等人

---

① Huang J. C., Newell S., Knowledge Integration Process and Dynamics within the Context of Cross-functional Projects, *International Journal of Project Management*, No.12, 2003, pp.167-176.

② 参见谢洪明、王成、吴隆增：《知识整合、组织创新与组织绩效：华南地区企业的实证研究》，《管理学报》，2006 年第 5 期。

③ 参见赵修卫：《组织学习与知识整合》，《科研管理》，2003 年第 3 期。

④ Yang J. T., Job-related Knowledge Sharing：Comparative Case Studies, *Journal of Knowledge Management*, No.3, 2004, pp.118-126.

⑤ Okhuysen G. A., Eisenhardt K. M., Integrating Knowledge in Groups：How Formal Interventions Enable Flexibility, *Organization Science*, No.4, 2002, pp.370-386.

⑥ Grant R. M., Prospering in Dynamically-Competitive Environment：Organizational Capability as Knowledge Integration, *Organization Science*, No.4, 1996b, pp.375-387.

详细列出了知识整合能力的三个方面,其中,系统化能力是指生产作业遵循标准化的程度,以及按照工作程序和作业规则使用信息设备的操作能力;社会化能力是指企业文化、价值和信念的推动将隐性知识整合成新知识的能力;合作化能力是指组织内成员与内外部单位或团体通过互动、沟通了解、彼此支持将显性复杂或隐性知识整合成新知识的能力。[①]

(二)过程观

知识整合作为知识管理的关键环节之一, 已有的研究大都将知识整合视为知识管理过程,探讨知识存量与知识流整合过程中的重构与组合。这一观点强调知识整合过程和阶段性, 并着重探讨影响知识整合过程的因素及其运行效果。

(三)知识观

这一观点将知识整合看成是知识存量和知识流的重构与组合, 突出了知识自身特性对知识整合程度的影响,如知识的编码程度、模糊性等对知识整合效果的影响。

(四)行为观

这一观点将知识整合与行为贯穿起来,突出个体在知识整合中的行为表现,通过知识整合行为完成个体知识和组织知识的相互转化,以动态、互动、学习的角度看待知识整合,认为知识整合不仅包括知识在个体、团队乃至组织内的流动,更强调知识接受体吸收、合并以及应用相关知识的行为集合。

---

① Boer D. M. et al., Management Organizational Knowledge Integration in the Emerging Multi-Media Complex, *Journal of Management Studies*, No.6, 1999, pp.379–398.

基于上述知识整合定义的归纳与总结,本章结合知识的概念界定,基于过程视角,将团队知识整合界定为团队获取、吸收和应用任务相关的信息、技能与诀窍的过程。

三、知识整合的维度划分与测量

近年来有关知识整合的研究,对知识整合的维度划分和测量工具并不统一,量表内容仍在不断探索和逐步完善的过程中。尽管知识整合在不同研究中具体的测量操作存在差异,但其对应量表的测量项目所反映的内容大都是相似的,主要是根据其概念描述的内容开发得到。通常知识整合被视为一个过程,而非稳定的组织变量,所以很难测量。通过文献回顾可以发现,大多数研究仍以定性研究为主,通过案例研究来评价组织或团队的知识整合活动,少数研究基于行为的视角,通过测量个体知识整合行为对知识整合水平进行评价。按对知识整合维度划分的数量,可以归纳为单维度、二维度和三维度测量。

(一)单维度

已有研究大多将知识整合视为单一维度,题项设计主要体现在对个体知识整合行为的描述上。蒂瓦纳和拉梅什开发了 4 个题项的测量量表,信度为 0.93,对 35 个电子商务团队的知识整合进行了测量。[①]蒂瓦纳和麦克林(McLean)通过 4 个题项分别测量了项目层面上综合成员知识、综合不同成员隐性知识和专长以提出项目概念,从综合视角理解项目及在项目层面综

---

① Tiwana A., Ramesh B., A Design Knowledge Management System to Support Collaborative Informa-tion Product Evolution, *Decision Support Systems*, No.31, 2000, pp.241–262.

合自身知识的程度,信度为0.92。①史密斯、柯林斯和克拉克对 72 家技术公司中的高管团队和知识员工进行了考察,运用个体知识交换和组合的程度描述组织知识创造能力,并开发了 12 个题项用以衡量个体知识整合能力,信度为 0.87。②帕塔纳库尼(Patnayakuni)等人开发了测量隐性知识整合的量表,包含 5 个题项,信度为 0.85。③柯江林等人(2007)基于郑景华和汤宗益(2004)与何芳蓉(2003)等的知识整合问卷,开发了包含 3 个题项的量表,信度为 0.83。④杨(Yang)开发了 3 个题项衡量组织知识整合水平,信度为0.85。⑤

(二)二维度

不少学者也尝试从不同角度对知识整合进行划分, 有的学者从整合方向上对知识整合进行划分, 指出组织知识整合包括市场不确定环境下的客户知识整合及技术不确定环境下的技术知识整合, 并将知识整合区分为内部知识整合(internal integration)和外部知识整合(external integration)。⑥内部知识整合强调协调组织内部不同范围的知识基础, 外部整合则强调吸取外

---

① Tiwana A.,McLean E.,Expertise Integration and Creativity in Information Systems Development, *Journal of Management Information Systems*,No.1,2005,pp.13–43.

② Smith K. G.,Collins C. J. & Clark K. D.,Existing Knowledge,Knowledge Creation Capability,and the Rate of New Product Introduction in High–technology Firms, *Academy of Management Journal*,No.2,2005,pp.346–357.

③ Patnayakuni R. et al.,Managing the Complementarity of Knowledge Integration and Process Formalization for Systems Development Performance, *Journal of the Association for Information Systems*,No.8,2006,pp.545–567.

④ 参见柯江林、孙健敏、石金涛、顾琴轩:《企业 R&D 团队之社会资本与团队效能关系的实证研究——以知识分享与知识整合为中介变量》,《管理世界》,2007 年第 3 期。

⑤ Yang J.,Knowledge Integration and Innovation:Securing New Product Advantage in High–technology Industry, *Journal of High Technology Management Research*,No.1,2005,pp.21–35.

⑥ Iansiti M.,Clark K. B.,Integration and Dynamic Capability:Evidence from Product Development in Automobiles and Mainframe Computers, *Industrial and Corporate Change*,No.3,1994,pp.557–605.

部顾客和技术方面的知识并加以整合,主要集中在技术整合和顾客整合。米切尔(Mitchell)将管理者知识整合能力划分为两个维度,即获取外部知识的能力和内部知识整合能力, 开发了获得外部知识能力的 3 个题项, 信度为0.71;测量内部知识整合能力的7 个题项,信度为 0.94。[1]雷维利亚(Revilla)和柯里(Cury)则侧重于开发了测量顾客知识整合与供应商知识整合的题项,共7 题,信度分别为 0.896 与0.907。[2]法雷尔(Farrel)等人通过探索性因子分析提取了知识整合动机与整合能力两个维度,各有 4 个题项,信度分别为 0.84与0.81。[3]与此类似,柯林斯和史密斯通过 MBA 学生以及高科技企业管理者若干次头脑风暴小组得出知识交换与整合的 8 个题项,信度为 0.91,分别从个体知识整合与交换的动力和能力两方面进行测量。[4]帕塔纳库尼等人运用协同交换与显性知识整合两个维度衡量知识整合程度,共 8 题项,信度分别为 0.88 和 0.84。[5]

(三)三维度

知识整合是组织的基本职能。组织的关键作用在于将个体所拥有的多样化的知识整合起来,衡量知识整合效果则通过效率、范围与弹性三个方面

① Mitchell V. C., Knowledge Integration and Information Technology Project Performance, *Management Information Systems Quarterly*, No.4, 2006, pp.919–939.

② Revilla E., Cury T., *Antecedents and Consequences of Knowledge Integration in Product Development: an Empirical Evidence*, http://ssrn.com/abstract=1134491, 2008.

③ Farrell J. B. et al., CEO Leadership, Top Team Trust and the Combination and Exchange of Information, *Irish Journal of Management*, No.1, 2005, pp.22–40.

④ Collins C. J., Smith K. G., Knowledge Exchange and Combination: The Role of Human Resource Practices in the Performance of High - technology Firms, *Academy of Management Journal*, No.3, 2006, pp.544–560.

⑤ Patnayakuni R. et al., Managing the Complementarity of Knowledge Integration and Process Formalization for Systems Development Performance, *Journal of the Association for Information Systems*, No.8, 2006, pp.545–567.

进行,其中整合效率是指项目进入与使用成员所有知识的承和,沟通形式与元知识对于整合效率有着显著的影响;整合弹性是指项目获得额外知识及重构已有知识的程度,吸收外部知识的能力对整合弹性非常重要;整合的范围是指专有知识的宽度。在这一基础上,苏布拉曼(Subramanian)和索尔(Soh)开发了知识整合效率、弹性和范围的测量量表,并对 152 个开放源软件项目团队进行测量,信度分别为 0.84,1.0 与 0.78。①

基于博尔等人提出三方面的知识整合能力的这一理论构思,后续研究者们进行了具体的测量量表开发。谢洪明、王成和吴增隆(2006)开发了衡量知识整合能力的量表,共 11 个题项,包括系统化、合作化和社会能力三个因素,信度分别为 0.77、0.74 和 0.72,并在其 2008 年研究中修订了测量量表,共 16 个题项分别衡量社会化能力、系统化能力与合作能力,但信度仍然偏低,分别为 0.77、0.69 和 0.62。②陈建勋、潘昌才和吴隆增(2009)开发了 10 个题项的量表用于衡量组织知识整合水平,信度分别为 0.83、0.76 和 0.79。③

总体而言,有关知识整合的测量仍在探索之中,尚未形成公认的成熟测量工具,这也给知识整合开展经验研究带来一定的影响。

四、知识整合作用模式与经验研究

对知识整合的影响因素与结果的研究探索主要分为理论模型构建与经验研究两部分,前者是基于知识管理及其相关理论对知识整合过程要素进

---

① Subramanian A. M.,Soh P. H.,Knowledge Integration and Effectiveness of Open Source Software Development Projects,*IIMB Management Review*,No.6,2008,pp.139–148.

② 参见谢洪明、王成、吴隆增:《知识整合、组织创新与组织绩效:华南地区企业的实证研究》,《管理学报》,2006 年第 5 期。

③ 参见陈建勋、潘昌才、吴隆增:《外部社会资本对企业核心能力的影响——知识整合的调节作用》,《科学学研究》,2009 年第 2 期。

行推演,这一研究成为后续研究者进行经验研究的基础;后者是通过案例研究、实验研究或调查问卷的方式,将团队或组织视为独立的信息加工单元,从"输入—过程—输出"的模型入手进行探讨,验证知识整合理论模型(e.g., Newell et al.,2004;Ratcheva,2009;Tiwana,2004,2005;Yang,2008;谢洪明等人,2006,2008)。

格兰特从组织能力视角出发,将组织知识整合机制划分为四个方面,即方向与目标(Rules & Direction)、顺序(Sequential)、常规(Routine)及团队决策(Group Problem Solving and Decision Making)。[1]其中,方向与目标是指运用计划、程序等信息沟通系统,建立成员彼此沟通的标准模式和共同文化,降低知识共享的成本;顺序指将专业知识进行区分,使得每个领域的专业知识能够更好地整合;常规指通过日常性工作,将知识转化为成员认同的文字或符号,提高知识整合效率;团队决策强调跨部门进行知识整合,通过不断沟通或对话来共同解决问题。

一项研究通过理论分析指出虚拟团队知识整合过程面临的挑战包括四个方面:一是交互记忆系统的缺失;二是团队成员间相互理解不充分;三是对情境知识的共享和保留不足;四是组织联结弹性不足,并在此基础上提出了若干知识管理系统构建的对策。[2]

黄和纽维尔将格兰特提出的知识整合效率、范围和弹性进行了概念化和操作化,以四家大型组织的跨职能项目的案例研究阐述了知识整合的动态机

---

[1]　Grant R. M.,Prospering in Dynamically-Competitive Environment:Organizational Capability as Knowledge Integration,*Organization Science*,No.4,1996b,pp.375-387.

[2]　Alavi M.,Tiwana A.,Knowledge Integration in Virtual Teams:The Potential Role of KMS,*Journal of the American Society for Information Science and Technology*,No.12,2002,pp.1029-1037.

制,提出了跨职能团队知识整合模型,如图 2.5。①

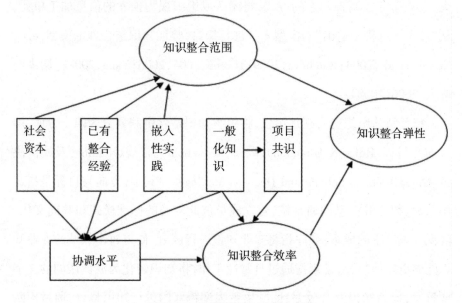

图 2.5 跨职能项目知识整合模型

资料来源:Huang J. C.,Newell S.,Knowledge Integration Process and Dynamics within the Context of Cross-functional Projects,*International Journal of Project Management*,No.12,2003, pp.167–176.

一项针对法国两家中小企业进行了历时的案例分析,深入剖析了在跨职能项目整合过程中社会资本对知识整合过程的影响机制,提出项目团队知识整合过程模型,如图 2.6 所示。②其指出项目团队的知识整合过程包括三个阶段:一是领域内整合,即合并成员知识形成团队知识;二是项目内整合,即基于团队知识的基础上创造出组织知识;三是适当整合,即将组织成员拥有的新的组织知识制度化。

①　Huang J. C.,Newell S.,Knowledge Integration Process and Dynamics within the Context of Cross-functional Projects,*International Journal of Project Management*,No.12,2003,pp.167–176.

②　Deltour F.,Sargis-Roussel C.,*How Does Knowledge Integration Occur During Information Systems Projects:An Empirical Investigation of the Influence of Social Capital*,http://ssrn.com/abstract=1267192, 2007.

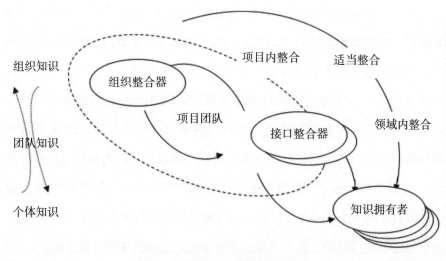

图2.6 项目团队知识整合过程模型

资料来源：Deltour F., Sargis-Roussel C., How Does Knowledge Integration Occur During Information Systems Projects: An Empirical Investigation of the Influence of Social Capital, Electronic copy available at: http://ssrn.com/abstract=1267192, 2007.

基里科（Chirico）和萨尔瓦托（Salvato）以家族企业为例，从知识整合的能力、潜在障碍及知识整合的意愿三个视角出发，提出了内部社会资本、人际冲突及对变革的情感承诺对家族企业知识整合效果的影响的研究命题。[1]张喜征等人（2009）针对协同产品开发过程所涉及的动态性、分布性和多源异构性知识整合管理问题，分析了企业协同产品开发过程中的知识要素过程及知识整合的主要模式。[2]

随着知识整合理论的深入与测量量表的开发，知识整合经验研究也取得了一定的进展。奥克森和艾森哈特运用试验方法对一家快餐连锁店的 160 名员工组成的 40 个小组进行研究，发现当个体掌握专有化知识时，单一正

---

[1] Chirico F., Salvato C., Knowledge Integration and Dynamic Organizational Adaption in Family Firms, Family Business Review, No.2, 2008, pp.169–181.

[2] 参见张喜征、靳大山、杜焕珍：《企业协同产品开发过程中的知识整合模型研究》，《科技进步与对策》，2009 年第 2 期。

式干预方式能提高知识整合。①个体采取的信息共享、向别人提问以及管理时间等方式能有效地提高知识整合。蒂瓦纳对 232 个软件开发团队的实证研究发现，整合业务应用领域知识与技术知识有助于提高软件开发有效性和开发效率。②纽维尔等人通过 ERP 项目团队的案例研究指出，在理解社会资本与知识整合两者关系时，有必要区分两种形式的社会资本，即外部桥接的社会资本和内部相连的社会资本，只有在构建良好的内部社会资本的基础上，才能有效地整合团队成员的专有化知识。③米切尔跟踪调查 74 家企业的应用整合项目验证了项目及时完成与知识整合能力两个维度之间的关系，即获得外部知识的能力和内部知识的整合能力与项目及时完成正相关。④帕塔纳库尼等人以 60 家软件开发商为研究样本发现，开发过程中的合作交换与显性知识整合对系统开发绩效有着正向的影响，形式化流程不仅直接影响开发绩效，也影响知识整合要素与绩效的关系。⑤

一项针对 113 家台湾制造公司的问卷调查发现基于网络的产品创新，提出了网络产品创新的知识整合模型，指出市场导向、资源互补导向及信息共享导向的产品创新网络通过知识整合影响产品创新绩效。⑥谢洪明等人

① Okhuysen G. A., Eisenhardt K. M., Integrating Knowledge in Groups: How Formal Interventions Enable Flexibility, *Organization Science*, No.13, 2002, pp.370–386.

② Tiwana A., An Empirical Study of the Effect of Knowledge Integration on Software Development Performance, *Information and Software Technology*, No.13, 2004, pp.899–906.

③ Newell S. et al., Social Capital and Knowledge Integration in an ERP Project Team: The Importance of Bridging and Bonding, *British Journal of Management*, No.15, 2004, pp.43–57.

④ Mitchell V. C., Knowledge Integration and Information Technology Project Performance, *Management Information Systems Quarterly*, No.4, 2006, pp.919–939.

⑤ Patnayakuni R. et al., Managing the Complementarity of Knowledge Integration and Process Formalization for Systems Development Performance, *Journal of the Association for Information Systems*, No.8, 2006, pp.545–567.

⑥ Lin B., Chen C., Fostering Product Innovation in Industry Networks: The Mediating Role of Knowledge Integration, *International Journal of Human Resource Management*, No.1, 2006, pp.155–173.

(2007)对华南地区 172 家企业开展研究,发现知识整合是组织学习作用于核心能力的关键中介机制。[1]苏布拉曼和索尔以 152 个开放源软件项目团队为样本实证研究发现,知识整合的效率和弹性与项目有效性显著正相关,知识整合范围与项目有效性相关性不显著。[2]小罗伯特(Robert Jr)等人通过实验并历时跟踪美国一所州立大学由学生组成的 46 个团队,验证了在两种不同沟通环境下社会资本三个维度(结构、关系与认知)对知识整合与团队绩效的影响。[3]其中,知识整合与团队决策质量正相关,沟通环境和结构维度与知识整合不相关, 而关系和认知维度与知识整合显著正相关。简兆权等人(2008)通过调查 124 家高科技企业指出,吸收能力对知识整合有显著的直接正向影响,对组织创新没有显著的直接正向影响,知识整合对组织创新有显著的直接正向影响,组织创新对组织绩效有显著的正向影响。[4]杨对中国上海500 家高科技企业进行问卷调查,研究发现高科技企业知识整合与新产品开发及时性显著正相关,企业奖励系统、高管支持对两者关系起正向调节作用,而技术能力充分程度对两者关系起负向调节作用。[5]拉契娃(Ratcheva)对英国五家中小规模企业进行历时案例研究发现, 跨学科项目团队的知识整合关键在于识别团队边界以及所发生的互动, 团队边界包括项目行动边

①　参见谢洪明、吴隆增、王成:《组织学习、知识整合与核心能力的关系研究》,《科学学研究》,2007 年第 2 期。

②　Subramanian A. M.,Soh P. H.,Knowledge Integration and Effectiveness of Open Source Software Development Projects,*IIMB Management Review*,No.6,2008,pp.139–148.

③　Robert Jr L. P. et al.,Social Capital and Knowledge Integration in Digitally Enabled Teams,*Information Systems Research*,No.3,2008,pp.314–334.

④　参见简兆权、吴隆增、黄静:《吸收能力、知识整合对组织创新和组织绩效的影响研究》,《科研管理》,2008 年第 1 期。

⑤　Yang J. T.,Knowledge Integration and Innovation:Securing New Product Advantage in High - technology Industrys,*Journal of Knowledge Management*,No.3,2004,pp.118–126.

界、项目知识边界及项目情境边界。①

五、知识整合研究的简要评述

通过梳理知识整合的定义、测量与相关研究,可以发现知识整合已成为组织知识管理领域重要的研究方向之一,知识整合是知识创造与组织创新的前提,是组织核心能力的重要来源。尽管已有的知识整合研究在理论基础和经验研究上取得了一定的进展,但仍存在以下三个方面的不足:

(1)团队层面的知识整合研究有待进一步探索。以往的知识整合研究大都基于组织层面展开,尽管有学者针对项目团队的知识整合过程进行了具体剖析,但对于知识整合的影响因素及其作用机理尚未详细阐述。阿拉里(Alavi)和蒂瓦纳(Tiwana)对虚拟团队知识整合存在的障碍进行了分析,为探索知识整合的前因模型奠定了基础,同样,团队是成员进行工作和互动的重要情境,在团队这一情境下,知识整合表现出哪些特征,受哪些因素的影响,与团队产出结果的关系如何,需要得到进一步的拓展,这将对管理者的知识管理实践活动更具指导性。

(2)国外现有的知识整合研究大多采用案例研究方法,深度剖析某一企业知识整合过程,可能无法较好地反映团队知识整合对团队绩效或团队创造力的影响,而国内的研究大都以企业为分析对象,对团队知识整合过程机制探讨的相对较少。尽管有一些学者开始以企业团队作为研究对象,但对于团高科技企业特定情境下团队知识整合过程与效果的衡量仍有待进一步开展。

---

① Ratcheva V., Integrating Diverse Knowledge through Boundary Spanning Processes - the Case of Multidisciplinary Project Teams, *International Journal of Project Management*, No.3, 2009, pp.206–215.

（3）不少现有的研究指出了团队输入变量（如社会资本、以往整合经验等）、团队过程变量（如沟通等）与团队知识整合关系密切，但多数仅仅从理论上提出命题，实证研究还很少。

第四节　团队创造力的相关概念及其研究

有关创造力研究开始于 20 世纪 50 年代初，美国心理学家吉尔福德（Guilford）首次提出创造力概念，由此开辟了创造力研究领域。[①]早期的创造力研究运用个体心理学范式，主要集中在个体层面，旨在揭示和描述富有创造性个体的个性特征、思维模式和心理因素等。随着"头脑风暴法"、跨职能团队在组织中的广泛应用，工作场所中的创造力形成日益受到理论界和实践领域的广泛关注。阿马比尔（Amabile）首次提出基于社会心理学的雇员创造力理论，引领了探讨雇员创造力影响因素的研究主题，即如何激发个体进行创造性活动，如何培养富有创造力的个体（Amabile，1988；Deci & Ryan，1980，1985；Shalley & Perry-Smith，2001；Zhou，1998a；Zhou & Oldham，2001）。随着研究理论的深入发展，创造力研究逐步从单一探讨个体特征对团队创造力的影响拓展到构建多因素交互影响团队创造力形成，形成了一个全新的研究领域。

一、团队创造力的概念界定

随着团队在组织中的广泛应用，越来越多的组织认为通过团队形式能

---

① Guilford J. P., Creativity, *American Psychology*, No.5, 1950, pp.444–454.

够获得更多富有创造力的观点并将这些观点转换成有用的技术、产品或服务(Iansiti & West,1999;Thamhain,2003),能提高企业的自主创新能力。团队创造力(team/group creativity)实际是从个体创造力(individual creativity)概念延伸发展而来。然而,迄今为止,学者们对团队创造力的概念尚未达成一致。有学者提出,只有个体才具有创造力,团队层面的创造力概念是不存在的;[1]也有学者指出,个体创造力和小团体创造力不存在根本区别。[2]在组织日常实践中,"1+1>2"或"1+1<2"的情况经常出现,人们逐渐意识到并不能通过简单加总成员创造力来判断一个团队是否具有创造力,因此如何界定团队创造力,思考"团队创造力是什么"成为众多学者进行相关研究的起点。

综观已有的研究,团队创造力的概念界定主要是基于结果或过程两个视角。基于结果定义的团队创造力与个体创造力在概念上有一定的相似性,突出团队在服务、流程、产品方面提出新的有用的解决方法,一方面强调团队针对业务问题提出富有创造性的解决方法,另一方面强调富有创造性的业务策略或者工作流程方面的改进。有学者指出,团队创造力是个体创造行为"投入"的函数,是在复杂社会系统中一起工作的个体,创造出有价值的、有用的新产品、服务、方法和流程等。[3]也有学者指出,创造力是在一定的组织情境中,通过知识的联结与再配置以产生新的有用且能转换为产品或服务的知识。[4]皮罗拉梅洛(Pirola-Merlo)和曼(Mann)将团队创造力界定为某一时点

---

① Van Gundy A. B., *Managing Group Creativity: A Modular Approach to Problem Solving*, American Management Association,1984,p.116.

② Amabile T. M., A Model of Creativity and Innovation in Organizations, In *Research in Organizational Behavior*, JAI Press,1988,pp.123–167.

③ Woodman R. W., Sawyer J. E. & Griffin R. W., Toward a Theory of Organizational Creativity, *Academy of Management Review*, No.18,1993,pp.293–321.

④ Koh Ai - Tee, Linking Learning, Knowledge Creation, and Business Creativity: A Preliminary Assessment of the East Asian Quest for Creativity, *Technological Forecasting and Social Change*, No.4,2000,pp.85–100.

上的团队内部成员创造力的平均或加权平均值。[①]考夫曼(Kaufmann)提出,判断解决方法的新颖性应具体区分主动创造性和被动创造性。[②]国内已有研究大都基于结果定义对团队创造力进行界定,丁志华、李萍、胡志新等(2005)指出,团队创造力是指团队在团队领导人的协调下,凭借团队合理的人才结构、知识结构、组织结构、团队成员的创造力和积极的创造行为顺利进行群体创新,产生具有新颖性、独特性、社会价值和社会意义的创新成果的能力。[③]

基于过程定义的团队创造力概念是从团队创造过程的视角出发,强调团队创造力是团队层面的特有属性(杨志蓉,2006;赵卓嘉,2009)。团队创造力既是集体式的创造性思考过程,即许多个体在一起,以集体思考的方式尽可能多地提出设想,然后从中挑选一个适合需要的答案。[④]团队创造力也意味着团队层面的复杂创造互动过程,即在项目目标情境下团队过程的新颖程度。[⑤]团队创造力更是团队所有成员思考问题角度的一种"顿悟式转换"。[⑥]傅世侠和罗玲玲(2005)认为,团队创造力专指在以阻止方式整合团队成员个体的创造力而发挥协同效应的过程中所表现出来的团体的一种整体特性。[⑦]

也有学者对团队创造力与团队创新进行了区分,团队创造力通常被看成是创新的子过程(subprocess)。创新通常被定义为"相关单元有意的引进和应用新的观点、流程、产品或者程序",团队创新包含新观念的产生与执行两

---

① Pirola-Merlo A., Mann L., The Relationship between Individual Creativity and Team Creativity: Aggregating Across People and Time, *Journal of Organizational Behavior*, No.2, 2004, pp.235–257.

② Kaufmann G., Two Kinds of Creativity -but Which Does?, *Creativity and Innovation Management*, No.3, 2004, pp.154–165.

③ 参见丁志华、李萍、胡志新等:《团队创造力数学模型的研究》,《九江学院学报》(自然科学版),2005年第3期。

④ Kirk S. J., Kent F. S., *Creative Design Decisions*, Van Nostrand Reinhold Company Inc., 1988, p.78.

⑤ Drazin R., Glynn M. A. & Kazanjian R. K., Multilevel Theorizing about Creativity in Organizations: A Sensemaking Perspective, *Academy of Management Review*, No.24, 1999, pp.286–307.

⑥ Barlow C. P., Deliberate Insight in Team Creativity, *The Journal of Creative Behavior*, No.2, 2007, pp.101–117.

⑦ 参见傅世侠、罗玲玲:《建构科技团体创造力评估模型》,北京大学出版社,2005年,第25页。

个阶段,而团队创造力是指创新的第一阶段,即新观念产生。[1]团队创新是在外部需求的影响下,通过一系列团队创造过程,将团队任务特征、多样化知识和技能等投入要素转化为创造性的产品、工艺、服务或工作方式等。[2]从这一角度看,团队创造力是创新的起点,前者是后者的必要但非充分条件。

此外,有学者从创造力的驱动因素(外部或内部)及需要解决的问题类型(开放或封闭)两个维度提出四种创造力类型,即响应型、预期型、贡献型和主动型。[3]也有学者提出团队创造力是创造过程、创造产品、创造性个人和创造性环境的结合,以及它们互动的结果,这一界定综合了创造主体、创造过程、创造环境及创造产品各方面。[4]

通过比较不同团队创造力的概念描述,可以发现从不同角度对团队创造力的界定是不尽相同的,但这些定义也存在一些共同的特点。结合既有文献,本文将其总结如下:①团队创造力是个体创造力的延伸,是团队互动过程中形成的团队整体创造性体现。②团队创造力是团队创新的重要前提和基础。③团队创造力强调对产品、服务和流程的改进与创造,与个体创造过程相比,团队创造力形成伴随着更为复杂的成员互动过程,团队创造力受到情境因素的影响更为明显。

二、团队创造力的理论框架

已有的团队创造力理论框架主要基于三个视角展开。首先,目前研究最

---

① West M. A., Farr J. L., Innovation at Work, In M. A. West, J. L. Farr(Eds.), *Innovation and Creativity at Work*, Wiley, 1990, pp.1–13.

② West M. A., Sparkling Fountains or Stagnant Ponds: An Integrative Model of Creativity and Innovation Implementation in Work Groups, *Applied Psychology: An International Review*, No.51, 2002, pp.355–424.

③ Unsworth K., Unpacking Creativity, *Academy of Management Review*, No.26, 2001, pp.289–297.

④ Brown J. S., Duguid P., Organizing Knowledge, *California Management Review*, No.3, 1998, pp. 90–111.

为广泛和被认可的是基于认知评价理论的创造力研究(e.g.,Shalley,1995;Shalley & Perry-Smith,2001;Zhou & Oldham,2001)。其次,不少学者从互动理论视角,探讨不同层面要素互动作用下创造力的形成,不仅关注创造主体的特征要素, 同时关注创造过程与创造主体的交互作用对创造力形成的影响。这一视角拓展了传统的团队创造力研究,将管理实践与科学研究有效地结合起来。最后,部分学者从演化或权变的视角探讨团队创造力的形成过程,重点剖析某一行业或某一企业团队创造力的形成路径。

(一)基于认知评价视角的团队创造力模型

认知评价理论是创造力研究的基础,是指人对客观事件、事物的看法和评判。根据认知评价理论,当个体对任务感到满足时,个体会有较高水平的内部动机。所有情境因素具有两种潜在的作用:信息或控制,这两者相对突出的一面决定了情境因素是否对个体内部动机产生影响。当信息方面比较显著时,个体会认为自己受到支持和鼓励,主动地尝试新事物,其内部动机会加强并可能表现出高水平的创造力。相比之下,当控制比较显著时,个体觉得自己的想法、感觉和行动受到限制,内部动机消失而表现出较低的创造力。最具代表性的基于认知评价视角的团队创造力模型是阿马比尔的1988年和1996年的创造力构成模型及工作环境感知评价模型,塔加(Taggar)的2002年多层次模型,傅世侠、罗玲玲在2005年提出的科技团体创造力评估模型。

阿马比尔1998年首次提出了工作场所中的创造力构成要素框架。[1]该框架指出影响个体创造力的三个关键要素:相关领域的技能、与创造性相关的流程及任务动机。相关领域的技能是指在既定领域中实际掌握的知识与专长,受到正式或非正式教育的影响。与创造性相关的流程既包括能够产生

---

[1] Amabile T. M. , How to Kill Creativity, *Harvard Business Review*, No.5, 1998, pp.76–88.

富有创新性观点的显性或隐性知识，也包括能带来创造性产品的认知风格与工作风格。个体在创造性技能和策略方面接受的培训，以往创造活动的经验及特定的人格特征会影响这一构成要素。任务动机是指个体对任务的态度以及对完成这项任务自身动机的感知。在创造活动中，内在动机比外在动机更为重要。

塔加通过分析 13 个执行不同开放式任务的 94 个团队样本数据，拓展了阿马比尔(1988)的构成要素模型，提出"团队创造相关过程"这一跨层次过程，如图 2.7 所示。[①]

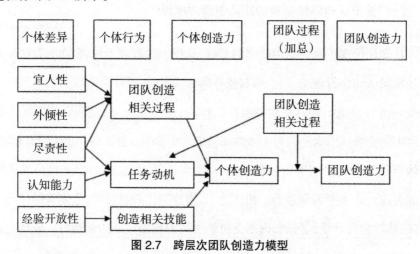

图 2.7　跨层次团队创造力模型

资料来源：Taggar S.，Individual Creativity and Group Ability to Utilize Individual Creative Resources：A Multilevel Model，*Academy of Management Journal*，No.2，2002，pp.315–330.

这一模型关注个体和团队层面的创造力的决定因素及内在联系，强调任务动机(如团队承诺、对手头任务的关注程度)、创造性相关过程(如准备工作、综合团队观点、目标设定以及参与)、团队创造相关过程(如团队公民行为、绩效管理、有效沟通、提供反馈等)三个要素对创造力形成的影响。同时，塔加提出了团队创造力跨层模型，为个体创造力向团队创造力转换提供了解释。

---

① Taggar S.，Individual Creativity and Group Ability to Utilize Individual Creative Resources：A Multilevel Model，*Academy of Management Journal*，No.2，2002，pp.315–330.

(二)基于情境互动视角的团队创造力模型

要理解团队/组织创造力必须理解五个方面,即创造过程、创造产品、创造主体、创造情境及这些要素彼此间的互动。[①]基于情境互动视角的创造力研究是核心分支之一,最具代表性的是伍德曼(Woodman)等人1993年的组织创造力模型。伍德曼和施恩菲尔德(Schoenfeldt)于1990年提出了个体层面的创造行为互动模型,[②]认为创造力是在既定情境下个体行为的复杂产出,其中既定情境包含促进或阻碍个体创造行为的情境和社会影响因素,这一模型整合了个性、认知和社会心理学研究的关键要素,识别了愿景、参与安全、任务导向及创新支持四个预测团队创造力的团队氛围因素。(如图2.8所示)

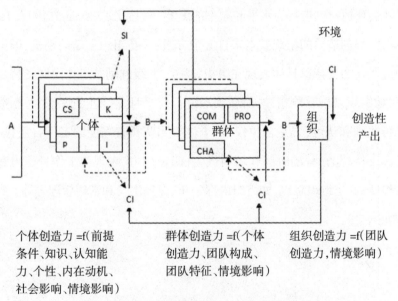

个体创造力 =f(前提条件、知识、认知能力、个性、内在动机、社会影响、情境影响)　　群体创造力 =f(个体创造力、团队构成、团队特征、情境影响)　　组织创造力 =f(团队创造力,情境影响)

图2.8　基于互动视角的组织创造力模型

资料来源:Woodman R. W. et al.,Toward a Theory of Organizational Ceativity,*Academy of Management Review*,No.18,1993,pp.293–321.

---

①　Harrington D. M.,*The Ecology of Human Creativity:A Psychological Perspective*,In Runco M. A.,Albert R. S.(Eds.),*Theories of Creativity*,Sage,1990,pp.143–169.

②　Woodman R. W.,Schoenfeldt L. F.,An Interactionist Model of Creative Bbehavior,*Journal of Creative Behavior*,No.24,1990,pp.279–290.

　　基于以往的研究,伍德曼(Woodman)等人于 1993 年提出了基于互动视角的组织创造力模型,如图 2.9 所示,将个体层面的创造行为模型延伸到了社会情境中。①组织/团队的创造行为是人与情境之间复杂的互动过程,受到以往和现在情境等各方面的影响。其中,团队创造力是个体创造行为"投入"的函数,包括个体间的互动(如团队构成),团队特征(如规范、规模、凝聚程度),团队过程(如解决问题的方法),以及情景因素(如组织特点、任务特征)。组织创造力是团队构成和情境影响(组织文化、激励系统、资源限制、系统外更大的环境)的创造性产出函数。在这一模型中,个体、群体和组织通过创造性过程和情境转变成富有创造性的产品。

　　有学者提出创造力研究除了基于传统心理学范式展开,同时也需要关注社会环境对创造行为水平和频率的影响。阿马比尔(Amabile)等人 1996 年提出影响创造力的组织要素来自五个方面:一是组织创新的动机,即组织对创造活动的支持,具体表现在组织鼓励、上级鼓励及工作团队支持三个维度,如组织鼓励冒险精神,对新观点进行公平且支持性的评估,对创造活动进行奖励和认可;二是自主权,即个体或团队具有高度的工作自主权;三是资源支持,如充分的时间和培训机会;四是压力,表现为工作量压力和挑战性程度;五是组织阻碍,如组织内部争斗、保守主义和常规管理等等。具体模型如图 2.9。

————————

　　① Woodman R. W. et al.,Toward a Theory of Organizational Ceativity,*Academy of Management Review*,No.18,1993,pp.293–321.

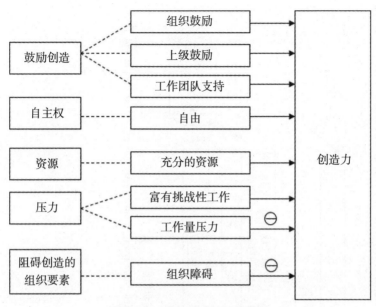

图 2.9　工作环境感知评价模型

资料来源：Amabile T. M. et al., Assessing the Work Environment for Creativity, *Academy of Management Journal*, No.39, 1996, pp.1154–1184.

皮罗拉梅洛（Pirola-Merlo）和曼（Mann）2004 年运用澳大利亚四家大型研发组织中来自 15 个部门的 56 个团队样本提出了跨层次团队创造力整合模型，如图 2.10 所示，解释了团队创造力如何形成及创造氛围如何影响创造行为，同时也明确了团队创造力与成员创造力两者的关系，即发现和验证了团队创造力在某一时点上是个体创造力平均值或加权平均值。团队创造氛围直接作用于团队创造力而不通过个体间接作用。其中模型左侧代表团队层面的创造氛围，即团队成员对创造氛围的共同感知，中间部分表示团队创造力与个体创造力之间的关系。

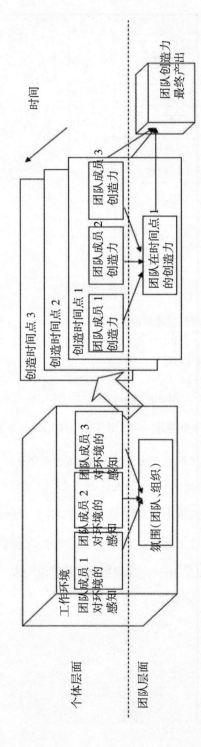

图 2.10 跨层次团队创造力整合模型

资料来源：Pirola-Merlo A.,Mann L.,The Relationship between Individual Creativity and Team Creativity:Aggregating across People and Time, *Journal of Organizational Behavior*,No.2,2004,pp.235-257.

（三）基于演化视角的团队创造力形成

基于演化视角的团队创造力研究主要采用过程观展开，即通过深度剖析某个项目过程中创造行为的出现，或通过探讨个体创造力向团队创造力转换的过程，或通过案例分析探究某一行业团队创造力的形成。具有代表性的研究结论是德拉金（Drazin）等人1999年提出的创造力多层次模型，其深度剖析了三个层面的创造力形成，在个体层面，创造力表现为个体在创造活动中的心理投入，在整体组织项目层面，创造力不仅包括个体投入，同时包含投入者和投入时间的结构化，在项目层面，创造力则包含了不同专业子文化下创造活动的起伏，如图2.11。与已有的模型不同，德拉金基于过程导向关注复杂、模糊和恶劣的环境下个体如何投入、采取富有创造力的活动，运用了社会政治过程，认为不同子文化之间存在竞争，如管理者和技术人员之间的竞争对组织创造行为有着显著的影响。

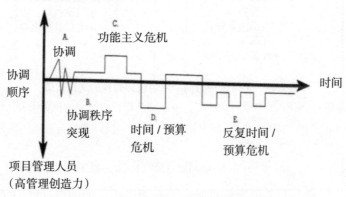

图 2.11　大型项目跨时间创造力代表模型

资料来源：Drazin R. et al., Multilevel Theorizing about Creativity in Organizations: A Sense-making Perspective, *Academy of Management Review*, No.24, 1999, pp.286–307.

周耀烈、杨腾蛟（2007）根据创意漏斗理论和阶段-关卡模型提出了"个体创造力向团队创造力转换的透镜模型"，见图2.12。该模型将个体创造力向团队创造力转换的过程类比为光线通过透镜的过滤和聚焦过程，包含了两个阶段和两个关卡，从新的视角揭示了个体创造力从无序到有序再到团队创造力的转换和提升过程，并强调影响这一过程的情境因素分析。

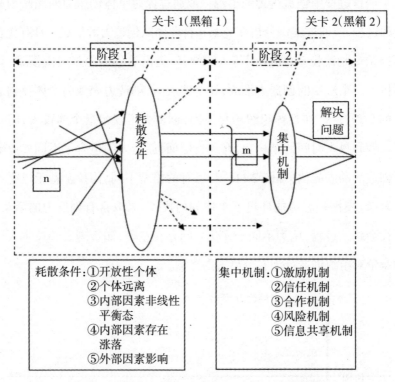

图 2.12　个体创造力向团队创造力转换的透镜模型

资料来源：周耀烈、杨腾蛟：《个体创造力向团队创造力转化的机理研究》，《科学学研究》，2007 年第 2 期。

内皮尔（Napier）和乌苏（Usui）在 2008 年通过案例研究，剖析了剧场、大学足球队、软件公司及健康信息服务中心四个组织的创造过程，并提出 3–D 创造力模型。从图 2.13 可以看出，不同类型的规则思维方式（discipline thinking）都能带来创造力，其中规则内（within discipline）思维和行动是通过成员合理的内部竞争、快速学习来实现，规则外（out of discipline）思维要求成员超出自身领域和专长处理问题以实现创造力，严密过程（disciplined process）

是组织进行创造活动的流程,包括计划和观点产出、实验、最终测试三个环节。所有组织需聘用掌握学科内专长和知识的个体或团队,一些组织希望雇员能打破常规进行创造,一些组织则进行严密的创造过程,如果将创造力视为固定的"箱子",推动和形成不同类型的规则有助于打开这个"箱子"。

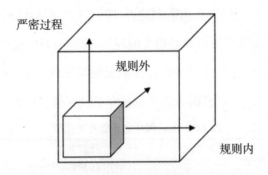

图 2.13　3–D 创造模型

资料来源: Napier N. K., Usui K., 3–D Creativity in Organizations: Discipline, Discipline, Discipline, *Human Resource Planning Society*, No.31, 2008, pp.39–46.

三、团队创造力的测量

由于团队创造力的概念界定尚未取得一致,因此在实证研究中,团队创造力的测量鉴于研究目的会有所不同, 团队创造力的判断标准也有着明显的差异。本章从团队创造力的测量标准、测量主体、计算方法及其优缺点上进行总结,详见表 2.8。格利(Gully)等人 1995 年指出,当研究模型中所有构念都在团队层面上进行时,两者的关系会更强。[1]胡尔谢格(Hülsheger)等人 2009 年指出,与独立评价和客观指标比较,在自评的创造力测量情况下调节变量与创造力关系更强, 通过累积团队成员对团队整体创造力评价得到的

---

[1]　Gully S. M., et al., A Meta-analysis of Cohesion and Performance: Effects of Level Analysis and Task Interdependence, *Small Group Research*, No.26, 1995, pp.497–520.

评价值比累积团队成员创造力到团队创造力得出的评价值更能预测团队过程变量与创造力的关系。[①]

在团队创造力的判断标准上,根据不同的行业和样本,判断标准也存在较大的差异。陈等人在 2008 年采用同感评估技术(consensus assessment approach)通过 6 个题项测量团队创造力,即创造力、创新性和生产率。[②]其中创造力题项是指团队产生与任务相关的观点的新颖、有用程度及创造出团队以往没有的新知识;生产率题项涉及团队及时完成任务的绩效;创新性题项指团队形成的产品、技术或服务满足市场需求及获得客户满意的程度。

表 2.8　团队创造力测量方法比较

测量标准		测量主体	计算方法	优缺点
主观测量	自我评价	由被试根据判断标准衡量自身创造力的程度(e.g., Axtell et al.,2000;Caldwell & O'Reilly, 2003;Sonnentag & Pluntke,2006)	采用自我评价测量团队创造力通常有两种计算方法:①通过累积团队成员创造力得出团队创造力的评价值②通过累积团队成员对团队整体创造力的评价而得到团队创造力的评价值	优点:测量过程较为便利,能快速获得研究数据。相比其他测量方法,主观测量方法下两者关系更强缺点:存在同源偏差,测量过程缺乏控制
	独立评价	上级评价(e.g., Oldham & Cummings,1996;West & Anderson,1996);专家评价(e.g., Shalley,1995;Shalley & Perry-Smith,2001)	直接获得团队创造力评价值	优点:相比自我评价,能获得较为客观的测量数据缺点:数据获得较为困难,预测效果相对较弱

① Hülsheger U. R. et al.,Team-Level Predictors of Innovation at Work:A Comprehensive Meta-Analysis Spanning Three Decades of Research,*Journal of Applied Psychology*,No.5,2009,pp.1128–1145.

② Chen M-H et al.,Social Capital and Creativity in R&D Project Teams,*R&D Management*,No.1,2008,pp.21–34.

续表

测量标准		测量主体	计算方法	优缺点
客观测量	客观指标	如成员对建议系统的贡献数量、专利数量或新产品数量（e.g., Cardinal, 2001; Pirola-Merlo & Mann, 2004）；产品销售价值（Taylor & Greve, 2006）	直接获得团队创造力评价值	优点:相对客观可信缺点:通过客观指标测量的团队创造力不同,全面反映出团队的创造力水平

资料来源:作者根据相关文献整理。

四、已有团队创造力的经验研究

已有团队创造力的经验研究主要集中在团队创造力影响因素的探讨分析上,大部分研究模型是基于 IPO 模型构建,分析不同分析层面的变量对团队创造力的影响机理。总的来看,团队过程变量与团队创造力强相关,而团队构成与结构等输入变量对团队创造力的影响较弱。参照考夫曼和斯坦伯格(Sternberg)2007 年的创造力 4P 模型,即创造主体、创造过程、创造产品和创造环境,本节将集中从创造主体、创造过程和创造情境三个方面对已有团队创造力的经验研究进行详细说明。

从创造主体上看,已有的大量研究明确了团队输入的核心变量对创造力的作用,如团队多样性、任务与目标依赖性、团队规模与团队情绪等特征变量。学者韦斯特(West)和安德尔森(Anderson)1996 年运用 IPO 模型提出团队创新理论,验证了团队成员多样性、团队规模、任期是团队创新的关键前因变量。[1]

团队多样性是团队创造力研究中的核心输入变量之一, 通常划分为工

---

[1]　West M. A., Anderson N. R., Innovation in Top Management Groups, *Journal of Applied Psychology*, No.81, 1996, pp.680–693.

作相关多样性和人口特征相关多样性两个维度(Woodman et al.,1993;West,2002;Shalley & Gilson,2004), 工作相关多样性是指团队成员在工作或任务相关的特质上的差异性程度,如职能、专业、教育、任期、知识、技能或专长,人口特征多样性是指年龄、性别或种族等(Milliken & Martins,1996)。团队多样性能促进与团队外成员的沟通,从而扩大团队成员的视野,推动创新。[①]泰罗(Taylor)和格里夫(Greve)运用美国 1972 年至 1996 年的喜剧著作数据验证了成员知识多样性、团队经验,已有成功创新经验及成员个数会影响创新绩效。[②]索梅(Somech)对 136 个护理团队进行考察得出,在职能异质性程度高的团队里,参与式领导风格与团队反思正相关,并促进团队创新,但这一领导风格会降低团队角色内绩效。在职能异质性程度低的团队,直接式领导风格也能提高团队反思,但在异质性程度高的团队不存在这一效应。[③]

已有的创造力研究对任务和目标依赖性进行了区分, 任务依赖性是指团队成员在完成任务过程中彼此依赖的程度, 目标依赖性或产出依赖性是指成员目标和报酬相互依赖的程度(Saavedra,Earley & Van Dyne,1993;Van der Vegt,Emans & Van de Vliert,1999)。乔斯佛德(Tjosvold)等人 2004 年提出,在目标依赖性程度高的团队中,成员更加互助,讨论不同的观点以实现绩效最优化。[④]一项关于团队创新的元分析指出,目标依赖性是预测工作场

---

① West M. A.,Sparkling Fountains or Stagnant Ponds:An Integrative Model of Creativity and Innovation Implementation in Work Groups, *Applied Psychology:An International Review*,No.51,2002,pp. 355–424.

② Taylor A.,Greve H. R.,Superman or the Fantastic Four? Knowledge Combination and Experience in Innovative teams, *Academy of Management Journal*,No.4,2006,pp.723–740.

③ Somech A.,The Effects of Leadership Style and Team Process on Performance and Innovation in Functionally Heterogeneous Teams, *Journal of Management*,No.1,2006,pp.132–157.

④ Tjosvold D. et al.,Reflexivity for Team Innovation in China, *Group and Organization Management*, No.29,2004,pp.540–599.

所中创造力最重要的团队结构变量。[1]

团队网络特征是影响团队创造力的又一重要因素。克拉策(Kratzer)等人基于航天工业的 39 个工程设计团队的样本分析,指出领导处于沟通流的不同位置对团队创造力有着不同的影响, 团队领导处于完全中心和完全边缘的位置都会阻碍团队创造力的实现, 处于信息网络边缘位置则会促进创造力,当团队领导处于外部信息网络中心时则会促进创造。[2]伦德斯(Leenders)等人运用社会网络分析方法,通过 44 个新产品开发团队,验证了四种沟通特征如何形成创新绩效,即子团队的形成、沟通频率、团队意见一致性程度及沟通的中心性程度。[3]

此外, 团队规模、团队任期也是团队创造力研究中的重要因素。卡茨(Katz)在对研发项目团队进行考察后发现随着项目周期的延长,团队与项目外部专家的沟通水平会降低,团队创造力会下降。[4]加鲁佩(Gallupe)等人在头脑风暴小组研究中发现, 团队规模与富有创造力的观点的数量和质量成正比。[5]斯图尔特(Stewart)研究指出,在不确定性和复杂的环境中完成难度大的任务,规模大的团队更有利。[6]

创造过程是团队创造力形成的中间过程机制, 是目前创造力研究的核

①　Hülsheger U. R. et al., Team-Level Predictors of Innovation at Work: A Comprehensive Meta-analysis Spanning Three Decades of Research, *Journal of Applied Psychology*, No.5, 2009, pp.1128–1145.

②　Kratzer J. et al., The Social Structure of Leadership and Creativity in Engineering Design Teams: An Empirical Analysis, *Journal of Engineering & Technology Management*, No.4, 2008, pp.269–286.

③　Leenders R. T. A. J. et al., Systematic Design Methods and the Creative Performance of New Product Teams: Do They Contradict or Complement Each Other?, *Journal of Product Innovation Management*, No.2, 2007, pp.166–179.

④　Katz R., The Effects of Group Longevity on Project Communication and Performance, *Administrative Science Quarterly*, No.27, 1982, pp.81–104.

⑤　Gallupe R. B. et al., Electronic Brainstorming and Group Size, *Academy of Management Journal*, No.35, 1992, pp.350–369.

⑥　Stewart G. L., A Meta-Analysis Review of Relationships between Team Design Features and Team Performance, *Journal of Management*, No.32, 2006, pp.29–55.

心和热点之一。团队过程变量对团队创造力的影响受到学者们的广泛关注。韦斯特和樊(Farr)提出促进团队创新的关键过程变量,即团队凝聚力、沟通方式、愿景、参与安全、创新支持及任务导向。[1]吉尔森(Gilson)和沙利(Shalley)也指出团队成员对团队目标与组织目标高承诺时,团队更富有创造力。[2]蒂瓦纳和麦克林收集了 42 个信息系统开发团队的数据分析得出团队内关系质量,知识互补性通过专长整合影响团队创造力,而协作式工作氛围更有助于创新的产生。[3]艾森拜斯(Eisenbeiss)在对 33 个研发团队的分析基础上指出,变革型领导通过创新支持对团队创新产生影响,创新支持与追求最优的团队氛围存在交互作用,即只有追求最优氛围程度高时,创新支持才能提升团队创造力。[4]

沟通是团队创造力的主要来源(e.g.,Keller,2001;Payne,1990),沟通内容包括信息和观点的共享。当团队面临复杂问题时,常规的高质量沟通有助于团队成员共享知识与以往经验,通过交换和讨论观念产生出新观念(Van de Ven,1986)。克拉策研究指出,沟通频率是解释新产品开发团队创新绩效的最重要变量,其运用 11 家公司的 44 个新产品开发团队调查数据,验证团队成员沟通对团队创造力的影响,发现互动频率与小团队(sub-group)沟通对团队创造存在负面的影响。[5]

---

① West M. A., Farr J. L., Innovation at Work, In West M. A., Farr J. L.(Eds.), *Innovation and Creativity at Work*, Wiley, 1990, pp.1–13.

② Gilson L. L., Shalley C. E., A Little Creativity Goes a Long Way: An Examination of Teams' Engagement in Creative Processes, *Journal of Management*, No.30, 2004, pp.453–470.

③ Tiwana A., McLean E., Expertise Integration and Creativity in Information Systems Development, *Journal of Management Information Systems*, No.1, 2005, pp.13–43.

④ Eisenbeiss S. A. et al., Transformational Leadership and Team Innovation: Integrating Team Climate Principles, *Journal of Applied Psychology*, No.6, 2008, pp.1438–1446.

⑤ Kratzer J., *Communication and Performance: An Empirical Study in Innovation Teams*, University of Groningen, 2001.

团队冲突是影响团队创造力的又一重要机制,耶恩(Jehn)将冲突分为任务冲突和人际冲突两种类型,并指出任务冲突有助于创新。[1]沙利和吉尔森(Gilson)研究指出,成员关于任务相关的不一致看法能促使其进行信息交换,探索相左的意见,对现状的重新评估和调整,这些活动都有助于新观念和解决方法的产生。[2]也有学者提出任务冲突与创新成倒 U 型曲线,只有在特定的情境下冲突才能发挥积极效应。[3]

创造情境变量是实现团队创造力的重要影响因素,越来越多的研究关注于情景要素对创造力的影响机理。夏恩(Shin)和周(Zhou)使用 75 个研发团队的样本数据,验证了变革型领导与专长多样性交互作用会影响团队创造力,当变革型领导程度高,团队有较大的专长异质性时,团队创造力会更高。[4]图(Tu)2009 年根据情绪输入模型,通过对 343 家 IT 公司的 106 个新产品开发团队的数据分析,验证了组织支持和组织控制这两个情境因素如何影响团队情绪氛围与团队创造力之间的关系,研究表明当组织支持高控制低时,负向情绪氛围与团队创造力正相关,然而,团队创造力受正向情绪氛围情境因素影响不显著。[5]

尽管以往的创造力研究大都集中在影响因素的探讨上,但也有少数学者将创造力作为前因或中介变量进行模型构建和分析,如周和莫里(Murray)

①　Jehn K. A., A Multi-Method Examination of the Benefits and Detriments of Intra-group Conflict, *Administrative Science Quarterly*, No.40, 1995, pp.256-282.

②　Shalley C. E., Gilson L. L., What Leaders Need to Know: A Review of Social and Contextual Factors That Can Foster or Hinder Creativity, *Leadership Quarterly*, No.15, 2004, pp.33-53.

③　De Dreu C. K. W., When Too Little or Too Much Hurts: Evidence for a Curvilinear Relationship between Task Conflict and Innovation in Teams, *Journal of Management*, No.32, 2006, pp.83-107.

④　Shin S. J., Zhou J., When is Educational Specialization Heterogeneity Related to Creativity in Research and Development Teams? Transformational Leadership as a Moderator, *Journal of Applied Psychology*, No.6, 2007, pp.1709-1721.

⑤　Tu C., A Multilevel Investigation of Factors Influencing Creativity in NPD Teams, *Industrial Marketing Management*, No.1, 2009, pp.119-126.

2007年的研究验证了团队冲突、团队创造力、任务复杂性与知识模糊性之间的关系,任务复杂性高会阻碍对整体知识的理解,人际冲突水平高会阻碍成员进行有效沟通,提高知识的模糊性,而在健康水平的团队内冲突有助于团队创造。团队创造需要探索性学习和开发性学习。①伊姆(Im)和沃克曼(Workman)2004年的研究将团队创造力作为中介变量,提出市场导向通过团队创造力影响产品开发绩效。②

蒂瓦纳和麦克林2005年围绕42个信息系统开发团队展开研究,发现团队专长多样性、工作关系质量及成员跨领域吸收知识的能力三者本身并不会带来创造力,专长整合是重要的中间机制。③杨志蓉(2006)以85家企业的220个团队为样本验证了团队快速寻人通过三种互助行为的中介传导间接影响团队创造力的完全中介模型。克拉策等人在2006年对51个研发团队展开研究并指出在研发概念化阶段上,团队极化与团队创造力正相关,但在复杂性程度低或开发阶段上,团队极化与创造力负相关。④陈对电子通信公司和软件设计公司的若干团队及全球高科技制造公司的11个新产品开发团队进行调查,研究验证了项目周期中冲突的动态性,指出冲突、项目生命周期与项目类型是团队创造力的重要预测变量,在不同项目团队,项目生命周期对冲突与创造力两者关系起显著的调节作用。⑤伦德斯等人通过44个新产品开发团队研究发现系统设计方法影响子团队的形成、沟通频率、团队意

① Zhou J., Murray J. Y., The Effects of Cultural Distance Among NPD Team Learning, AMA Winter Educators' Conference Proceedings, No.18, 2007, pp.247–248.

② Im S., Workman Jr J. P., Market Orientation, Creativity, and New Product Performance in High-technology Firms, Journal of Marketing, No.2, 2004, pp.114–132.

③ Tiwana A., McLean E., Expertise Integration and Creativity in Information Systems Development, Journal of Management Information Systems, No.1, 2005, pp.13–43.

④ Kratzer J. et al., Team Polarity and Creative Performance in Innovation Teams, Creativity and Innovation Management, No.15, 2006, pp.96–104.

⑤ Chen M-H., Understanding the Benefits and Detriments of Conflict on Team Creativity Process, Creativity & Innovation Management, No.1, 2006, pp.105–116.

见一致性的程度及沟通的中心性程度，描述了四种沟通特征如何分别形成创新绩效。①夏恩和周通过对 75 个研发团队的研究发现变革型领导与教育专长多样性交互作用会影响团队创造力。

克拉策等人对航天工业两个研发项目的多团队进行研究发现,正式设计接口与非正式沟通的不匹配程度与团队创造力呈倒 U 形曲线,并与团队时间效率负相关。同年进行的另一项围绕航天工业的 39 个工程设计团队的研究指出,团队领导处于不同沟通位置与团队创造力相关。当处于完全中心和完全边缘的位置会阻碍团队创造力,当处于边缘位置时则会促进创造力。②温加特(Weingart)等人通过针对学生小组的历时研究,发现具有代表性差异与团队整合通过团队冲突作用于团队创造力的有用性维度。冲突和冲突管理模式交互作用影响创造力的新颖性维度。③

五、团队创造力研究评述

通过梳理团队创造力的概念、理论模型、测量和相关实证研究可以发现,团队创造力已成为组织和创造学领域的一个重要研究方向。团队创造力是衡量团队有效性、团队创新的必备基础,也是组织创新的重要来源。已有研究成果为本文研究提供了三方面的启示：①团队创造力用于判断团队整体创造性行为不同于个体创造力,它既不是个体创造力的简单相加,也不能完全脱离个体创造力。②已有团队创造力研究主要集中在影响因素的探究

---

① Leenders R. T. A. J. et al., Systematic Design Methods and the Creative Performance of New Product Teams: Do They Contradict or Complement Each Other?, *Journal of Product Innovation Management*, No. 2, 2007, pp.166–179.

② Kratzer J. et al., Balancing Creativity and Time Efficiency in Multi-team R&D Projects: The Alignment of Formal and Informal Networks, *R&D Management*, No.5, 2008, pp.538–549.

③ Weingart L. R. et al., Representational Gaps, Team Integration and Team Creativity, *Academy of Management Proceedings*, No.1, 2008, pp.1–6.

上,团队构成、团队结构、团队过程及情景是大多数学者构建创造力模型的构成要素，不少研究也从过去单一的路径分析转变为关注各变量间交互作用对创造力的影响机制。③团队创造力是在一定社会情境下融汇产生,伴随着知识流动和转移的过程，因此从知识管理过程切入探究团队创造力形成过程尤为有价值。

从 20 世纪 80 年代创造力概念的提出到现在，团队创造力的研究已经取得了一定的进展,但仍存在以下不足:

(一)团队创造力影响因素及其形成机理仍有待进一步探索

早期创造力研究始于从创造主体特质角度进行分析，大都基于传统心理学范式,强调创造力是个体天赋的表现,然而随着个体/团队创造力在组织情境中对组织核心能力的重要性日益显现，许多学者从团队过程和情境特性角度开展了研究,尽管近年来成果不少,但还存在有待进一步研究之处：如部分文献从社会网络角度提到个体社会资本构成对个体创造力的影响很大，但对于团队层面的社会资本构成对团队创造力的影响缺乏实证研究支持,团队社会资本的各个维度如何影响团队创造力仍有待进一步考证,团队社会资本的结构、信任和认知维度是影响团队创造力的重要因素,但三者是直接作用还是通过其他变量起作用及三者之间是否存在交互影响等问题都有待考证。

(二)团队创造力与知识管理研究领域有待进一步融合

在知识密集型组织中,知识管理是组织核心竞争优势来源的核心过程，团队对知识的获取、分享与应用是团队知识整合过程的重要环节,也是团队创造力形成的重要前提。团队成员是不同知识的载体,成员之间的互动意味着知识的流动和转换。目前,有关团队知识管理过程对团队创造力的作用挖掘得较少,在知识密集型组织中,团队知识管理过程是否直接影响团队创造力的形成仍有待进一步实证检验。

(三)团队创造力研究理论基础有待进一步拓展

已有的创造力研究大都基于社会心理学展开,尽管有少数文献从社会学视角进行,但主要在探讨个体层面社会网络或社会资本对创造力的影响,从团队层面进行的研究相对较少,而社会资本理论能为团队创造力的形成提供新的理论解释。

本章小结

本章围绕团队社会资本、团队多样性、知识整合与团队创造力四个基本概念对相关理论与经验研究文献进行了回顾与评述,为进一步的研究奠定理论基础。在社会资本理论方面,着重介绍了社会资本理论的主要内容,梳理了团队社会资本的内涵、维度划分、测量及其经验研究。在团队多样性理论方面,回顾了团队多样性的概念与特质,梳理了其操作化测量方法,重点分析了团队多样性与结果变量的影响及其经验研究。在知识整合理论方面,回顾了已有关于知识与知识整合的概念与内涵,重点分析了知识整合的类型划分、作用机制及其经验研究。在团队创造力理论方面,重点阐述了团队创造力理论框架,对相关测量方法进行了辨析,总结了团队创造力的经验研究。

第三章　社会资本视角下知识型团队创造力形成过程
——以高科技企业为例

通过对第二章的相关理论与经验研究的回顾与梳理,我们可以发现团队社会资本、团队多样性、知识整合对团队创造力具有明显的促进作用。在行业竞争加剧、产业调整频繁的环境中,团队日益成为知识型组织发展和创新的重要平台。团队创造力是团队创新的前提,是组织创新的基础。团队社会资本既能够为团队运作带来特定的资源,也影响着团队知识整合方式的有效运行,进而影响团队创造力的形成。本章首先明确高科技企业的界定与情境特征。其次,深入剖析了高科技企业团队创造力的内涵与形成的情境。再次,基于高科技企业团队运作中整合依据的不同划分两种团队知识整合方式,即系统式整合与协调式整合。最后,明确了高科技企业团队社会资本的内涵、构成及其功能。通过上述分析,本章从知识整合方式的角度考察高科技企业团队创造力实现的情境模型,考察两种知识整合方式在团队创造过程中的角色及团队如何运用不同社会资本要素获取资源来形成团队创造力。

第一节　高科技企业的界定与特征

一、高科技企业的界定

目前对高科技企业概念的界定仍未取得一致,不同国家的界定方法与标准也有所不同。美国主要采用定量方法进行界定,运用研发强度(即产品的研发费用占总产出的比例)及研发人员(含科学家、工程师、技术人员)占总劳动力的比重两个指标对高科技企业进行判断。日本则通过定性方法,采用有效节约资源和能源、技术密集性程度高、技术创新速度快、增长能力强等指标对高科技企业进行界定。经济合作与发展组织(OECD)采用研发强度(即研发经费占产值的比重)对高科技企业进行界定。1986年,OECD 根据国际标准产业分类,将知识密集程度较高的五大行业作为了高科技行业,即航空航天、医药、电子机械、科学仪器、电子通信。1994年,OECD 考虑到知识和技术要素的影响,对研发强度的内容及计算方法进行了调整,将航空航天、计算机及办公仪器、电子通信设备及医药四大行业划入高科技企行业。2007年,OECD 再次对相关指标进行了调整与测算,划分出五个高科技企业产业,即航空航天、生物制药、计算机及办公设备制造业、通信设备制造业,以及科学仪器(医疗、精密仪器、光学)。

在借鉴国外及专业组织的界定方法与标准的基础上,我国 2008 年《关于印发〈高科技企业认定管理办法〉的通知》将高科技行业划分为八类,即电子信息与技术、生物与新医药技术、航空航天技术、新材料技术、高技术服务业、新能源及节能技术、资源与环境技术及高新技术改造传统产业,并在此基础上提出了我国高科技企业的界定标准, 如研发人员需占企业当年总人数的10%以上;高新技术产品(服务)收入占企业当年总收入的60%以上,等等。

综观上述的界定方法,其仍存在不严密,如一些研发强度高的高科技企业也可能生产非高科技产品,一些缺乏研发投入但重视技术改进与增值的企业则容易被排除在高科技企业范畴之外。因此,对高科技企业的界定不能仅仅从研发强度等量化指标来判断,更应关注企业采用的技术是否属于高科技产业领域,是否研究和提供高科技产品或服务。因此,本书中的高科技企业是隶属于高技术产业领域,运用高新技术从事相关产品或服务的研究与生产的经济实体。

二、高科技企业的情境特征

本章关注的是高科技企业情境中团队创造力的形成,因创造力形成受到多种情境要素的影响,因此笔者结合调研的天津某通信设备制造企业及其所处情境,对高科技企业情境特征进行分析。

(一)复杂多变的产业环境

相比其他产业环境而言,高科技企业所处的产业环境更加复杂多变。高科技企业面临的产业环境主要包含两个方面,一是源自技术发展趋势,二是源自技术应用融合,本章以通信设备制造业为例展开分析。第一,在技术发展趋势上,国际电信联盟(ITU)通过制定用于创建基础设施以便在全球范围内提供电信服务的标准,引领了移动通信标准的技术趋势。从以高级移动电话系统(AMPS)、全地址通信系统(TACS)为代表的第一代模拟移动通信,到以全球移动通信系统(GSM)、数字化高级移动电话系统(DAMPS)和个人数字蜂窝(PDC)为代表的第二代数字移动通信,到以码分多址(CDMA)、时分同步码分多址接入(TD-CDMA)为代表的第三代数字移动通信(3G)技术标准,到以第三代数字移动通信和无线局域网(WLAN)为集合体的第四代数字移动通信(4G)标准,每一次技术标准的更新都会引发整个产业结构的调整,以通信设备制造为主的高科技企业一方面要及时调整产品设计中的技术标准,保证其在新行业标准下的有用性,另一方面需要投入时间与精力对即将出现的新的电信服务标准开发相匹配的产品。第二,技术应用融合上最具代表性的是统一通信系统的提出,统一通信系统将语音、传真、电子邮件、移动短信、多媒体等所有信息类型结合为一体,可通过电话、手机、计算机、掌上电脑等通信设备进行接收,在有线、无线与互联网之间架构起信息互联的通道。这一技术融合不仅带来了通信制造行业频繁的并购,如 2007 年,思科收购视频会议软件生产商 WebFx,爱立信收购了视频通信厂商挪威泰德。越来越多的通信设备制造企业积极与软件企业合作,以提升自身产品在统一通信领域的竞争优势。

(二)混合结构设计

在组织所面临的产业环境复杂多变、产品迅速更新及客户需求个性化的背景下,高科技企业需要采取高度灵活性和适应性的组织结构。目前,大多数高科技企业通常采用混合式矩阵结构,其具有事业部制和职能制结构的特征。当企业需要从事一项新项目或产品的开发、试制或生产时,能将各技术人员集中起来,共同致力于解决问题或任务完成,因此在一些大型高科技企业中,如集成电路生产企业,通常一项任务由一位项目经理牵头负责,其小组成员大多来自不同的职能部门,项目经理根据任务进度及时安排成员间共享与协调,及时沟通信息以解决问题。在中小型高科技企业中,则采用更为灵活的组织结构,在产品开发与生产的核心环节中,淡化部门的概念,更多采用自我管理团队的形式完成任务,而在一些非核心环节中,则保持部门的形式,保证企业内职责清晰和规范化运行。

(三)高专业化的成员构成

从人员构成上看,高科技企业通常是由具有一定专业知识与技能的成员构成。以通信设备制造企业为例,其研发人员、生产人员、销售人员及售后服务人员,只要是与企业产品和服务相关的工作人员,大都接受过信息技术领域专业训练。一方面,各成员在专业领域上的相似性有助于任务的交流与沟通,其对工作伙伴的认同大都基于专业技能的判断上;另一方面,专业化特征使其职业导向相比其他类型企业成员更为明显,其职业发展中更注重专业技能的提升,此外,成员对专业领域的承诺在某些时候要强于对组织的承诺。

(四)频繁多样的任务合作

在任务高度专业化和分解的情况下,合作与沟通是高科技企业运作的重要环节,任务合作不仅体现在企业内不同团队成员间的协作与配合,也体现在跨组织间的协作与配合。与相关行业协会、高校科研机构、政府之间的项目合作是高科技企业获得有价值信息与资源的重要途径。

第二节 高科技企业成长障碍与路径分析
——基于信息空间的视角

对于高科技企业而言,其创新过程是非常关键的,关系到其生存和发展。笔者通过对天津市科技创业服务中心的调研发现,孵化器中的高科技企业经过三到五年的发展之后便出现"停滞"现象。不同的企业在成长期发展路径选择上呈现较大的差异性。一些高科技企业选择进入更广阔的市场谋求发展,而另一些高科技企业则倾向于保持现有规模、巩固现有市场地位。不难看出,高科技企业在发展路径的选择上具有明显的差异性。在目前全球化和技术快速更新的背景下,高科技企业的生存与成长备受政府部门、企业界以及学术界的关注。但是,由于高科技企业受到规模、资金、人力资源等条件的限制,其成长路径体现出一定的模糊性和不确定性。如何在复杂多变的内外环境下选择与企业成长相匹配的路径,并塑造相应的企业文化和组织过程? 本节试图运用知识资产与信息空间(I 空间)相关理论,分析高科技企业在成长进程中面临的障碍,提出两种成长路径——蓄积型成长和共享型成长,在此基础上提出高科技企业路径选择的策略,这对高科技企业成长、政府支持政策的制定有着重要的意义。

一、知识资产与信息空间

(一)知识资产与高科技企业

知识建立在从数据中提取的信息基础上,具有鲜明的嵌入性,其嵌入实物资源/企业文件与支持系统及个体当中。嵌入性的特征使其明显区别于实物资产。知识资产是知识的存量,其价值具有不确定性。知识资产既是企业创业过程中不断积累的结果,同时也是企业获得核心竞争优势的重要来源。高科技企业所拥有的知识资产存量是其成长壮大的真正基础。然而,知识资产的价值限度不明确,再创造知识所付出的努力与其所带来的价值之间的关系并不明确。这也说明了创业企业在技术知识上的创造并不意味着利润的创造。此外,知识资产与大多数实物资产类似,具有稀缺性,而这种稀缺性会带来价值,而当知识资产或相关技术与他人分享之后在一定程度上降低了其价值,如何运用知识资产的稀缺性和价值性,成为创业企业战略制定的重要因素之一。在创业初期,企业掌握的往往是未编码和抽象的技术,但随着企业的发展,相关技术尤其是核心技术的编码化、具体化,同时扩散容易性提高,这对高科技企业的成长有着重要的影响。

(二)信息空间中的知识流动

学者博伊索特根据编码、抽象与扩散三个维度,提出一个完整统一的概念框架,即信息空间。通过信息空间,不难看出高科技企业成长进程中知识的动态演化(如图 3.1)。[①]

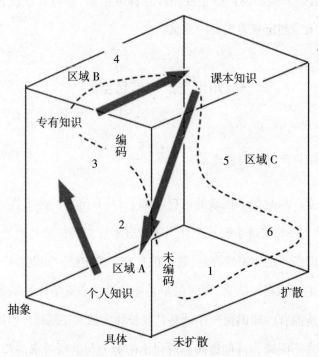

虚线表示社会学习周期曲线:1.扫描,2.解决问题,3.抽象,4.扩散,5.吸收,6.形成影响。

图 3.1　I–空间中高科技企业知识的移动

[①] 参见[英]马克斯·H.博伊索特:《知识资产——在信息经济中赢得竞争优势》,张群群、陈北译,张群群校,上海世纪出版集团,2005 年。

　　从该空间的区域 A 出发，此次创业企业掌握的大都是个人化的特有知识，如个人创意、经历等，这类知识往往是企业创业初期的原动力。随着企业创业活动的开展，个人的知识开始编码与抽象以便更多的企业成员了解，个人知识便转化成为企业的专有知识，到达该空间区域 B 中的某个位置。当创业企业销售产品获得盈利或与其他企业合作研发时，专有知识便逐渐扩散到公共领域，进入区域 C。换句话说，专有知识通过扩散的方式成为行业知识，创业企业成长为行业竞争的重要参与者，新的知识创造和扩散便会开始。

　　根据知识在信息空间中的流动，不难看出高科技企业的社会学习周期曲线，而新知识的创造和扩散是按照一定的顺序进行，如图 1 所示，创业企业的社会学习周期可以分为六个阶段：①扫描，即在一般可以获得但通常模糊不清的数据中，识别威胁和机会。②解决问题，通过去处不确定的因素，将一些见解结构化。③抽象，将结构化的见解编码化并推广到更广阔的情形中去，形成某种概念，在创业企业中，这一阶段主要进行技术的改进，产品的开发。④扩散，在这一阶段，创业企业将编码充分的抽象数据扩散到更大范围的主体中去，如合作企业、供应商及客户等。⑤吸收，在这一阶段，企业将新编码的见解应用于各种不同的情境中。⑥形成影响，这是社会学习周期的最后一个阶段，指抽象知识嵌入具体的惯例之中。根据高科技企业技术、产品及其外部环境的不同，社会学习周期曲线会出现不同的形状，在信息空间中的信息流动会阻碍社会学习周期的过程。

二、高科技企业成长的障碍分析

　　我国高科技企业发展始于 20 世纪 80 年代，随着国家创新体系的完善与科技体制改革的不断深入，高科技企业的规模迅速扩大，然而由于企业规模、人力资源、融资等条件的限制，高科技企业成长出现后劲不足、发展路径模糊等现象。也有不少企业选择"安于现状"以应对外部环境的不确定性和模糊性。笔者通过结合知识资产与信息空间相关理论,分析高科技企业成长过程中存在的障碍。

(一)技术稀缺性与扩散性并存

高科技企业大都掌握了一定的核心技术,或是新兴技术。这些技术大多充分编码,掌握在创始人或创业团队中,具有不易扩散且较为抽象的特性。投资一项新兴技术具有较高的风险性。当核心技术与企业内部其他知识相整合,新的价值才会出现,而整合程度也会影响到核心技术价值的大小。然而,核心技术与企业的其他知识整合程度越高,这项技术价值性越大,而被扩散的可能性也越大。这是掌握新兴技术的企业创业初期往往能获得成功的原因之一,但随着时间的推移,高科技企业的知识资产在带来企业竞争优势的同时,随着知识扩散可能性的提高,企业所拥有的知识资产自身的经济价值,也会逐步丧失稀缺性。众多的高科技企业在经过三到五年的发展之后,在已有产品市场上占据一定的份额,具有一定的竞争实力,但随着知识扩散导致核心技术逐渐转变为非核心技术。因此技术自身特征对高科技企业的成长有着重要的影响。此外,创业企业的技术模仿程度低于技术创新的程度,这也成为创业企业成长的重要瓶颈。

(二)学习策略缺失

掌握技术诀窍或商业诀窍是创业企业获得成功的重要基础。创业企业作为一个知识分布系统,往往不能有效地降低系统的复杂性,使得经验性的知识在企业内部稳定地积累。在企业创业中如何开展组织学习,采取与企业发展相匹配的学习策略是影响企业成长的重要因素之一。知识资产是通过组织学习活动建立起来的,而学习是以适应性的方式充分利用知识流动的一种能力。学者博伊索特提出了 N 型学习与 S 型学习两种学习策略。N 型学习策略注重对已有知识资产存量的蓄积与开发,S 型学习策略注重与他人分享企业知识资产存量,这两种学习策略并存于创业企业的成长进程中,其相互均衡的发展是创业企业成长能力的重要体现。然而,目前大多数高科技企业缺少与之发展相匹配的学习策略, 这在一定程度上也制约高科技企业的成长。

(三)制度创新不足

任何一个企业的发展壮大都伴随着制度变迁。用友软件多年来根据内外环境的改变多次调整组织结构,进行制度变迁,为企业赢得成长。在创业初期,企业成员之间高度信任,相互了解,属于人格化的关系,管理协调相对较少也不那么正式,这与一般企业的官僚制结构是完全不同的。团队领导者真正的个人权威不在于在企业中担任什么正式职位, 也不在于为别人提供晋升机会或提高薪酬福利,而在于其专业能力和个人品格。然而,当企业发展之后,这样的制度设计便会不适应内部环境的要求,管理不规范成为大多数创业企业的"通病"之一。如何设计新的管理制度,进行有效的授权,成为创业型企业成长必须解决的问题之一。

(四)组织文化模糊

知识被结构化和被分享的程度界定了一种文化, 从知识资产的社会维度看,文化是企业成长的原动力。大多数高科技企业的文化是一种创始人文化,在创业初期,创始人倡导的理念与个人魅力能作为创业团队共同的信念和目标, 这种文化在创业初期是具有一定生命力和活力, 然而随着企业发展,这种企业文化是否仍能落实到成员的行为,能否得到成员的认同成为创业企业面对的问题之一。如何有效地提炼和凝华组织文化,使其成为组织成员行为的基础,是创业企业成长中面临的障碍之一。

三、高科技企业的成长路径

如上所述,社会学习周期理论指出,一般企业的社会学习周期包括六个阶段:扫描、解决问题、抽象、扩散、吸收、形成影响,如图 3.2 所示。大多数高科技企业的社会学习周期循环往往在抽象转到扩散这个过程中出现中断(C点),此时创业企业面临两种路径选择:其一是通过继续蓄积知识资产存量获得成长,即蓄积型成长;其二是与行业内或一些相关者共享知识存量获得成长,即共享型成长。

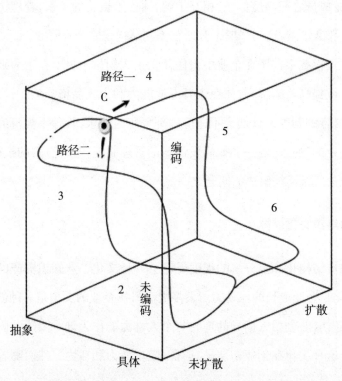

社会学习周期(SLC):1.扫描,2.解决问题,3. 抽象,4. 扩散,5.吸收,6.形成影响。

图 3.2 高科技企业成长路径

(一)路径一:蓄积型成长

国际商业机器公司(IBM)在创业阶段大体上属于蓄积型成长。蓄积自身的知识资产存量是创业企业的另一条成长路径。蓄积型成长能够保证创业企业较为稳定的环境,有助于企业技术创新和产品开发,有助于创业企业提高已有的市场份额。蓄积型成长同样要求创业企业进行一系列的调整。首先,如图 3.2 所示,创业企业在扩散点上出现了阻截,选择这一成长路径的企业不愿意扩散自身的知识和技术,仍保持团队过程进行技术开发和创造。其次,创业企业的学习策略仍以 N 型学习为主,注重知识自身的提炼和开发。最后,创业企业的文化具有较大模糊性,创始人个人魅力对创业企业成长的影响较大。

(二)路径二:共享型成长

目前,随着战略联盟和研发联盟的兴起,共享知识资产的存量成为创业企业的成长路径选择之一。通过共享自身的知识资产,有效地整合资源,以实现企业成长。微软和英特尔公司大体上属于共享型成长公司,其将研发出来的产品卖给所有的客户,在共享技术中获得了成长。共享型成长路径会带来创业企业一系列的变革。首先,创业企业从团队过程向组织过程转变,以往以创业团队为核心的运作模式将逐渐被多团队多职能的运作模式取代;其次,创业企业的学习策略也从 N 型学习向 S 型学习转变,企业更注重知识共享的程度、效果及知识的整合;最后,创业企业的文化从较为松散的离心型文化向较为明显和强势的向心型文化转变。

四、高科技企业成长路径选择的对策

根据全球信息化发展、科技型企业发展的特点与趋势，以及高科技企业成功经验的借鉴，结合我国目前高科技企业的现实基础和存在的障碍，创业企业在选择与自身发展相匹配的成长路径时应考虑以下四个方面。

(一)关注自身技术特征

如前所述，技术稀缺性和扩散性并存是阻碍创业企业成长的重要因素。在某些行业如计算机行业，快速更新的技术要求企业不断与他人共享技术，以实现企业利润，而在另一些行业如生物制药行业，则更提倡技术保护和更新，在此基础上依靠自身知识资产的积蓄成为企业赖以生存的前提。因此，自身企业拥有的技术特征是判断企业进行蓄积型成长还是共享型成长的首要标准之一。

(二)培养学习氛围

大多数创业企业都面临组织学习的困境和障碍，需考虑在企业发展的过程中如何建立良好的学习氛围，通过组织学习来提升创业企业的竞争力。学习氛围会影响组织学习行为的产生，也对学习效果有着重要的影响。在共享型成长路径上，学习氛围倡导以外部学习为主，企业通过参加各种合作研发或联盟的形式投入到整个行业的资源整合中，为自身成长寻找有利的机会。在蓄积型成长路径上，企业学习氛围更倡导以内部学习为主，企业通过改善内部学习机制，组织成员进行知识创造。不同的路径意味着不同的学习氛围的营造，因此创业企业在发展过程中应注重不同学习氛围的作用机制，构建适合自身发展的学习氛围。

（三）注重制度创新

新制度经济学认为，交易是依赖于信息流的一种社会交换行动，一个企业为自己管理信息流而构造的交易结构的范围和多样性会影响到知识资产创造的途径。因此，制度创新成为创业企业适应环境变化的需要，形成企业内在的发展动力，这也是企业发展的前提。在高科技企业竞争中，关键的竞争是人力资源的竞争，而人力资源的竞争——人才的吸引保留乃至人才的开发都离不开制度创新。在蓄积型成长路径上，企业应注重自身制度的提炼和改进，加强对已有人才的培养与开发，使其适应更加多变的外部环境。在共享型成长路径上，企业通过寻找"标杆"企业，借鉴和吸收其他企业的先进制度，从而实现企业自身的成长与壮大。吸引与企业现有知识和技能相补充的人才是共享型企业的重要途径之一。

（四）重视核心团队的作用

核心团队或创业团队是高科技企业的重要运作主体，其团队成员的构成、凝聚力都对企业成长有着重要的影响。一些创业企业在生存问题解决后没有得到成长的部分原因在于核心团队的解散或有效性降低。在不同的成长路径上，打造核心团队的方式和效果也会有所不同。在积蓄型成长路径上，企业应注重核心团队的同质性，团队成员有着相似的专业背景、行业经历，使得其在知识资产积蓄过程中较容易形成共同的认知，有助于其技术开发与创造。而在共享型成长路径上，企业应注重核心团队的异质性，来自不同背景的成员能获得更为广阔的技术特征和行业背景，有助于企业在共享知识的同时创造知识，从而实现企业的成长。

第三节　高科技企业团队创造力的内涵与特征

一、高科技企业团队创造力的内涵

高科技企业是国家自主创新的重要平台，是知识和信息密集的经济实体。在知识经济中，创造力与创新是经济成长的驱动力，随着产业结构调整的频繁，商业竞争的日益激烈，越来越多的高科技企业更加依赖于创新，富有创造力的企业才能获得更好的生存和发展机会。团队这一形式在高科技企业中广泛运用，成为雇员与组织之间的重要桥梁，是雇员工作交流的核心平台。在高科技企业中，创造力的实现从来不是由一个独立的个体所带来的，而是依托于团队乃至组织，来自团队内外的互动与合作。

本章将高科技企业团队创造力界定为团队整体创造性的体现，是基于团队互动过程中形成的创造性发现和解决问题的能力，具体表现在团队关于产品、服务和流程方面问题解决的新颖性、有用性与及时性三个方面。

二、高科技企业团队创造力形成的情境特征

高科技企业团队是知识密集型团队，其创造力的形成既是团队互动的结果，也是组织资源有效配置的结果，相比个体创造力实现而言，团队创造力的实现受到高科技企业情境要素的影响更为明显，因此高科技企业团队创造力形成的情境特征分析如下：

(一)基于个体创造的有效互动

团队创造力是个体创造力的延伸，富有创造力的成员是团队创造力实现的充分条件，越来越多的高科技企业也将创造力作为衡量雇员胜任力的关键要素。任何团队创造力的实现都离不开成员创造力的发挥，团队也通过各种措施鼓励个体开展创造性活动，如 3M 和谷歌公司鼓励员工每天预留 10%的工作时间用于思考新创意。然而，团队创造力不只是成员创造力的延伸，更是成员间互动的结果。摩托罗拉畅销的 Razr 手机的开发者们便是通过频繁的交流沟通，将新产品创意及时地展示给全球的区域经理们，从而实现了产品的创新。谷歌公司的工作团队每逢周五下午会组织成员召开 TGIF 活动，即"Thanks god, it is Friday"，交流这一周以来的工作进展，以推动团队创新活动的开展。即使拥有富有创造性的成员，但是缺乏有效互动机制，团队创造力的实现仍会受到阻碍，如索尼公司领先苹果公司两年开发了第一代数字音乐播放器，但由于 Silo 系统妨碍了工程师与设计师之间的充分交流，这一项目最终失败了。不难看出，团队创造力实现的情境特征在于基于个体创造的有效互动，互动可以使思维更具有创造力。

(二)基于创造的知识管理

如前所述，高科技企业是知识密集型的经济实体，团队创造力的实现是以团队为边界的知识内外流动的结果，知识性是高科技企业团队创造力实现情境的又一特征。团队创造力的知识性一方面体现在知识在不同载体间频繁的流动和转移，另一方面则表现为知识在同一载体上的处理与加工。并不是所有的创意都会用到企业的创新活动中去，项目失败是团队创造过程中经常出现的结果，然而，如何基于创造过程展开知识管理是大多数高科技企业团队面临的现实问题，即使项目失败了，项目中提出的创意，从中得到的经验可能在下一个项目中得到应用。因此,团队创造力离不开有效的知识管理方式,知识管理方式是实现团队创造力的重要情境特征之一。

(三)已有经验与创造性顿悟的平衡

格式塔心理学家邓克(Duncker)1926 年发表了首篇研究创造性顿悟的文章,其认为已有经验无助于创造性解决问题的实现,以往经验会阻碍创造力的实现。[①]而学者韦斯伯格(Weisberg)和阿尔巴(Alba)1981 年提出人们总可以借助过去的经验解决问题,甚至是顿悟性问题,其认为创造性解决问题的障碍不在于受到思维定势的影响,而在于缺少足够多的正确的先前经验。[②]在高科技企业运作中,创造力并非去抵制惯例,是要以过去的经验和现有的观念为基础,积累更多的领域知识和信息。而当团队掌握了大量的创造性知识和信息时,就需要将思维从一个问题中游离一段时间,从而更能获得团队创造性顿悟的机会。

(四)秩序控制与即兴创作的平衡

在高科技企业中,秩序控制与即兴创作是团队创造力实现的又一情境特征。团队创造力实现的关键在于在计划、组织和即兴创作之间建立一种平衡关系。20 世纪 90 年代,速成公司(Fast Track)与大多数技术公司一样,具有高度结构化的产品开发过程,团队在开发新产品前需要提交冗长、详细的市场潜力和技术可行性报告,然而即兴创作在速成公司广泛存在,当团队发现公司现有产品无法满足客户要求时, 团队成员会在工作之余开发新的软

---

① Duncker K., A Qualitative(Experimental and Theoretical) Study of Productive Thinking(Solving of Comprehensible Problems), *Pedagogical Seminary and Journal of Genetic Psychology*, No.33, 1926, pp. 642–708.

② Weisberg R. W., Alba J. W., An Examination of the Alleged Role of Fixation in the Solution of Several Insight Problems, *Journal of Experimental Psychology:General*, No.110, 1981, pp.169–192.

件以适应客户的需求,而当管理层察觉到他们的工作时,这个新产品已经能成为公司的可售产品了。即兴创作在产品周期缩短、技术日新月异的时代尤为重要。但是即兴创作的风险也是同时并存的,团队在从事即兴创作的同时,不得不暂停已经精心分析和规划好的项目,使得成员难以围绕一个核心任务和长期策略开展工作,同时即兴创作出现过多的创意,会使得部分产品偏离市场需求。因此,如何有效平衡即兴创作和秩序控制两者的关系是高科技企业形成团队创造力的重要情境。

第四节　团队创造力形成的驱动要素:团队社会资本

随着产品和技术复杂性的提高,仅仅依靠个体开展创新活动已经无法适应企业的发展,研发联盟、战略合作等形式被广泛采用,团队成为高科技企业创新的主体。团队创造力是衡量团队有效性的重要标准之一,在竞争激烈的环境中,富有创造力的团队往往具有更高的适应能力,能实现更高的绩效。团队创造力的形成离不开团队所拥有的资源,传统创造力研究将团队创造力的实现聚焦在富有天赋的成员身上,然而在实际企业运作中,团队掌握的资源的数量和质量不仅体现在人力资本要素上,更体现在社会资本要素上。社会资本是团队获得资源的重要途径,其水平的高低反映了团队获取和应用各类有效资源的机会、能力与意愿。高水平的团队社会资本能为团队带来更多有价值的资源,能提高团队创造力实现的可能性,有助于完成目标。鉴于此,本章将结合高科技企业情境特征,深入剖析其团队社会资本的内涵、构成维度及其功能。

一、高科技企业团队社会资本的内涵

迄今为止，关于社会资本及团队社会资本的概念界定仍没有一个统一的定义，根据第二章国内外学者对社会资本及其团队社会资本的定义，结合高科技企业的特定情境，从资源观的角度出发，本章将团队社会资本界定为成员共同拥有的，通过团队内部网络获得的并衍生出来的现实的和潜在的资源。从整体上看，高科技企业团队社会资本作为资本的一种形式，具有"资本"性，实质上属于资源的范畴，是团队成员共同拥有的资源的总和，资源性是团队社会资本的核心属性。

与物质资本和人力资本相比，高科技企业团队社会资本具有三个方面的特性：

第一，共有性。关于社会资本的属性目前仍存在两种观点：一是认为社会资本是个体拥有的私人物品，强调个体的利益，如职业晋升等。二是将社会资本视为公共产品，认为社会资本是社会单元而不是个体的特质。作为准公共产品，社会资本不仅给团队带来益处也会给成员带来利益。团队成员即使不亲自参与开发团队社会网络，但也可以享受既有的团队社会网络带来的资源。①因此，只要拥有团队成员的身份便能运用团队社会资本以获得相关资源和优势。

第二，嵌入性。高科技企业团队社会资本嵌入于团队社会网络结构之中。区别于个体社会网络，团队社会网络既包含了成员组成的网络结构，也包含了团队在组织乃至其他社会系统中所处的网络位置。嵌入性也决定了团队社会资本的不可模仿与不可复制的属性。

---

① Kostova T., Roth K., Social Capital in Multinational Corporations and a Micro-macro Model of Its Formation, *Academy of Management Review*, No.2, 2003, pp.297–347.

第三,动态性。高科技企业团队社会资本并不是一成不变的,随着团队成员的更换,网络联结的消亡,团队社会资本也会发生相应的变化。

二、高科技企业团队社会资本的构成

在那哈皮特和沙尔(1998 年)、阿德勒和科恩(2002 年)研究的基础上,本书根据社会资本来源将其划分为结构、认知与关系三类社会资本构成,分别反映了团队进行资源交换时的机会、能力和意愿。尽管三维度划分是大多数研究采用的形式,但在维度内容选择上仍存在较大的差异。根据高科技企业团队运作规律,按照一定的逻辑层次,本章重新开发团队社会资本维度内容,聚焦于嵌入团队内部成员组成的社会网络的社会资本内容。

(一)结构社会资本

结构社会资本反映团队资源交换的机会,是团队获得有关市场与技术相关信息、知识等资源的主要渠道,也是团队获取成员知识、技能的重要途径。柯江林等人(2007)采用互动强度来衡量企业研发团队社会资本的结构维度。[1]在高科技企业中,团队成员拥有自身的社会网络,也作为节点嵌入于团队整体的网络中,既有由工作流程建立的正式联系,也有成员间不易观察到的联系,这些联结构成了团队社会网络结构,本章从互动角度出发,采用联结强度(tie strength)来衡量团队社会资本的结构维度,联结是社会资本最基本的要素,为行动者提供交易的机会。当团队呈现联结密集性特征时,成员会有更多的机会进行互动和交流,有助于团队内知识与信息的分享,更有助于创造行为的出现。

---

① 参见柯江林、孙健敏、石金涛、顾琴轩:《企业 R&D 团队之社会资本与团队效能关系的实证研究——以知识分享与知识整合为中介变量》,《管理世界》,2007 年第 3 期。

(二)认知社会资本

认知维度是实现团队资源交换能力的核心要素。例如,一个产品设计工程师经常能从生产工程师那里获得有价值的信息,从而加快产品设计,然而即使双方有着紧密的联系,并且生产工程师愿意提供信息给产品工程师,但由于缺少必要的工艺评估技能,双方在信息共享上也会存在较大的障碍。当团队成员具有相似的知识结构及共同的语境,成员才能更快速地判断出彼此工作需要的知识和技能。[①]"社会资本的认知维度也可通过"共同愿景"来衡量,拥有共同愿景的成员在沟通过程中误解的可能性更低。那哈皮特和戈沙尔运用 "共同语言和编码"(shared language and codes)、"共同描述方式"(shared narrative)两个方面衡量社会资本的认知维度。[②]康等人2007年根据知识层次的分类,将社会资本的认知维度划分为对组件性知识认知与对系统性知识的认知两类。[③]结合以往研究成果,本章运用"共同语言"考察高科技企业团队认知社会资本,共同语言能为团队成员提供认知地图,有助于提高团队成员信息交换的效率和有效性。

(三)关系社会资本

关系社会资本反映出团队成员进行资源交换时的意愿, 信任关系是激发资源交换意愿的核心要素,信任在大多数社会资本中广泛采用(柯江林等人,2007;Chen et al.,2008)。不同学科对信任内涵进行了不同的界定,如社会

[①] Cannon-Bowers J. A.,Salas E.,Reflections on Shared Cognition,*Journal of Organizational Behavior*,No.2,1993,pp.195–202.

[②] Nahapiet J.,Ghoshal S.,Social Capital,Intellectual Capital,and the Organizational Advantage,*Academy of Management Review*,No.2,1998,pp.242–266.

[③] Kang S. K.,Morris S. M & Snell S. A. & Relational Archetypes,Organizational Learning,and Value Creation:Extending the Human Resource Architecture,*Academy of Management Review*,No.1,2007,pp.236–256.

学强调信任有助于维持社会合作,是嵌入社会关系中的资产;心理学则强调信任的心理过程机制与行为。信任包含了两个基本特征,一是主观性,二是风险性。信任存在于不确定环境与有可能遭遇损失的情况下。

　　在高科技企业中,团队成员大都是具有专业知识、经验的个体,其彼此间的信任关系在分享和交换知识与信息的过程中发挥重要的影响作用:一方面强化成员间信息交换的意愿,一方面降低机会主义所带来的风险。本章引用麦卡利斯特(McAllister)1995年的信任划分方式,即情感信任与认知信任。[①]情感信任是指信任双方建立了紧密的情感联系,是以情感为基础的信心,其表现为信任者在工作生活上遇到了困难和挫折,会向被信任者倾诉,期望得到对方的关怀与安慰。当被信任者离开团队时,信任者会有情绪上的失落等。认知信任则是指信任者通过对被信任者的专业能力、既有成功经验和声誉等信息进行理性判断,从而给予的信任,具体表现为当信任者在工作中遇到难题,会向被信任者请求工作上的帮助。在高科技企业情境下,认知信任与情感信任通常并存于成员间关系之中。由于自身专业性与技术性强的特点,认知信任往往会推动情感信任的生成与发展。总之,通过高水平的人际信任,团队能够强化成员间分享与整合彼此知识技能的动机,使得成员更愿意与他人交流彼此的观点和看法,从而形成更大的信息池。

三、团队社会资本功能分析

　　尽管在高科技企业中,团队运作离不开传统的物力和人力资本的投入,但越来越多的学者提出,社会资本对团队竞争力乃至组织核心能力的构建具有重要意义,团队社会资本的优势不容忽视,体现在三个方面:其一,团队

---

① McAllister D. J., Affect and Cognition Based Trust as Foundations for Interpersonal Cooperation in Organizations, *Academy of Management Journal*, No.1, 1995, pp.24—59.

社会资本能带来信息优势。在高科技企业中,产品开发、市场活动的开展都离不开各类信息的传递,其信息的价值性以及传递的及时性、优先性都会深刻影响团队产出。已有研究发现团队成员间建立的网络联结有助于行动者获得创新的信息(Burt,1987;Rogers,1995)、新的技能和知识(Podolny & Page,1998)。纳尔逊(Nelson)指出组织内群体间频繁的互动能加速争议的解决。[1]其二,有助于形成团队的控制优势。控制优势体现了团队影响内部成员及其合作者行为的能力,在高科技企业,产品或任务的完成需要多方力量的共同协作,团队合作是完成任务的重要方面之一,因此拥有高水平社会资本的团队在内外合作中能通过控制优势整合更具价值的资源,从而实现更大的利益。其三,团队社会资本能形成凝聚优势,凝聚优势源自团队的规范与信念。一致的团队认知使得团队成员对自身工作和任务有着清晰的认识,有助于提升团队成员资源加工的能力。

尽管社会资本对组织、团队绩效有着积极的影响,社会资本"多多益善"(more is better),但也有学者提出社会资本的风险性,指出在某些情境下,社会资本的风险性会大于其所带来的优势。[2]汉森(Hansen)对社会资本信息优势的研究表明,从完成任务的时间上看,拥有强联结的项目团队比拥有弱联结的项目团队会花费更长的时间。[3]尽管强联结能带来信息优势,但需要花大量时间去维持,相反的,弱联结比强联结更有效,不仅在于其带来非冗余信息,同时维系的成本也较低。阿德勒和科恩指出,社会资本风险与优势并存,当组织对社会资本进行过量的投入时,会降低组织运作的效率;当成员

① Nelson R. E., The Strength of Strong Ties: Social Networks and Intergroup Conflict in Organizations, *Academy of Management Journal*, No.32, 1989, pp.377–401.

② Hansen M. N. et al., What's Your Strategy for Managing Knowledge?, *Harvard Business Review*, No.3, 1999, pp.106–116.

③ Hansen M. T., The Search-transfer Problem: The Role of Weak Ties in Sharing Knowledge across Organization Subunits, *Administrative Science Quarterly*, No.44, 1999, pp.82–111.

彼此信任和共同认知过高时,会阻碍成员新观点的提出,影响组织创新活动的开展。[1]加尔朱洛(Gargiulo)和伯纳西(Bernassi)研究指出,过嵌入性容易引发社会惰性。[2]

四、团队社会资本对团队创造力的影响机制

基于上述分析,团队创造力的实现有着特定的情境要素,团队社会资本反映出团队成员社会关系的一种特性,是成员互动的过程,团队社会资本有利于团队创造能力的提升, 通过不同的知识整合过程加快成员创造力向团队创造力的转化。总的来看,团队社会资本对团队创造力的影响机制表现在以下三个方面。

(一)降低创新过程的不确定性和风险

如前所述,团队创造力的实现过程充满了不确定性和风险性,不确定性意味着创造产出能否实现经济价值,风险来自技术、市场乃至团队本身,两者通常影响团队成员创造的积极性, 过高的不确定性与风险性不利于团队创造才能的发挥。团队社会资本反映出团队的整体结构与关系特征,蕴含团队认可的共同目标与语境, 其最大的经济功能在于降低交易费用和协调成本,从而降低创新过程中的不确定性和风险。在知识经济中,创造活动更多的是通过一种动态的关系或合作创新的方式来实现的, 团队的创新更多的是基于合作、学习的社会网络,是以良好的社会资本为基础。人际关系、团队

---

① Adler P. S.,Kwon S.,Social Capital:Prospects for a New Concept,*Academy of Management Review*,No.1,2002,pp.17-40.

② Gargiulo M.,Bernassi M.,The Dark Side of Social Capital,In R. T. A. J. Leenders,S. M. Gabbay (Eds.),*Corporate Social Capital and Liability*,Kluwer,1999,pp.298-322.

认知等因素对成员合作有着重要的影响。在团队社会资本水平高时，成员之间的合作容易开展，高水平的信任能够有效地减少创新合作中的协调成本，联结强度高的团队成员互动较为频繁，有助于形成开放的创新网络，团队创新网络一旦形成，则很难被其他竞争对手所模仿和复制，从而容易形成较强的团队竞争优势，而这种竞争优势反过来也会降低创造过程中的不确定性和风险性。所以，团队社会资本能从整体上降低团队创造的不确定性和风险性。

（二）促进知识交流与信息传播

在信息时代，知识与信息是企业获得竞争优势的重要来源之一，团队掌握和可运用的知识是其创造力的基础，拥有更多信息与知识来源的团队往往能在竞争中占据较多的优势，能更有效地完成任务。因此，要实现和提升团队创造力，就必须充分扩大知识与信息的沟通和利用，提高团队整体的学习能力。团队社会资本在促进知识交流和信息传播的过程中发挥关键的作用。在团队内部，成员间正式与非正式结成的网络成为信息传播的通路，在网络联结较为紧密的团队中，知识与信息活动的通路较为丰富，交流与传播较为活跃，成员能接收到最大程度的信息量，高水平的团队认知能帮助成员在获得信息来源时更有效地加以利用。团队社会资本能够通过实现已有经验与创造性顿悟的充分结合，从而形成富有创造性的解决方案或观点。

（三）影响团队知识整合方式的运行

系统式整合与协调式整合是团队进行资源配置的重要方式，系统式整合是按照预先编码和程序化方式处理信息与数据，协调式整合则是通过并行或分散化的方式来处理信息，两种知识整合方式对于团队创造力的形成都具有重要意义。换句话说，团队创造力是相关资源有效配置的产出。在团队知识整合方式的选择上,团队社会资本所表现出来的人际关系、团队认知及联结强度发挥着重要的作用。丰富的社会资本有助于团队更高效率地开展系统式整合,如产品标准和协议能更快速地被成员们所接受,成员也更自发地从相关的信息系统或平台获得所需的知识与信息,同时也能使得协调式整合有效地进行,为成员之间专长经验的交流创造机会。团队社会资本是团队创造产出的关键资源,有助于团队有效地平衡两种知识整合方式,从而实现秩序控制和即兴创作的平衡。

沿着"资源输入—配置过程—结果输出"的逻辑思路,本章分析高科技企业情境中,始于团队社会资本的团队创造力形成机理,如图3.3所示。

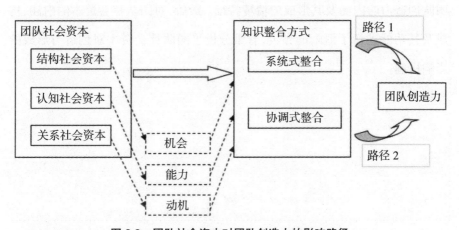

图3.3　团队社会资本对团队创造力的影响路径
资料来源:作者在阅读文献和调研基础上设计。

团队社会资本是团队创造力形成的关键驱动要素,既代表了嵌入于团队网络结构的资源总量,也表现为团队共同认可的行为规范与标准。团队知识整合是团队利用和重构现有知识的过程,团队社会资本的构成要素通过机会、能力和动机三个方面影响知识整合方式运行的效果。路径一是通过系统式整合方式将团队所拥有的知识与信息通过程序化和流程化的方式整合起来,其有助于团队问题解决过程有效性的提高。路径二是通过协调式整合方式将团队知识与信息通过人员互动的方式整合起来，其有助于体现团队问题解决新颖程度的提高。

本章小结

本章主要以高科技企业为例从社会资本视角出发分析团队创造力形成过程。首先，对高科技企业的界定与情境特征进行了分析。其次，基于信息空间理论探讨了高科技企业成长障碍与路径。再次，明确了高科技企业团队创造力的内涵及其形成的情境特征。最后，对团队社会资本的内涵、构成及其功能进行了清晰的界定，着重分析了团队社会资本对创造力形成的影响机制。

第四章　知识型团队知识整合的构建与测量

——以高科技企业为例

在当代知识密集型经济中,知识是组织发展的关键战略性资源,组织核心竞争优势的主要来源。[1]高科技企业是信息与知识密集性与专业化的分布系统,信息与知识的高程度专业性和密集性,既带来了组织创新所需的知识基础,也凸显出高科技企业知识管理的重要性。在所处的技术环境日益复杂多变、产品更新迅速、专业分工细化、任务工作的综合化与复杂化程度提高的情况下,团队成为高科技企业普遍采用的工作方式,是高科技企业构建竞争优势的关键子系统,也是形成企业自主创新能力的重要平台。大量研究证明,团队能够促进企业运作的有效性及创新绩效的提升。[2]因此,在高科技企业中,如何开展团队层面的知识整合,有效地将散落在团队中的信息、技能与诀窍有效地组合起来,是高科技企业团队管理与知识管理的重要命题之一。形成有效的团队知识整合方式,对于推动信息与知识在不同载体间流动,增强团队运用信息与知识的弹性,对于提升高科技企业知识创造性增长与组织创新有着重要意义。

---

[1]　Barney J. B., Firm Resources and Sustained Competitive Advantage, *Journal of Management*, No. 1, 1991, pp.99-120.

[2]　Guzzo R. A., Dickson M. W., Teams in Organizations: Recent Research on Performance and Effectiveness, *Annual Review of Psychology*, No.47, 1996, pp.307-334.

已有知识整合研究大都聚焦于组织层面，针对团队层面的知识整合研究尚处于起步阶段，对于团队层面知识整合的属性、运作规律及测量仍有待进一步研究。因此，本章从理论推演及实际调研对高科技企业团队中存在的知识整合方式进行清晰界定，明确其过程、类型与特征，在已有相关测量量表的基础上，编制知识整合方式的测量量表，并进行实证检验。

第一节　团队知识整合的内涵、过程与划分

一、团队知识整合的内涵

随着环境和任务的复杂程度提高，越来越多的高科技企业采用团队运作形式来完成各项任务，团队创造力的本质内容在于如何将散落在团队内的信息、技能与诀窍组合起来，有效运用从而实现知识创造性增长，既包括已有信息与知识的组合，也包括已有知识与新知识的重构。知识整合是知识管理的重要环节，是信息加工与团队学习的过程。在知识密集型的行业，如软件开发团队，其知识整合对团队绩效至关重要。在过去几十年里，知识管理领域的发展是"快速而又混乱的"，知识管理研究的议题包含了知识的本质、信息管理、信息技术、知识型雇员管理、知识创造、知识共享、智力资本、隐性知识等，[1]其对知识整合过程的研究还较少，对知识整合内涵的界定尚未形成统一的看法。

本章将知识定义为与任务相关的信息、技能与诀窍，根据知识载体的不

---

[1]　Ryan S.，Hurley J.，Have Total Quality Management，Business Process Reengineering and the Learning Organization Been Replaced by Knowledge Management?，*Irish Journal of Management*，No.1，2004，pp.41–55.

同,本章引用博伊索特的观点将知识划分为三个类型:一是融入于实物资源之中的知识,这类知识本身嵌入于实物制品或工艺当中。二是把实物资源组织起来的知识,其嵌入于文件与符号支持系统之中,如产品设计图纸等。三是嵌入于个体的大脑或组织中,如工程师积累下来的经验与技能。从知识转移的难易程度来看,前两类知识类似于显性知识,即可编码的知识,而第三类知识则属于隐性知识。

知识整合是对已有知识的重构,从已有的知识中创造出新知识。①奥克森和艾森哈特在区分知识共享与知识整合的概念时提到,知识整合是指个体组合彼此信息以创造出新知识。②因此,本章将团队知识整合界定为团队组合与重构已有知识的过程。从知识特性上看,团队知识整合既包括了显性知识的整合,如基于团队现有的操作手册、程序文件或产品协议等形式的整合活动,也包含了隐性知识的整合,如成员间交流与讨论。

有部分研究将知识转移、知识共享与知识整合替换使用,本章则从知识加工双方出发对三个概念进行了区分。知识转移是指知识从载体 A 到载体 B 的传递过程。在知识转移的过程中,知识受让方 B(Transferee)最终将完全掌握知识转让方 A(Transferor)传递的知识 K(a),而知识的隐性要素会使得知识受让方的完全掌握耗时较长,知识转移的过程缓慢且低效率,因此在研究中不容易真正衡量出知识转移的效果。知识共享是知识转移的特例,即受让方 B 通过知识共享获得转让方 A 所掌握的知识 K(a)的一部分,同时个体通过知识共享获得的知识并不为运用到具体的工作中去。而知识整合是建立在不同的专有知识领域基础上,既需要团队成员分享彼此的知识,同时也

①　Grant R. M.,Prospering in Dynamically-Competitive Environment:Organizational Capability as Knowledge Integration,*Organization Science*,No.4,1996b,pp.375-387.

②　Okhuysen G. A.,Eisenhardt K. M.,Integrating Knowledge in Groups:How Formal Interventions Enable Flexibility,*Organization Science*,No.4,2002,pp.370-386.

要求成员运用所分享的知识,尽管知识整合包含了往复的知识共享,但不仅仅是知识共享。

二、团队知识整合过程:以某高科技企业产品研发团队为例

高科技企业是知识的分布系统,知识是其获得核心竞争优势的重要来源,团队知识整合过程是知识管理的重要环节之一,其伴随着团队学习的过程,也是知识流动和转移的过程。在知识整合过程中,团队既是知识整合活动的主体,也是成员进行知识整合行为的重要情境。有研究得出不同层次的知识转化特征,在个体阶段,知识转化主要体现在解释和意会,在群体层面表现为整合,在组织层面表现为整合与制度化。[1]也有研究将知识整合描述为循环圈,并提到存储(storage)—提取(retrieval)—转换(transformation)三个阶段。[2]本章从知识整合层次的视角出发,以天津某公司功率放大器产品研发为例,将知识整合过程描述如图4.1所示。

团队知识整合过程是一个循环往复的过程,描绘出了团队在处理信息时所使用的新陈代谢路径,是团队互动和学习的过程。在功率放大器产品的研发过程的阶段1中,来自同一专业领域的工程师们会从自身专业知识、技术要求出发,沟通并讨论彼此的信息、技能与经验,即专业领域知识整合。

---

① Inkpen A.,Dinur A.,Knowledge Management Processes and International Joint Ventures,*Organization Science*,No.4,1998,pp.454–469.

② Carlie P. R.,Rebentisch E. S.,Into the Black Box:The Knowledge Transformation Cycle,*Management Science*,No.9,2003,pp.1180–1195.

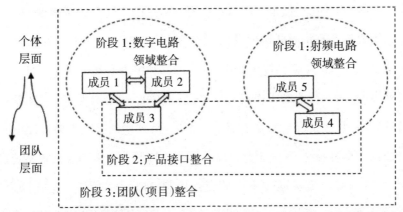

图 4.1　高科技企业团队知识整合过程(以天津某通信企业的功率放大器产品为例)
资料来源:作者根据访谈内容设计。

这一整合有助于汇总同一领域的不同观点与想法，主要体现在提出基于本领域考虑的产品设计意见。在各专业领域通过讨论与交流协商出共同观点之后,在阶段 2,来自不同领域的工程师就产品接口数据进行探讨,即产品接口整合。这是团队知识整合的重要构成,是容易出现任务冲突的环节。如射频工程师需要与数字电路工程师交换产品设计意见，协商和调整设计标准,使产品开发在技术标准和要求满足的情况下进行下去。当所有的产品接口标准得出之后,团队进入阶段 3,即总体整合或项目整合阶段,一方面将前期知识整合的结果传达给各成员，另一方面也将相关信息与知识传递给其他相关团队,为产品开发与生产做铺垫。总的看来,团队知识整合过程是一个循环累积的过程,也是成员互动的过程,具有路径依赖性。

三、两种团队知识整合方式:系统式整合与协调式整合

基于上述团队知识整合内涵与过程的剖析,本章根据知识整合依据的不同,提出两种互补性的团队知识整合方式:系统式整合与协调式整合。这两种知识整合方式涵盖了团队在知识整合过程中的主要活动，存在于团队

知识整合的不同阶段,但根据团队社会资本水平的不同会有所侧重。

系统式整合是指团队按照既定工作流程、产品协议等显性标准来整合相关信息与知识。在高科技企业中,一些产品和服务是基于行业标准和产业协议开展的,同一行业的工作流程基本是一致的。在工作场所中,团队通常备有指导书、程序文件与操作手册等书面内容,这些通常用来整合团队中的显性知识。换句话说,系统化整合反映了团队按照书面文件或正式系统进行知识加工的程度,成员通过正式的交换机制,如以往的程序、正式语言、编码、工作手册、信息系统等。系统化整合可以减少成员间沟通和协调,并提供给成员既定情境的操作规范,根据这一规范,成员能很清楚地了解团队预期,并且知道要做什么。相比协调式整合,系统化整合更加规范化,是促进知识显性化的整合方式。

协调式整合是系统式整合的有效补充,弥补系统式整合容易出现的过于刚性的结果。不同于系统式整合,协调式整合更侧重于通过成员互动与交流来整合相关信息与知识,体现了团队知识整合过程中的协调化能力。两种知识整合方式的比较见表4.1。

表 4.1　系统式整合与协调式整合比较

系统式整合（Systematic KI Mode）	协调式整合（Cordinational KI Mode）
系统化 / 以技术为中心	关系化 / 以人为中心
偏重于垂直方向的信息整合	偏重于水平方向的知识整合
侧重于显性知识	侧重于隐性知识
非情境依赖性	情境依赖性
稳定的	动态的
促进显性知识的循环	促进隐性知识的循环

资料来源:作者根据访谈记录设计。

在高科技企业中,成员大都是具有专业经验和技能的个体,如何挖掘和组合其隐性知识是团队知识整合的重要方面。一方面,团队开展内部交流方式综合成员不同的看法与观点,吸取成员以往经验并传递给其他成员,通过其他成员的理解与掌握形成新的观点与见解。另一方面，成员间松散非正式的沟通与互助也有助于已有知识的组合，当他人遇到工作上的问题或困难时，成员会给予专业上的帮助，通力合作解决问题。

　　系统式知识整合与协调式知识整合并不是相互排斥的，常常并存于同一团队当中，推动着知识在团队与个体层面的转化与组合，如图 4.2。然而，过度的系统式整合使得团队缺乏弹性，不能灵活地适应内外环境的改变，而过度的协调式整合会降低团队工作效率，难以将成员知识聚合成团队整体的知识。协调式整合更有利于创新的出现，产生多样性，但随之也带来了不确定性，而系统式整合则有助于追求效率，降低不确定性的程度，因此任何团队都需要具备平衡两种知识整合方式的本领，这样才能有效提升团队创造力。

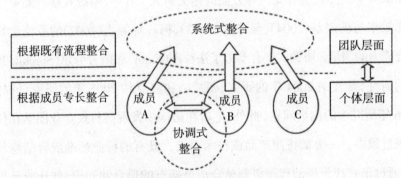

图 4.2　并存于团队中的两种知识整合方式
资料来源:作者在阅读文献和调研基础上设计。

第二节 团队知识整合方式的量表设计与预调研

一、测量量表的设计

根据高科技企业团队实际运作情境，本章将团队知识整合划分为系统式整合与协调式整合两种方式，强调团队获取与任务相关的信息与知识、共享与重构的过程及结果。现有文献中尚没有关于团队知识整合方式的实证研究，对于系统式整合与协调式整合的测量尚没有成熟通用的量表可以借鉴，因此本章主要根据科洛特与赞德、博尔等人的研究来设计，同时借鉴团队知识共享及知识整合能力等方面的相关研究。其中，系统式整合测量参考了郑景华与汤宗益(2004)、何芳蓉(2003)、柯江林等人(2007)的系统化知识整合能力的测量。协调式整合参考了法拉杰(Faraj)和斯普劳尔(Sproull)2000年的研究，蒂瓦纳2004年的研究，蒂瓦纳和麦克林2005年的研究，柯林斯2006年研究中的测量问卷。此外，笔者在访谈中发现高科技企业团队在任务完成过程中，一方面按照产品或技术要求，既有的行业标准统合信息与知识，通过正式或常规的程序机制整合成员拥有的信息和知识，如让成员传阅产品说明或协议，通过完善内网、数据库的信息资源，要求成员填写各类工作报告、表格等；另一方面，团队会通过成员间互动和交流来实现成员知识的交换与重构。综合上述分析与已有测量条款的合并与修订，本章提出了系统式整合的 5 个初始测量题项，协调式整合的 5 个初始测量题项，具体如下表 4.2 所示。

表 4.2 团队知识整合的初始测量项目

项目编号	测量项目
系统式整合	
E11	团队成员工作内容与程序要求的标准化程度较高。
E12	团队成员经常通过产品说明或协议等资料获得工作所需的信息。
E13	团队成员经常通过公司内网、数据库或知识库获得工作所需的信息。
E14	团队成员经常填写工作报告、工作表格、工作日志等内容,以便他人了解相关信息。
E15	团队通常按照产品规则和既定流程来组合相关信息。
协调式整合	
F21	团队成员间协调程度较高。
F22	团队任务需要相关人员的通力合作才能完成。
F23	团队成员经常交流与任务有关的知识与经验。
F24	当成员工作遇到问题时,其他成员会尽量为其提供建议。
F25	团队能有效地汇总与重组成员的观点、看法。

资料来源:作者根据相关研究整理而成。

二、预调研

本章将团队知识整合方式划分为系统式整合与协调式整合两种。测量均采用李克特(Likert)7 级量表的形式对变量进行测量。答案从 1"完全不同意"到 7"表示完全同意"。在正式大规模发放问卷之前,笔者在京津地区的 8 家高科技企业进行了预调研工作。每家高科技企业各选择了 3~4 个团队,每个团队选取 3 名成员填写问卷,共发出 85 份问卷,回收有效问卷 60 份,回收率为 70.6%,并就预调研中所收集到的数据及反馈意见对问卷进行了调整,最终形成了 9 个题项,其中 4 个题项用于测量团队系统式整合方式,5 个题项用于测量团队协调式整合方式。

从表 4.3 中可以看出,在知识整合的测量中,测量条款 E11 的 CITC 值小于 0.3,且删除该项后系数由原来的 0.892 上升到 0.900,所以予以删除,且删除后测量量表信度较高,符合研究的要求。

表 4.3　知识整合考核量表的 CITC 和信度分析

测量条款	$CITC_1$	$CITC_2$	删除该条款后的 α 值	信度
E11	0.213	删除	——	
E12	0.660	0.657	0.890	
E13	0.679	0.663	0.891	
E14	0.522	0.519	0.899	
E15	0.743	0.744	0.884	$\alpha_1=0.892$
F11	0.749	0.754	0.884	$\alpha_2=0.900$
F12	0.758	0.754	0.883	
F13	0.633	0.642	0.892	
F14	0.616	0.625	0.893	
F15	0.702	0.706	0.887	

资料来源:作者根据调研数据整理而成。

在删除垃圾题项之后，进行 KMO 样本测度和 Bartlett 球体检验以判断是否可以进行探索性因子分析,分析结果见表 4.4。其中 KMO 系数为 0.858,并且 Bartlett 检验显著,适合进一步做因子分析,通过主成分分析法进行因子提取,发现团队知识整合方式存在两个因子的特征值大于 1,本章定义为系统式整合方式与协调式整合方式,其值分别为 1.402 和 2.111,每个测量条款的因子载荷均超过 0.5,被解释的方差累计比例为 72.37%,超过 50%,表明团队知识整合方式测量结构具有一定的区分效度。

表 4.4　团队知识整合方式测量量表的因子分析

测量条款	系统式整合	协调式整合	特征值	解释方差	
E12	0.303	0.767			
E13	0.238	0.852			
E14	0.060	0.848	1.402	32.579%	KMO:0.858
E15	0.471	0.690			Bartlett 检验
F11	0.728	0.425			卡方值:
F12	0.743	0.394			323.956
F13	0.880	0.108	5.111	39.792%	
F14	0.792	0.164			
F15	0.851	0.221			

资料来源:作者根据调研数据分析整理而成。

第三节　数据分析

一、正式调研数据收集

正式调研通过纸质问卷与电子问卷两种方式进行，选取了北京、天津、深圳、上海、大连、厦门等城市的高科技企业团队作为调查对象，共发放问卷 450 份，回收问卷 327 份。进一步对问卷进行筛选之后，最终得到了 93 个团队的有效数据，并且每个团队至少 3 份有效问卷，共 279 份，93 个团队，有效回收率为 62%。正式问卷调查样本属性情况见表 4.5。

表 4.5　正式问卷调查样本属性情况表（N=279）

统计内容	内容分类	样本个数	百分比（%）
性别	男	208	74.6
	女	71	25.4
年龄	25 岁以下	54	19.4
	26~30	121	43.4
	31~35	79	28.3
	36~40	12	4.3
	40 岁以上	13	4.7
学历	大专及以下	9	3.2
	本科	166	59.5
	硕士	90	32.3
	博士	14	5.0
团队规模	小规模（5 人以下）	81	29
	中等规模（6~15 人）	132	47.3
	大规模（15 人以上）	66	23.7
团队类型	产品导向型	126	45.2
	技术导向型	81	29
	市场导向型	72	25.8

统计内容	内容分类	样本个数	百分比(%)
企业性质	国有企业(含国有控股)	81	29
	民营企业(含民营控股)	123	44.1
	外资企业(含外资控股)	75	26.9

资料来源:作者根据自制的问卷调查样本整理而成。

二、数据分析

(一)信度检验

本文采用克朗巴哈(Cronbach α)系数进行信度评价,多数学者认为,克朗巴哈(Cronbach α)系数大于 0.7,则可认为同一理论维度下各项目间的一致性良好,否则必须予以拒绝。在筛选题项时本章采用纠正项目的总相关系数(Correted-Item Total Correlation,CITC)。一般而言,当 CITC 小于 0.3 时,删除该测量条款,本章采用这一标准,将 0.3 作为净化测量条款的标准。笔者运用 SPSS17.0 对团队知识整合方式的测量条款进行了信度分析,具体结果如表 4.6 所示。

表 4.6 团队知识整合方式的信度分析结果

变量	代码	测量条款	CITC 值	删除该条款后的 α 值	信度
系统式整合	SKI-1	通过产品说明或协议等资料获得信息	0.605	0.784	Cronbach α=0.816
	SKI-2	通过公司内网、数据库或知识库获得信息	0.706	0.737	
	SKI-3	填写工作报告、表格、日志等	0.647	0.765	
	SKI-4	按照产品规则和既定流程组合信息	0.626	0.780	
协调式整合	CKI-1	成员间协调程度较高	0.716	0.821	Cronbach α=0.860
	CKI-2	团队任务需要成员通力合作	0.696	0.827	
	CKI-3	成员间经常交流任务相关知识与经验	0.725	0.819	
	CKI-4	成员工作遇到问题,其他成员会提供建议	0.615	0.846	
	CKI-5	开展内部交流方式综合彼此观点、看法	0.640	0.840	

资料来源:作者根据问卷调查结果整理而成。

(二)效度检验

本文运用 AMOS17.0 对正式数据进行验证性因子分析,检验团队知识整合方式量表的聚合效度和区分效度。一般情况下,聚合效度可以通过潜变量提取的平均方差(Average Variance Extracted,AVE)来判断,用以表示潜变量相对于测量误差所能解释的方差总量,当 AVE 等于或大于 0.5 时,就表示潜变量具备了聚合效度。[①]区分效度是指不同的潜变量是否存在显著差异。本章采用福内尔(Fornell)和拉克尔(Larcker)1981 年提出的方法,利用 AVE 值的平方根进行检验,如果各潜变量的 AVE 值平方根均大于各变量间相关系数的平方时,则表示其具有较好的区分度。

知识整合方式的验证性因子分析的结果如表 4.7 所示。就拟合优度指标而言,其中 $\chi 2/df = 3.144$,小于 5 的最低标准;GFI=0.935,AGFI=0.888,NFI=0.926,IFI=0.949,CFI=0.948,均达到建议值;RMSEA=0.088,小于 0.10 的上限,表明拟合效果较为理想。且系统式整合的 AVE 为 0.656,协调式整合的 AVE 为 0.745,均超过了 0.5 的下限,表明具有较好的聚合效度。

表 4.7　知识整合方式的验证性因子分析

变量	测量条款	标准化因子载荷	标准误差	临界比(C.R.)	AVE
系统式整合	SKI–1	0.697	——	——	0.656
	SKI–2	0.799	0.134	11.093	
	SKI–3	0.724	0.124	10.358	
	SKI–4	0.709	0.092	10.185	
协调式整合	CKI–1	0.785	——	——	0.745
	CKI–2	0.775	0.080	13.065	

---

① Fornell O.,Lareker D.,Structural Equation Models with Unobservable Variables and Measurement Errors,*Journal of Marketing Research*,No.1,1981,pp.39–50.

续表

变量	测量条款	标准化因子载荷	标准误差	临界比(C.R.)	AVE
	CKI-3	0.791	0.080	13.340	
	CKI-4	0.672	0.070	11.136	
	CKI-5	0.692	0.072	11.523	
$x^2/df=81.741/26=3.144$, RMSEA$=0.088$, GFI$=0.935$, AGFI$=0.888$, NFI$=0.926$, IFI$=0.949$, CFI$=0.948$					

资料来源:作者根据问卷调查结果分析整理而成。

对其进行的区分效度检验结果如表 4.8 所示,该表中列出了各潜变量之间的相关系数, 对角线为各潜在变量 AVE 的平方根, 结果显示各潜变量 AVE 的平方根均大于各相关系数,说明量表具有很好的区分效度。

表 4.8　团队知识整合方式的区分效度分析结果

	系统式整合	协调式整合
系统式整合	(0.810)	
协调式整合	0.466**	(0.863)

注:**p<0.01,*p<0.05,+p<0.1。

资料来源:作者根据问卷调查结果分析整理而成。

第四节　结论与展望

在高科技企业中, 团队知识整合是企业知识管理与团队学习的重要环节, 有效的知识整合方式意味着团队能更好地将成员掌握的技能和经验有效地融合在一起,推动任务信息在团队内流动和运用。笔者以高科技企业为背景,通过实地企业调研探讨了其团队知识整合的过程,并构建了两种不同的知识整合方式,即系统式整合与协调式整合,代表了团队现有信息之间或现存知识与新知识之间的整合结构。在此基础上,本章开发了包含 9 个题项的团队知识整合方式测量量表,并通过对研究数据的信度和效度分析,结果显示该量表具有良好的信度和效度,为进一步实证研究提供了基础。

　　在高科技企业实践中,一方面,需要构建更加完善和易于操作的任务管理流程,让较为枯燥和单一的"例行公事"成为成员自我学习和团队学习的重要方式,充分发挥任务细化与跟踪监控的的作用,同时注意系统式整合中可能会出现的成员倦怠或应付的现象,鼓励成员充分利用组织与团队既有的信息系统和平台共享相关信息,以保证任务活动在既有的框架内有效地开展。另一方面,团队应鼓励和营造成员间获取、分享、加工与应用的知识整合氛围,既可以召开定期的任务讨论会或经验交流会的方式,也可以鼓励成员通过非正式的方式,如私下交流与讨论彼此的任务进展。

第五章　团队社会资本对团队创造力的
影响的研究模型

在第二章相关理论与文献梳理及第三章对社会资本视角下团队创造力的形成分析基础上，本章将进行团队社会资本对团队创造力的影响机理的实证分析。首先，总结过去研究的进展与不足，提出本章拟解决的问题。其次，在整合与拓展相关理论的基础上，构建团队社会资本对高科技企业团队创造力影响机制的概念模型。最后，提出相应的研究假设。

第一节　以往研究取得的进展与存在的不足

一、以往研究取得的进展

（一）高度肯定了创造力在组织中的地位和作用

组织中的创造力研究可以追溯到 20 世纪 30 年代的美国，集中在产品开发、广告等领域，而后在创意、设计、知识资本获取、市场开拓、成本控制、人力资源开发等领域纷纷倡导创造力实践。在环境日益复杂和不确定的今天,组织采用基于团队的工作系统来提高自身反应与创新的能力,创造力不再是个体特质的表现,更是团队乃至组织整体属性的表现。创造能力的高低直接决定了团队与组织能否在"模仿盛行"的行业环境中取得竞争优势,关系到其核心能力的形成。组织唯有不断地进行创造活动,才能保持竞争力,而且许多学者的研究已经证明,创造力对于团队与组织绩效的改善有着积极的促进作用。已有研究表明,创造力有助于提高企业市场价值,多元化团队形成的创造力更能提升问题解决的绩效。[①]创造力日益受到团队和企业重视,高水平创造力有助于组织改进工作流程,降低运营成本,提供新奇的解决方案(West,1990;Chen et al.,2008),这对处于竞争激烈环境下的高科技企业是至关重要的。创造力在企业发展中重要性的提升,有利于创造力理论和实践的拓展。

(二)从不同分析层次与理论视角,揭示了创造力的发生机制

在企业中,创造力的形成与发展包含了个体、团队(部门)、组织三个层级,学者们从三个不同分析层次分别对创造力的产生机理进行了研究:个体层次(e.g.,Mumford & Gustafson,1988;Amabile,1996;Oldham & Cummings,1996;Perry-Smith,2006)、团队层次(e.g.,West,1990;Kratzer et al.,2004;Ming-Huei,1993;Napier & Usui,2008),分别揭示了不同分析层次上创造力的内涵、影响因素及发生机理,并对各层次之间的关系进行了初探。[②]团队创造力是个体创造行为投入的函数,组织创造力则是团队构成和情境影响的创造性产出函数,团队是企业运作的核心平台,其创造力的实现才能更好地实现从个体创造力向组织创新之间的转化。

---

① 　Milliken F. et al.,Diversity and Creativity in Work Groups:A Dynamic Perspective on the Affective and Cognitive Processes that Link Diversity and Performance,In Paul B. Paulus,Bernard A. Nijstad(Eds.), *Group Creativity*,Oxford University Press,2003,pp.32–62.

② 　组织层面的研究和本书主题关联不大,故相关研究未进行引证。

已有的研究从不同的理论视角考察团队创造力的产生机理，大致可以划分为四个类型：其一是认知评价视角，这一视角是目前大多数个体与团队创造力研究的主要理论基础，阿马比尔（Amabile）从认知评价视角出发提出了内在动机下的创造力构成模型，认为个体在外部情境要素的影响下会通过内在动机表现出不同水平的创造力。其二是情境互动视角。大多数学者认为创造力的产生并不是由单一的要素决定的，而是多个要素共同作用的结果。夏恩和周研究发现，领导风格与团队专长异质性交互作用对团队创造力的形成有着显著的影响。皮罗拉梅洛（Pirola-Merlo）和曼指出，团队创造力是跨个体与时间的整合。其三是演化视角，采用定性研究方法深度剖析创造力行为出现的过程，如德拉金的研究，内皮尔和乌苏的研究等。其四是社会资本视角，从这个视角进行的实证研究相对来说比较少，已有的研究大都是探讨个体成员社会网络特征对其创造力的影响，如佩里-史密斯（Perry-Smith）探讨不同创造阶段上网络联结的作用，并指出弱联结更有助于个体创造力的实现；克拉策等人 2008 年研究发现，团队领导的网络位置对团队创造力有着显著的影响。

（三）探讨了团队社会资本的本质与维度构成

团队社会资本，顾名思义就是团队成员共同拥有的社会资本，其不同于个体社会资本，具有准公共产品的性质。已有研究发现团队社会资本并不是成员社会资本的简单加总，具有特定的诠释方式。从内涵上看，团队社会资本既包含了成员之间通过联结形成的资源，体现在成员间对团队任务语言的熟悉程度，也依附于成员人际关系之中。不同研究对团队社会资本的不同阐释，形成了团队社会资本的构型观（e.g., Oh, 2004；张娜等人，2007）、能力观（柯江林等人，2007）及资源观（Chen et al., 2008），推动了对团队社会资本的本质理解，也形成了不同的维度设计与测量，为团队社会资本的经验研究提供了依据。

(四)明确了知识整合是重要的团队学习过程

随着产品和服务复杂性的提高,完成一项任务所需的知识日益专业化,并分散在组织各个角落, 如何将这些信息与知识整合起来以保持其创新能力与市场竞争优势,成为越来越多组织需要面对的关键问题。知识整合研究成为组织科学的重要分支之一。知识是组织战略差异化的核心,是创造与保持竞争优势的重要来源。[1]专利性知识一度成为组织在竞争中的制胜法宝,但专利性知识会因为过时或被模仿而贬值, 持续优势的关键不在于专利性知识本身,而在创造新知识的能力。[2]在团队运作中,知识整合过程是将团队资源转化为团队绩效的重要中间过程。已有的研究对于知识整合的内涵、特征、前因及其作用机理进行了深入的探讨,为本章从知识整合过程视角探讨团队创造力产生机理提供了理论依据。

二、以往研究存在的不足

(一)对于特定组织情境中团队社会资本维度构成仍有待进一步深入与完善

已有社会资本研究大都集中在组织或个体层面上进行, 而关于团队层面的社会资本维度构成及测量尚未取得一致的认识。尽管有学者从团队边界、来源等角度进行了不同划分,但处于不同的学科背景、研究目的以及研

---

① Conner K. R.,Prahalad C. K.,A Resourced-Based Theory of the Firm:Knowledge Versus Opportunism,*Organization Science*,No.5,1996,pp.477-501.

② Levin R. et al.,Appropriating the Returns from Industrial Research and Development,*Brookings Papers on Economic Activity*,No.3,1987,pp.783-831.

究范围,团队社会资本的维度划分及维度构成选择尚未统一。同时,受高科技企业特定组织情境的影响,团队社会资本构成同样是存在差异的,已有社会资本维度是否适合高科技企业团队是需要进一步深入分析的重要命题。此外,多样化的测量量表不利于研究成果之间的对比与融合。因此,形成科学权威的量表也是构建团队社会资本理论体系的重要基础。

(二)团队层面的知识整合研究相对匮乏

知识整合在组织与团队的决策制定中至关重要,对个体知识的整合能力是组织动态能力的基础。[①]在不确定性和复杂性程度高的环境下,企业大多通过团队这一形态完成信息与知识从个体层面向组织层面的循环往复,因此团队是知识整合的重要平台。成功的团队通常需要两种能力,一是将成员掌握的信息与知识有效地组合起来,二是促使成员在团队讨论和创造过程中将自身独有的信息与知识贡献出来。对高科技企业团队而言,其工作和任务大都是以信息与知识为对象,有效的知识管理是至关重要的,但在理论和实践中,尚未充分地理解和阐释团队层面的知识整合过程。尽管知识整合的重要性日益明显,但大量的研究发现即使团队成员面对面(face to face)开展工作(Stasser & Stewart,1992),或是通过信息网络开展工作(Heninger et al.,2006;Alavi & Tiwana,2002),团队知识整合的水平仍旧较低。同时,尽管目前以理论演绎和定性研究的方式对团队知识整合过程的影响因素和作用机制进行了一定的探讨,但是从团队层面入手的定量研究还很缺乏,有待于更加丰富和深入的研究。此外,对于知识整合的内涵尚未取得一致的观点,与其他知识操作形式混淆,如知识转移、知识共享等。在实践中,知识整合的过程还缺乏有效的形式(Van Den Bosch,De Boer et al.,1999;Hansen et al.,

---

① Eisenhardt K.,Martin J.,Dynamic Capabilities:What Are They?,*Strategic Management Journal*,No. 21,2000,pp.1105–1121.

1999），对于知识整合过程的类型划分尚未进一步探讨，不同的知识整合方式对团队有效性或创造力的影响有待进一步深化和拓展。

(三)缺乏融合不同研究视角探讨团队创造力的形成机理，尚未从团队社会资本视角来进行的实证研究

以往的文献都是从某个理论视角研究创造力的发生机理及其影响因素的作用机理，如阿马比尔(1988)、塔加(2002)的认知视角，德拉金(Drazin) 1999年提出的演化观点，等等。团队创造力既与成员自身的个性、特质、技能等要素密切相关，也与团队成员所形成的网络、关系及认知形成的社会资本密切相关，所以从团队社会资本理论视角出发，能更全面地把握团队创造力的形成机理。虽然有些学者的研究为社会资本与创造力的整合奠定了相应的理论基础，如佩里-史密斯(2006)、克拉策等人(2008)，但总体来看，从团队社会资本出发研究创造力产生机理的研究不多，结合知识管理理论进行的研究更少之又少，因此探讨不同社会资本要素对创造力的作用机制的研究还有待深入。

(四)高科技企业中不同类型团队的创造力研究相对较少

回顾以往的研究，在关于创造力的研究中，大多数研究都是以雇员为研究对象，在少数以团队为研究对象的研究中，大多数研究集中在研发团队，而对高科技企业其他团队类型的创造力表现关注得较少，更缺少直接的经验研究。在高科技企业中，不同的团队类型对创造力形成是否存在差异，其社会资本构成、知识整合对创造力的形成仍有待进一步深入广泛的探讨。

第二节 本章拟解决的理论问题

在总结前人研究取得的进展和不足的基础上,本章拟解决下列三个问题:

一、高科技企业背景下深化团队创造力研究

达曼博尔(Damanpour)1991 年指出,进行创新理论的实证性探索必须要区分不同的组织类型, 原因在于不同的行业环境与组织特征对创新或创造力的影响是不容忽视的。[①]因此,创造力研究很难找到跨越行业或组织的普适性结论。因此,本章将研究对象的范围限定在高科技行业中,通过单一行业类型对创造力展开深入研究。与此同时,个体、团队乃至组织等不同层次的创造力研究关注的创造力特点不同,形成过程的决定因素也有所不同,因此本章将对团队规模、类型及任务所处阶段等团队层面变量进行控制后再探讨团队创造力的形成机理, 试图解释团队创造力形成的重要影响因素与中间过程。

二、探索团队社会资本与团队创造力关系及其作用机制

社会资本视角是近年来创造力研究的新领域之一, 尽管以往研究对团队社会资本的维度划分进行了多方面的考虑,但尚未形成统一的结构框架。团队社会资本具体指什么,维度划分及特性,都是有待于深入探讨的问题。

---

① Damanpour F., Organizational Innovation: A Meta-Aanalysis of Effects of Determinants and Moderators, *Academy of Management Journal*, No.3, 1991, pp.555-590.

本章将综合以往的研究成果,提出高科技企业团队社会资本的维度结构及其衡量标准,通过经验研究来验证不同维度对团队创造力的影响机制,从而可以明确高科技企业团队社会资本的构成要素,推动其内在结构的探索研究。

以往的研究往往考察的是社会资本对创造力的直接作用, 即团队社会资本各个维度对团队创造力的直接影响。本章根据知识整合理论,从知识整合过程视角度分析团队社会资本在团队创造力形成中的作用,引入两种知识整合方式, 构建"团队社会资本—系统式整合/协调式整合—团队创造力"的结构模型,更深入全面地剖析团队创造力的形成机理,进一步打开团队社会资本对创造力作用的"黑箱"。一方面丰富团队层面的社会资本、知识整合与创造力的理论,拓展团队创造力的研究视角;另一方面也能给团队创造力管理与知识管理提供指导。

三、分析团队知识整合过程,明确两种知识整合方式对创造力形成的影响

高科技企业属于典型的知识型组织, 团队工作的主要内容是信息与知识,而团队创造力从某种意义上说是团队组合与重构形成新知识过程的产出,因此知识整合过程是团队创造力形成的前提条件,但目前尚未有学者对团队知识整合过程的划分与具体活动进行系统的研究。团队社会资本各维度与不同知识整合方式关系是否存在显著的影响, 知识整合过程是否对团队创造力的形成存在具体影响, 以及不同知识整合方式在团队社会资本对创造力的影响关系中是否发挥中介传导机制,均是本章有待解决的问题。

第三节　本章的理论基础

在已有研究的基础上，本章由团队学习理论出发进行研究模型总体框架的构想，并结合社会网络理论、社会交换理论及知识创造理论完成研究整体模型的内容设计。

一、团队学习理论

随着组织扁平化、工作复杂化程度的提高，团队成员往往可能遇到较不熟悉的专业领域，团队必须致力于持续的学习过程中，[1]团队是现代组织基本的学习单元，团队学习过程的效率与有效性的提高能为组织带来竞争优势。[2]

团队学习的概念源自组织学习。团队学习是群体为其成员、为群体系统自身及为群体外的其他人创造知识的过程，提出团队的五个相互依存的学习过程：构建（framing）、重构（eframing）、试验（experimenting）、跨边界（crossing boundaries）、观点整合（integrating perspectives）。[3]巴克尔（Barker）和尼利（Neailey）提出个体/团队学习方法的渐进过程，即个体学习（individual learning）、职能学习（functional learning）、整体团队学习（whole team learning）、沟通学

---

① Allred B. B.,Snow C. C.,Miles R. E.,Characteristics of Managerial Careers in the 21st Century,Academy of Management Executives,No.4,1996,pp.17–28.

② Stata R.,Organizational Learning-The Key to Management Innovation,Sloan Management Review,No.3,1989,pp.63–74.

③ Kasl E. et al.,Teams as Learners:A Research-Based Model of Team Learning,The Journal of Applied Behavioral Science,No.2,1997,pp.227–246.

习(communication of learning)。[1]艾莫森(Edmonson)则认为团队学习是团队采取行动、获得反馈、反思反馈、做出变化以适应或改进的过程。[2]斯帕罗(Sparrow)和惠尔(Heel)将团队学习与知识转换过程相结合提出了团队学习发展过程(team learning development process),从图5.1可以看出,团队学习既包含了对不同类型知识的构建、分享、应用与发展,并明确了不同过程中的具体表现形式。[3]威尔逊(Wilson)等人认为团队学习是成员对知识进行存储(Storage)、分享(Sharing)和查漏补缺(Retrieval)的过程。[4]陈国权(2007)指出,团队学习是团队成员不断获取知识、改善行为、优化团队体系,以在不断变化的环境中使团队保持良好生存和健康和谐发展的过程。[5]

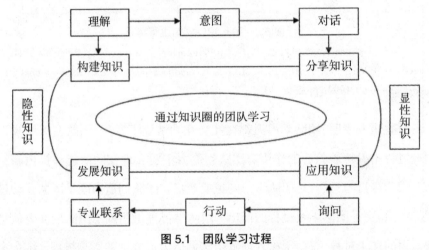

图5.1　团队学习过程

资料来源:Sparrow J.,Heel D.,Fostering Team Learning Development,*Reflective Practice*,No.2,2006,pp.151–162.

---

①　Barker M.,Neailey K.,From Individual Learning to Project Team Learning and Innovation:a Structured Approach,*Journal of Workplace Learning*,No.2,1999,pp.60–67.

②　Edmonson A.,The Local and Variegated Nature of Learning in Organizations:A Group Level Perspective,*Organization Science*,No.13,2002,pp.128–146.

③　Sparrow J.,Heel D.,Fostering Team Learning Development,*Reflective Practice*,No.2,2006,pp.151–162.

④　Wilson J. M. et al.,Group Learning,*Academy of Management Review*,No.4,2007,pp.1041–1059.

⑤　参见陈国权、赵慧群、蒋璐:《团队心理安全、团队学习能力与团队绩效关系的实证研究》,《科学学研究》,2008年第6期。

团队学习是团队产出的关键中间环节，已有对团队学习过程的研究大多遵循输入—过程—输出（IPO）（Guzzo & Shea, 1992）的思路, 见图 5.2。输入是指团队成员拥有的各种资源, 在本章中体现为在团队内形成的社会资本, 输出是团队的产出结果, 体现为新知识的创造、任务完成等, 在本章中即创造力的形成, 中间过程则是将输入转换为输出的方法, 体现为团队进行信息加工、整合知识的过程, 也就是团队学习的过程。

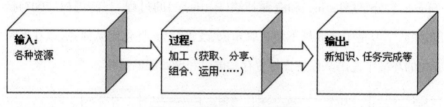

图 5.2　团队 IPO 学习过程

资料来源：Guzzo R. A., Shea G. P., Group Performance and Intergroup Relations in Organizations, In Dunnette M. D., Hough L. M. (Eds.), *Handbook of Industrial Organizational Psychology* (2nd ed.), 1992., pp.269–313.

已有研究表明, 团队学习大都在社会互动情境下发生, 团队在组织知识创造过程中发挥着核心的作用。团队创造力主要表现在团队能够提出新颖和有用的观点与见解, 是团队学习的重要产出。团队创造力既是团队互动过程的产出, 更是团队学习过程的产出。团队学习理论明确了团队层面上信息或知识的加工过程, 有助于深入理解团队创造力形成中的影响机理。结合本章对高科技企业任务团队的分析, 笔者将团队作为信息与知识加工的单元, 探析团队社会资本不同构成对其内在加工过程的影响, 以及不同知识加工方式对团队创造力的作用机理。

二、社会网络理论

社会网络研究可以追溯到社会学早期有关社会结构决定人类互动的研

究中，社会结构是个体行动的重要方面，个体嵌入并受制于社会结构之中（Simmel，1950；Durkheim，1962）。社会结构被视为行动者通过一系列关系而组成的网络，社会网络研究主要关注网络的结构特征及社会结构如何促使或阻碍行动者实现目标和利益。社会网络理论在分析经济行为上假定经济行为是嵌入于社会网中的，人际关系会影响到经济行动，个体的社会结构会影响到其资源、信息的取得，也会影响其所受到的社会制约，进而影响其经济行动。已有的网络特征大致分为两类，即联结分析（tie approach）与结构形状分析（structural form approach），前者强调行动者之间一对一的关系或直接联结，如格兰诺维特（Granovetter）与汉森提出的强弱联结观点；后者则强调网络的结构特征，包含了直接和间接联结关系，如伯特1992年提出的结构洞观点。联结强度包含了从弱联结到强联结的连续体，表明双方之间联系的亲密性与互动频率。在一对一的研究中，学者们分别验证了强联结与弱联结的优势。强联结为人们的行动提供信任的基础，内部关系网络可分为建议网络、情感网络和信息网络三种类型，并指出在组织发生冲突危机时，员工之间的情感网络能促使员工之间产生合作行为。[1]乌西（Uzzi，1997）在研究中也指出强联结对知识运用有着显著的影响。[2]而格兰诺维特（1973，1985）提出弱联结优势理论（the strength of weak ties），指出在找工作过程中，弱联结比强联结有更好的效果。[3]此外，结构洞理论也研究了内部劳动力市场的升迁问题，发现占据交换资源的良好位置的个体，其拥有的资源较多，更容易得到升迁。

①　Krackhardt D.，The Strength of Strong Ties：The Importance of Philos in Organizations，In Nohria N.，Eccles R. G.（Eds.），*Networks and Organizations：Structure，Form，and Action*，Harvard Business School Press，1992，pp.216–239.

②　Uzzi B.，Social Structure and Competition in Interfirm Networks：The Paradox of Embeddedness，*Administrative Science Quarterly*，No.42，1997，pp.35–67.

③　Granovetter M. S.，Economic Action and Social Structure：The Problem of Embeddedness，*American Journal of Sociology*，No.3，1985，pp.481–510.

根据社会网络理论,本章采用社会联结分析,通过成员间联结强度来描述团队社会网络特征,在联结强度高的团队中,成员倾向于按照团队规范行事,为团队共同目标而努力,积极推动知识整合的过程,从而实现团队创造力。反之,团队联结强度弱,则会降低团队成员相互信任,不利于合作性沟通与互动,进而对知识整合过程产生负面的影响。

三、社会交换理论

社会交换理论系统地阐述了社会交换所遵循的原则与方法,采用经济学的概念来解释人的社会行为,认为人是追求筹赏的个体,在社会互动过程中,人们所实施的行动或是为了赢得报酬,或是为了逃避惩罚,从本质上讲都属于一种"利益交换"。利益概念包含多个内容,如报酬可分为金钱、社会赞赏、尊重与服从四个类型。有研究以"具体性"和"特殊性"两个维度来描述人们经常用来作社会交易的资源性质,并提出爱(love)、地位(status)、信息(information)、金钱(money)、物品(goods)和服务(service)六种可交换的社会资源。[1]

在利益主体之间存在不同类型的交换关系,艾莫森提出三种类型的社会交换关系:谈判或协商交易(negotiated transaction),即双方在有条件的情况下彼此进行交换;赠送或利他行为(altrustic),强调一方的贡献;合作型交换关系(incorporation),强调交换双方无法单独获得报酬,唯有双方在彼此互动的过程中均有贡献,才能获得利益。不同利益者之间的交换关系需要维持平衡,如果交换关系失衡,利益双方会采取某些行为或在未来的交换中重新

① Edna B. F., Uriel G. F., Resource Theory of Social Exchange, In Kjell T., Ali K.(Eds.), *Handbook of Social Resource Theory*, Springer, 2012, pp.15–32.

获得平衡,即"互惠规范"。①建立信任是社会交换程序的关键因素之一,一般情况下,社会交换的过程是互惠的结果,交换的双方会产生感激、责任感以及信任。斯帕罗(Sparrowe)和利登(Liden)1997 年提出雇员与组织存在的三种交换关系的互惠:一是雇员感知到的与组织间的等值交换,组织为雇员提供金钱、福利、工作安全与培训等报酬,反过来,雇员提供时间、专长作为回报,这些资源在利益双方看来是等价的;二是及时性回报,反映了资源交换的时机,高及时性反映出组织对雇员贡献的及时回报;三是一方利益对另一方的重要性程度。②

根据社会交换理论的基本观点,团队内社会交换关系既包括成员间的交换关系,也包含成员与团队之间的交换关系。互惠是利益双方交换的出发点,成员间信任是影响团队知识整合与创造力的重要因素,相互信任的成员更感知到更多的支持,作为回报,其更倾向于与他人进行沟通与互动,表现出更多的知识整合行为。

四、知识创造理论

知识创造是知识管理研究与实践领域关注的重要内容之一,知识创造理论阐述了组织中知识是如何创造出来的这一核心命题。野中郁次郎 1994 年结合本体论与认识论提出了知识转化过程中社会化(socialization)、组合(combination)、内化(internalize)与外化(externalize)的四种转换模式,表示了显性知识与隐性知识的转化过程。③之后,多层次知识创造模型在 1998 年被

①　Gouldner A. W., The Norm of Reciprocity, *American Sociological Review*, No.25, 1960, pp.165–167.

②　Sparrowe R. T., Liden R. C., Process and Structure in Leader-Member Exchange, *Academy of Management Review*, No.2, 1997, pp.522–552.

③　Nonaka I., A Dynamic Theory of Organizational Knowledge Creation, *Organization Science*, No.1, 1994, pp.14–37.

提出,如图 5.3 所示。①在这一模型中,知识创造的三个层面必须相互作用才能形成创新知识的知识螺旋上升运动:一是通过社会化、外化、组合和内化而实现的知识转换过程,实现模糊知识和明晰知识间的知识转换;二是存在知识创新平台,即巴(知识创新平台);三是知识资产,或知识创新过程的输入、输出和调节要素。不难看出,团队在组织知识创造过程中发挥着核心的作用,处于组织信息垂直或水平流动的交叉处,来自组织高层与成员的隐性知识会在团队这一层面进行综合并显性化,并结合到新技术与产品中去,同样来自内外的有用信息会在这一层面扩散出去,使其隐性化。团队是显性知识与隐性知识相互转化的平台,也是创新的核心平台。

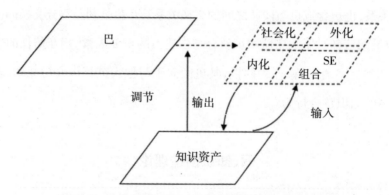

图 5.3　知识创新过程的三个层面,包括巴和 SECI 过程

资料来源:Nonaka I., Konno N., The Concept of 'Ba':Building a Foundation For Knowledge Creation, *California Management Review*, No.3, 1998, pp.40-54.

不同于野中郁次郎的知识创造理论,博伊索特 1998 年将知识属性划分为编码、抽象与扩散三个特性,提出信息空间这一概念框架,并根据知识在信息空间中的流动提出了社会学习周期理论,如图 5.4 所示。其中,虚线表示社会学习周期曲线,说明了新知识产生的不同阶段及其知识特性,包括六个

---

① Nonaka I., Konno N., The Concept of 'Ba':Building a Foundation for Knowledge Creation, *California Management Review*, No.3, 1998, pp.40-54.

阶段:①扫描,即在一般可以获得但通常模糊不清的数据中,识别威胁和机会。②解决问题,通过去除不确定的因素,将一些见解结构化。③抽象,将结构化的见解编码化并推广到更广阔的情境中去,形成某种概念。④扩散,将编码充分的抽象数据扩散到更大范围的主体中去。⑤吸收,将新编码的见解应用于各种不同的情境中。⑥形成影响,这是社会学习周期的最后一个阶段,指抽象知识嵌入于具体的惯例之中。

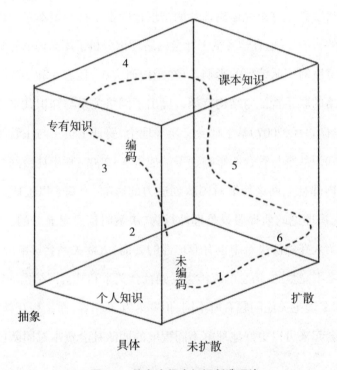

图5.4　信息空间中知识创造理论

资料来源:Boisot M.,*Knowledge Assets*,*Securing Competitive Advantage in the Information Economy*,Oxford University Press,1998.

　　根据知识创造理论的基本观点,知识整合过程是知识创造的前提,涵盖了信息之间的重新组合与已有知识的重构。团队知识整合是创造力形成的重要过程,在知识整合水平高的团队中,团队拥有的信息与成员的专长技能更快地结合在一起,提高成员处理团队任务的水平,也能将成员间不同的专长与技能组合在一起,一方面提升成员的专长水平,另一方面也有助于提升整体团队潜力,为团队创造力的形成打下基础。

五、四个理论的相互关系

上述四个理论在相关组织行为学和知识管理领域研究中被广泛引用作为理论分析基础。有研究运用社会网络理论验证了社会资本对组织中知识共享意愿的影响。[1]也有学者基于社会网络理论分析了团队内部密集程度与外部网络宽度对团队绩效的影响。[2]在国内研究中,任志安和毕玲(2007)基于社会网络的联系特征与结构特征,提出了网络关系与知识共享关系的分析模型。[3]徐碧祥(2007)基于社会交换等理论,验证了员工与主管和同事间的信任对知识共享与整合的影响。王端旭等人(2009)基于社会网络理论探讨了团队内部社会网络特征对团队创造力的影响。[4]基于以上研究可以发现,社会交换理论的前提假设是理性行为,决策时信息是充分的,社会网络理论则强调人在经济决策中也有非理性的一面,人际关系会影响经济行动,信息通常是不完整的,信息的流传会受到社会关系和社会网结构的影响。因此,尽管四个理论关注问题有所不同,但并非互不相容,而是相互补充,将四种理论结合起来可以更好地理解不同程度的团队社会资本对团队创造力的作用机制。

团队创造力是团队学习的结果,知识整合是团队学习过程的重要环节,

---

[1] Chow W. S., Chan L. S., Social Network, Social Trust and Shared Goals in Organizational Knowledge Sharing, *Information & Management*, No.7, 2008, pp.458-465.

[2] Reagans R. et al., How to Make the Team: Social Networks vs. Demography as Criteria for Designing Effective Teams, *Administrative Science Quarterly*, No.49, 2004, pp.101-133.

[3] 参见任志安、毕玲:《网络关系与知识共享:社会网络视角分析》,《情报杂志》,2007年第1期。

[4] 参见王端旭、国维潇、刘晓莉:《团队内部社会网络特征影响团队创造力过程的实证研究》,《软科学》,2009年第9期。

团队学习理论是整体理论框架构建的基础，有助于解释团队社会资本这一输入内容到团队创造力这一产出之间的中间过程机制。社会网络理论说明了团队成员间联结强度、信任与认知等方面的差异。社会交换理论有助于理解在不同的社会资本水平下，成员采取何种知识整合方式。知识创造理论则阐述了不同知识的流动与转换方式，能用于解释知识整合过程中团队创造力的形成。本章所涉及的四种理论之间的关系如图 5.5 所示。理论间关系的厘清及有机结合不但有助于解释"团队社会资本—知识整合—团队创造力"三者之间的关系，同时也是对四种理论的丰富与拓展。

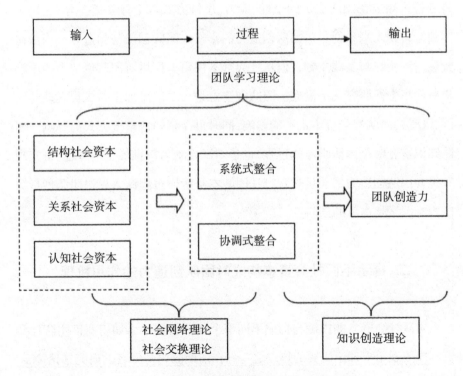

图 5.5　各基础理论在整体研究框架中的作用
资料来源：作者在阅读文献和调研基础上设计。

第四节 本章主要创新点

一、构建了团队创造力研究的新视角

本章整合了社会资本理论、知识整合理论与创造力理论，从团队层面探讨这些理论的相互关系具有一定的创新性。以往有关团队创造力的研究多将分析重点放在团队成员的个性、能力、思维方式等个体要素差异，通过个体创造力投入水平衡量对团队创造力的影响。团队创新与创造力是当前比较热门的研究与实践主题，但从社会资本视角去探讨对团队创造力的影响机制的集中性研究几乎没有。团队创造力是一个信息加工与成员互动的结果，既受到团队社会资本水平的影响，同时也受到知识整合方式的影响。团队知识整合既是团队学习的过程，也是知识流动与信息加工的过程，是实现和提升团队创造力的关键过程，从团队本身运作过程深入探讨团队创造力的影响因素是本章的创新点。

二、揭示不同社会资本构成对团队创造力的作用机理

团队社会资本的内涵与构成不同于个体社会资本，如何衡量团队社会资本成为近年来理论研究的热点之一。在前期国内外学者的研究结论（Nahapiet & Ghoshal，1998；Adler & Kwon，2002；Oh et al.，2006；柯林江等，2007）及实际调研的基础上，本章深入剖析了高科技企业工作团队在实际工作情境下的社会资本构成，并通过实证研究验证不同维度对团队创造力形成的影响机制，是对以往过于宽泛研究的一种细化，也是创新点之一。

三、界定了两种知识整合方式，拓展了知识整合理论

已有知识整合研究大都基于组织层面展开，而有关团队层面的知识管理大都是知识共享方面的研究，团队知识整合有其特有的属性与运作规律，不同的整合方式代表了信息与知识加工的不同侧重点。本章基于知识管理的相关理论及实际调研对不同知识整合方式的内容与作用机制做了清晰的界定，并在已有的相关测量量表的基础上，编制了知识整合方式的测量量表，经过实证检验其具有良好的信度和效度。本章也尝试对两种不同知识整合方式对创造力的影响进行了分析，发现两者对创造力的影响存在差异。这一部分研究细化了以往聚焦于组织层面的知识整合研究，丰富并促进了团队和组织知识整合理论的发展。

四、开创性地将知识整合方式引入
"团队社会资本 – 团队创造力"的研究框架

本章提出了团队社会资本对团队创造力影响的中介机制，具有一定的创新性。已有经验研究大都验证团队社会资本与团队创造力的直接作用机制，而对是否存在中间过程的相关研究较为零散，因此本章通过融合团队学习理论、知识创造理论、社会交换理论等领域的研究成果，从知识整合方式的侧重点拓展性地提炼出系统式整合与协调式整合两大中介变量，从而揭示以往相关研究中所缺乏的团队社会资本如何影响团队创造力的路径机制，并通过实证研究对两种知识整合方式的中介效应进行了检验。

第五节　基本概念界定

　　概念的清晰定义是科学研究的前提和基础。本章涉及的核心概念包括：团队社会资本（包含结构社会资本、关系社会资本与认知社会资本）、知识整合方式（系统式整合与协调式整合）、知识编码程度与团队创造力。其中，团队社会资本是本章模型的起点，是研究的自变量；系统式整合与协调式整合构成了本章模型的中间过程环节，是研究的中介变量；团队创造力为研究的结果变量。

一、团队社会资本

　　在第二章文献回顾与第三章理论分析的基础上，本章从资源视角对团队社会资本进行分析，那哈皮特和戈沙尔将社会资本定义为个体或社会单元所拥有的，其社会网络中所蕴含、提供或衍生的各种实际或潜在的资源总和，包括网络本身与透过网络所动员的资产。阿德勒和科恩 2002 年指出，社会资本是经由长期稳定的社会关系所产生的个体和集体资源。林（Lin）2001年指出，社会资本是嵌入于行动者拥有和使用的社会网络当中的资源。对于团队社会资本这一研究议题的探讨，不少学者对组织行为研究背景下的离职、团队有效性等方面予以了分析（如 Ancona et al., 1992; Tsai & Ghoshal, 1998; Reagans & Zuckerman, 2001; Collins & Smith, 2006）。本章将团队社会资本界定为：团队成员共同拥有的，通过团队内部网络获得并衍生出来的现实的和潜在的资源。需要指出的是，本章所指的团队社会资本是团队层面特有属性的表现，其区别于个体社会资本，表现为团队全体成员共同拥有的社会资源的总和。此外,本章所指的团队社会资本仅考虑团队内社会资本,而对团队外部社会资本并不作分析。

尽管已有大量的关于组织中社会资本的研究,但有关社会资本有哪些构成这一问题仍未形成统一的观点。本章根据那哈皮特和戈沙尔(1998)、阿德尔和科恩(2000)及陈等人(2008)的观点,从团队社会资本的来源出发,将团队社会资本内容划分为结构社会资本、认知社会资本和关系社会资本三类。

(一)结构社会资本

团队成员构成的社会网络是社会资本的重要载体,是知识、信息、资源及团队彼此关系、共同认知等传播的重要渠道。团队结构社会资本是指嵌入团队成员间的联结,反映了团队能获得的潜在资源,也就是"谁与谁有联系"。通常可以用团队网络位置、网络异质性程度、网络联结强度、网络密集性、社会互动等指标来衡量(e.g.,Tsai & Ghoshal,1998;Oh & Labianca,2004;柯江林,2007;Chen,2008;王端旭等人,2009)。依照之前对团队结构社会资本的操作性定义,笔者选择联结强度用于衡量结构社会资本水平,并将其界定为团队成员间联系的紧密程度,反映了团队整体掌握资源的大小。

需要说明的是,首先,本章所指的团队结构社会资本仅仅是嵌入于团队内部社会网络中的现实或潜在的资源,不包括团队通过外部社会网络获得的资源。其次,结构社会资本是嵌入于团队公开的、显性的社会网络中的,成员间未被旁人察觉的网络联结不在本章分析范围之内。最后,本章在考虑结构社会资本时,主要关注网络联结的基本结构状况,尽量少掺杂信任等情感因素,以保证研究概念的清晰性。

(二)认知社会资本

认知社会资本包含了来自团队共同表达方式、共享语言系统的资源,反映了团队成员对于团队工作或任务的共同理解程度。[1]团队认知社会资本是团队层面特有的属性,是有助于形成成员间彼此认同或凝聚力的资源,团队拥有越多这类资源,则表明团队拥有的社会资本水平越高。从知识分布的主体来看,共同语言包含两个部分:一是所有团队成员拥有的共同知识,如日常操作的工具或系统;二是成员间重叠的知识,主要涉及其专业领域且与任务相关的知识。本章在对相关研究回顾的基础上,根据高科技企业团队的特定情境,选择共同语言来衡量认知社会资本水平,即团队内成员间对团队共有知识及彼此专业领域知识方面的了解程度。

需要指出的是,团队认知社会资本反映的是团队成员对各自专业领域特有术语、符号和语义等方面的了解程度,通过一般成员对团队共同语言的感知评价的整合加总来体现。另外,共同语言来自于团队成员的共同经验,通过社会互动与团队学习获得。

(三)关系社会资本

关系社会资本是管理交易关系行为的潜在的标准化的维度,反映了关系网络中的主体向他人转移资源或进行合作的意愿,关注团队成员关系中蕴含的情感属性及关系质量,通过提升成员间交换信息或知识的意愿,从而获得更多的资源。在以往的研究中,通常采用信任、规范、义务和期望等指标来衡量关系社会资本水平(e.g.,Burt,1992;Coleman,1990;Lewicki & Bunker,1996)。本章将团队关系社会资本界定为基于成员互动基础上,源于成员间

---

① Mathieu J. E., Zajae D. M., A Review and Meta-Analysis of the Antecedents, Correlates and Consequences of Organizational Commitment, *Psychological Bulletin*, No.108, 1990, pp.171–194.

人际关系的资源,反映团队成员间关系的本质与质量。信任是衡量团队关系社会资本的关键指标,成员间信任水平越高,拥有的这类资源就越多,团队关系社会资本水平也就越高。结合已有的研究与实地访谈,本章将信任视为多维度变量,采用麦卡利斯特1995年提出的认知信任与情感信任两个维度来衡量关系社会资本水平。认知信任是指团队成员对他人的专业能力、既有成功经验和声誉等信息进行理性判断,从而给予的信任。情感信任是指团队成员因兴趣爱好或彼此相互吸引所引发的信任,具有强烈的感情依附,如关心、关爱等情感需求,前者是基于专业导向的信任,后者则是基于情感导向的信任。

需要指出的是,首先,本章所指的关系社会资本强调的是团队整体信任水平,即一般团队成员对团队中其他成员的信任形式与水平,而不是针对某个特定的个体,或由比较得出的相对概念。其次,与诺特(Knote,1999)的观点类似,本章将信任视为社会资本的核心动机来源,并不等同于社会资本。

二、知识整合方式

博尔等人(1999)指出,企业竞争的优势来自知识整合,而不是单一的知识,因为整合的知识才能指引企业在快速变动的环境中做好产品与市场的组合,快速而有效地开发产品以满足不同的市场需求。[①]借鉴以往研究对知识整合的定义,结合特定的高科技企业情境,本章基于团队分析层面将知识整合方式界定为:知识整合方式是团队现有信息与知识的组合与重构的结构,是信息与知识获取、分享、重构与应用的过程,是将显性复杂知识或隐性

---

① Boer D. M. et al.,Management Organizational Knowledge Integration in the Emerging Multi-media Complex,*Journal of Management Studies*,No.6,1999,pp.379–398.

知识整合成新知识的一系列活动的集合,具有相对固定、持续性与主导性特征。在不同情境条件下,团队成员会选择不同的知识整合方式,或呈现不同知识整合方式的组合。基于科洛特与赞德、博尔(1999)的相关成果,本章根据知识整合侧重点不同,将知识整合方式划分为系统式整合与协调式整合两类。其中,系统式整合是侧重于根据组织或团队中既有的标准化程序和规则整合相关知识与信息的过程,突出知识的显性化过程,依托于现有的工作流程和信息系统。协调式整合侧重于团队成员间互动与交流等方式整合相关知识与信息,突出知识隐性化的过程,依托于成员之间面对面的交流。需要指出的是,系统式整合与协调式整合是团队知识整合的两种方式,两者是相互补充的关系,而非竞争关系,前者关注于正式交换机制,如既定流程、工作手册、信息系统等方面的整合,是一种显性的整合,而后者则关注成员间互动交流方面的整合,属于一种隐性的整合。

三、团队创造力

由于团队创造力的研究起步相对较晚,对于什么是"团队创造力"目前仍没有一个统一的定义,对于团队创造力存在的合理性,也有少数学者提出质疑(Van Gundy,1984;傅世侠和罗玲玲,2005),认为只有个体才有创造力而言。现有的团队创造力的概念大都从结果或过程视角进行界定,前者强调团队在服务、流程和产品方面提出新颖的有用的解决方法(e.g.,Ai-Tee Koh,2000;Taggar,2002;Pirola-Merlo & Mann,2004),后者提出团队整体在创造过程中的表现,强调团队创造力是团队层面的特有属性(e.g.,Kirk & Kent,1988;Drazin,Glynn & Kazanjian,1999;赵卓嘉,2009)。在综合上述观点的基础上,本章将团队创造力定义为团队整体创造性的体现,是基于团队互动过程中形成的创造性发现和解决问题的能力。需要说明的是,其一,本章所指的团队创造力并不是成员创造力的简单加总或平均，也不取决于某个特定成员的创造力水平，是团队整体的特有属性，体现出团队整体创造活动的能力与水平。其二，不同于团队创新概念，本章所指的团队创造力具体表现在团队在产品、服务和流程方面提出新颖的有用的见解或观点，其实施过程与产出不在本章讨论的范畴之内。

第六节　研究假设的提出

在对拟考察的核心变量逐一进行概念界定之后，本节下面的内容沿着团队社会资本→知识整合方式→团队创造力关系的分析路径，提出能够切实表达现象间关系的研究假设。

一、团队社会资本对团队创造力的影响

团队既是为了特定目标而按照一定规则结合在一起的群体，同样也是成员为了完成任务组成的交换资源和知识的小型网络。团队社会资本是嵌入于这一网络中的已有或潜在的资源。在前面的理论分析中，本章已经阐述了团队社会资本可以划分为结构社会资本、认知社会资本与关系社会资本三个维度，每个维度包含不同的指标。其中，结构社会资本包括联结强度；认知社会资本包括共同语言；关系社会资本包含情感信任与认知信任。下面将就团队社会资本各构成与团队创造力之间的关系进行说明并在此基础上提出相应的假设。

(一)结构社会资本(联结强度)与团队创造力

结构社会资本是通过团队成员间的联结模式而形成的资源,那哈皮特和戈沙尔 1998 年指出,结构社会资本反映了行动间联系的整体模式。联结密集性能有效地促进成员间相互熟悉,分享重要信息,在任务议题或目标上形成统一的理解,获得他人的资源等。也有研究将人们通过互动实现新观点的产生和执行这一过程称为"社会创新"(social innovation),并指出社会创新包含了新流程与程序的创造。[1]与之相反,联结呈现松散性则表示成员间接触不是很频繁,互动与交流相对较少。在高科技企业团队,通常鼓励成员从事互动与合作活动,从而推动新产品或服务的开发。研究发现,技术团队更强调信息与知识的积累与新颖的组合方式。[2]在研究与开发团队中,由于成员技能不同,每个成员都会涉及大量的外部信息与新知识,并因此激发了团队创造力。同时,团队成员的联结程度直接影响到新知识与信息的获取与创造出新的成长机会。尽管已有文献表明结构社会资本有助于提升合作,推动高质量信息的广泛交换,有助于问题解决、决策制定及新观点创造。但也有学者对这一研究结果提出质疑,如阿马比尔、康蒂(Conti,1999)研究发现,群体沟通与互动在人员精简(downsizing)与创造力之间发挥中介传导作用,在人员精简过程中,群体间互动会下降,但这一趋势会渐渐缓和而在精简过后更加明显。学者在对虚拟研发团队的研究中提出成员间互动频率对团队创造力存在负面影响。[3]随着时间推移,成员间的相互联结会逐渐集中在一或

---

① Mumford M. D., Social Innovation: Ten Cases from Benjamin Franklin, *Creativity Research Journal*, No.14, 2002, pp.253–266.

② Liao J., Welsch H., Social Capital and Entrepreneurial Ggrowth Aspiration: A Comparison of Technology-and Non-Technology -Based Nascent Entrepreneurs, *Journal of High -Technology Management Research*, No.14, 2003, pp.149–170.

③ Kratzer J. et al., Team Polarity and Creative Performance in Innovation Teams, *Creativity and Innovation Management*, No.15, 2006, pp.96–104.

两个成员身上,从而团队会被无形地分割成拥有特定语言范式的小团体,这些小团体的存在会干扰团队整体的重要信息传播。尽管有关结构社会资本与创造力的研究关系尚未取得一致的认可,但都指出结构社会资本在团队中是复杂且多构面的现象。

在高科技企业中,团队成员大都是具有不同专长、技能、知识与经验的个体,加强成员间的联结尤为重要。传统联结方式主要依赖于面对面沟通或通过文字方式进行,在信息技术普及的今天,通过网络聊天工具、内部论坛等形式进行沟通也成为加强成员联结的重要手段。通过这些联结方式,联结密集性团队更有机会获得信息与资源,沟通彼此对任务相关问题的意见和看法,从而提出新颖的观点及新的产品与服务概念。综合上述分析,本章假设:

H1a:联结强度与团队创造力正相关。

(二)认知社会资本(共同语言)与团队创造力

认知社会资本是通过行动者间共同的理解、解释及意义系统所形成的资源,主要表现在共享的语言、编码与表达方式。本章采用共同语言来衡量团队认知社会资本水平。语言是成员间讨论、询问、沟通知识与信息的基本方式。共同语言作为一种联结机制有助于行动者组合资源,减少冲突。科洛特与赞德指出,组织间的认知使得组织在共同语言的环境下进行知识交流,从而促使隐性知识流动。在共同语言水平高的团队中,成员知道如何与他人互动,能避免在沟通中可能出现的误解,能有更多的机会交换观点或资源。[1] 也有研究指出,若网络中的个体间拥有共同语言,则能更顺畅地进行互动。[2]

---

[1]　Kogut B.,Zander U.,Knowledge of The Firm,Combinative Capabilities,and the Replication of Technology,*Organization Science*,No.3,1992,pp.383-397.

[2]　Weber R. A.,Camerer C. F.,Cultural Conflict and Merger Failure:An Experimental Approach,*Management Science*,No.49,2003,pp.400-416.

当行动者共同语言达到一定程度时可促进信息的获取，一项通过分析 418 个项目团队的研究指出，清晰的目标描述与共同语言是有效预测创新过程中各个阶段的重要因素。[①]

在高科技企业中，成员通常来自不同的专业领域，如工程、技术、市场、项目管理等。在成员对彼此领域一无所知或对他人常用的术语不了解的情况下，团队内冲突会加剧，从而导致创造力下降。而新观点或新概念的提出往往源自一些个性化的知识，而这些个性化的知识只能通过关键词汇或专业术语来表达，在共同语言缺乏的团队中，成员对他人提出的专业术语不能很好地理解或不敏感，往往会出现不认同，一方面影响他人提出新颖观点的意愿，另一方面也会降低新颖观点被接受的可能。当这些专业术语与关键词汇被成员理解和接受时，便成了成员常用的工作语言，这有助于组织成员更好地把握新产生的知识。因此，共同语言程度对于高科技企业团队是至关重要的，不仅能加强协作，促进相互理解，也能提高新观点与新知识的产生。综合上述分析，本章提出假设：

H1b:共同语言与团队创造力正相关。

(三)关系社会资本(情感信任／认知信任)与团队创造力

如前所述，关系社会资本的核心要素是人际信任，是行动者在一定时间的互动过程形成对他人的好感、开放性、能力与信赖等信念。[②]有学者指出，信任源自团队成员对彼此可靠性与能力的理性选择与客观评价，也源自于成员间互动与人际关怀之中，信任对项目团队成员间分享知识的意愿有着

[①] Pinto J. K.,Prescott J. E.,Variations in Critical Success Factors over the Stages in the Project Life Cycle,*Journal of Management*,No.4,1988,pp.5-18.

[②] Bolino M. C.,Turnley W. H. & Bloodgood J. M.,Citizenship Behavior and the Creation of Social Capital in Organizations,*Academy of Management Review*,No.27,2002,pp.505-522.

重要的影响。[1]首先,信任能减少监督与控制系统的作用,能为成员提出观点提供更大的空间。其次,信任通过成员间互动形成创造力,使得成员保持持续的创造性思考。再次,信任能有效降低监督与控制方面的时间与成本,促使成员将更多的时间投入到更有益于创新的行为中去。另一项研究发现,高水平团队内的信任能减少冲突,并促使任务冲突在更富建设性的范围之内形成。[2]这有效地提高了团队成员仔细审阅任务相关议题,主动学习,从而形成新颖的富有创造性的见解,使得团队更富创造性。耶恩研究指出良好的信任水平也有助于团队形成包容不同看法与观点的开放与支持性氛围,从而促使创造性活动或创新。[3]韦斯特和安德森在相互信任的氛围中,团队成员通过互动与分享信息来参与决策制定的意愿越高,其提出的新观点与流程改进建议也就越多。[4]卡内瓦尔(Carnevale)和普罗布斯特(Probst)研究指出,当参与者置身竞争性较低的环境中,其思维更富弹性,问题解决方法则更富创造性。[5]

本章根据高科技企业团队与成员的特性,将人际信任区分为情感信任与认知信任两个方面。综合上述分析,本章提出假设:

H1c:情感信任与团队创造力正相关。

H1d:认知信任与团队创造力正相关。

① Dakhli M., De Clercq D., Human Capital, Social Capital, and Innovation: A Multi-Country Study, *Entrepreneurship and Regional Development*, No.16, 2004, pp.107–128.

② Simons T., Peterson R., Task Conflict and Relationship Conflict in Top Management Teams: The Pivotal Role of Intra-group Trust, *Journal of Applied Psychology*, No.85, 2000, pp.102–111.

③ Jehn K. A., A Multi-Method Examination of the Benefits and Detriments of Intra-group Conflict, *Administrative Science Quarterly*, No.40, 1995, pp.256–282.

④ West M. A., Anderson N. R., Innovation in Top Management Groups, *Journal of Applied Psychology*, No.81, 1996, pp.680–693.

⑤ Carnevale P. J., Probst T. M., Social Values and Social Conflict in Creative Problem Solving and Categorization, *Journal of Personality and Social Psychology*, No.74, 1998, pp.1300–1309.

二、团队社会资本对知识整合方式的影响

社会资本是促使个体间高效互动的组织资源。[1]社会资本能为组织带来知识与信息，使其在竞争中快速反应，获得竞争优势。[2]在团队层面上，社会资本的累积会对团队绩效产生影响（e.g., Reagans & Zuckerman, 2001; Oh & Labianca, 2004; Chen et al., 2008）。在团队层面，各种资源分布在团队这一社会子系统中，既包括以显性知识存在的信息，通常表现为文件、信息系统等，也包括嵌入于团队成员中以隐性知识存在的经验、知识与技能等。团队想要获得完成任务所需的相关信息、知识与技能，除了依靠团队高质量的物力、人力资本，更需要形成高水平的社会资本。通过社会资本的积累，团队可以获得更多、更有效的资源。团队成员通过密集性的社会联结，才能了解资源所处的位置，从而提高获取相关资源的机会。社会资本的累积也使得成员更主动地参与到资源交换中，降低交易成本从而增加团队的资源储备。[3]此外，由于团队成员来自不同专业领域，其本身的知识与专长存在差异，这给成员交流，尤其是专业领域的交流带来冲突，阻碍信息与知识的交换。但通过社会资本的积累，成员之间形成的共同语言能促进整个团队对彼此观点或见解的正确理解并采取共同的行动方式。

已有部分文献阐述了社会资本与知识整合之间的关系，如一项研究通过美国州立大学学生实验的方法，验证了在不同沟通环境下，团队社会资本的不同构成对知识整合的影响存在差异，其中，结构社会资本对知识整合并

---

[1]　Leana C., Van Buren H. J., Organizational Social Capital and Employment Practices, *Academy of Management Review*, No.3, 1999, pp.538–555.

[2]　Gulati R., Alliances and Networks, *Strategic Management Journal*, No.19, 1998, pp.293–317.

[3]　McEvily B., Zaheer A., Briding Ties: A Source of Firm Heterogeneity in Competitive Capabilities, *Strategic Management Journal*, No.12, 1999, pp.1133–1156.

没有直接影响,而关系社会资本与认知社会资本则与知识整合呈显著正相关关系。[1]另一项基于 ERP 项目团队的案例分析指出,团队内外社会资本对知识整合过程均发挥非常重要的作用。[2]国内学者柯江林等人(2007)通过对 R&D 团队样本分析指出,团队社会资本与团队知识整合能力呈显著正相关。[3]

如前所述,本章已经阐述了团队知识整合方式可以划分为系统式整合与协调式整合两种方式,在总体阐述团队社会资本与知识整合关系的基础上,下面将就团队社会资本的三个构面对知识整合过程的影响进行说明,并提出相应的假设。

(一)结构社会资本(联结强度)与知识整合方式

结构社会资本是团队通过成员间社会联结获得的资源和利益。社会联结强度是判断成员间联结模式的重要指标,反映了团队互动的总体模式。[4]通过网络联结形成的互动是团队实现有效知识整合的重要机制,与知识整合过程有着直接的联系。[5]格兰诺维特 1973 年首次将社会网络中的联结划分为强联结与弱联结两种模式。[6]在团队层面上,强联结意味着成员间网络密集性,联系紧密,互动频繁,具有多重的社会关系,但是强联结也意味着冗

---

① Robert Jr L. P. et al., Social Capital and Knowledge Integration in Digitally Enabled Teams, *Information Systems Research*, No.3, 2008, pp.314–334.

② Newell S. et al., ERP Implementation: A Knowledge Integration Challenge for the Project Team, *Knowledge and Process Management*, No.4, 2006, pp.227–238.

③ 参见柯江林、孙健敏、石金涛、顾琴轩:《企业 R&D 团队之社会资本与团队效能关系的实证研究——以知识分享与知识整合为中介变量》,《管理世界》,2007 年第 3 期。

④ Wasko M., Faraj S., It Is What One Does: Why People Participate and Help Others in Electronic Communities of Practice, *Journal of Strategic Information Systems*, No.9, 2000, pp.155–173.

⑤ Patrashkova-Volzdoska R. R. et al., Examining a Curvilinear Relationship between Communication Frequency and Team Performance in Cross-Functional Project Teams, *Engineering Management*, No.3, 2003, pp.262–269.

⑥ Granovetter M. S., The Strength of Weak Ties, *American Journal of Sociology*, No.6, 1973, pp.1360–1380.

余的存在,团队与成员都需要花费大量的时间和精力去建立与保持。弱联结则意味着成员间网络松散性,联系较少,属于较为单一的社会关系。越来越多的研究证明,强联结和密集性网络结构对于知识整合是有利的(Ghoshal et al.,1994;Leana & Van Buren,1999;Szulanski,1996;Uzzi,1997,2003;Levin & Cross,2004),既能够使成员更有效地分享精炼的已有知识,也使得成员在知识找寻上能更快速地识别所需的知识,提高内部成员的知识交换效率。成员间更频繁的互动能获得更多的已有知识。也有研究表明,丰田公司通过建立强联结和密集性网络结构,以实现与供应商更快速共享有价值的知识。①

信息、知识的分享与运用是团队知识整合的基础。当需要从其他成员处获取信息或知识并进行整合时,团队成员间建立的直接联系便相当有用。联结强度高的团队体现出频繁且紧密的成员互动,意味着团队讨论的开放性与可参与程度便越高。总的来看,联结强度对知识整合的促进作用体现在两个方面:一是为团队内信息与知识的流动提供更全面的传递通道,加快知识与信息的循环;二是使得团队成员间有更多的机会获得、分享与运用相关的信息与知识。

在系统式整合中,团队通常要求成员传阅并了解与任务有关的文件、指导手册或产品协议等书面材料,强联结的团队中,成员联系紧密,相互较为熟悉,更容易在彼此之间传递与交流,从而获得自身所需的信息与知识,实现团队知识垂直方向上的整合。协调式整合过程中,成员通常需要面对面的方式交流彼此的观点和见解,在密集性网络的团队中,成员拥有更多的机会在团队中分享信息与知识。相反的,松散性网络的团队则意味着成员间信息整合的通道较为狭小,分享和运用信息的机会也相对较少,不利于团队知识整合的开展。

---

① Dyer J. H., Nobeoka K., Creating and Managing a High-Performance Knowledge-Sharing Network: The Toyota Case, *Strategic Management Journal*, No.21, 2000, pp.345–367.

综合上述分析,本章提出假设:

H2a:联结强度与系统式整合正相关。

H2b:联结强度与协调式整合正相关。

(二)认知社会资本与知识整合

团队认知社会资本在知识密集型组织和部门中具有特殊的重要性。组织内知识的开发利用需要个体共享相关知识。认知社会资本能够使人们相互讨论及交换信息,在人群中拥有共同语言,能够促使人们获得接近他人及信息的能力,包括团队成员所拥有的共同表达方式和语言表述、解释和系统。认知社会资本能为成员提供一份认知地图,便于将知识与信息组织在一起,有助于团队更快捷地加工信息,提高成员间信息交换的速度和有效性。共同语言既体现在成员对共同掌握的有关任务流程方面的信息的了解程度,同时也体现在成员对彼此专业领域特定术语、符号的了解程度。语言是成员沟通的基础,从某种程度上看,成员共同语言水平影响了其获得他人信息的能力。拥有共同语言的团队认知社会资本有助于促使成员产生一致性的行为,促进成员间知识流动,有利于团队进行知识的整合。

专业术语、指定软件及特有的表达方式在高科技企业团队中广泛存在,成员对这些语言符号的熟悉程度直接关系到团队知识交换与整合的效果。在系统式整合过程中,当成员不熟悉或不了解团队中涉及的软件、流程时,便不能清晰辨别出所获得信息的功用与价值。当团队成员拥有共同语言时,即使不存在面对面的沟通,他们能更准确地判读他人需要哪些知识和信息。反之,当成员熟悉团队共有知识时,就能及时、快速地将所获得新知识与团队已有知识相整合,推动整个团队知识整合效率。

在高科技企业中,团队成员通常拥有某个专业领域且与任务相关的信息与知识,要实现协调式整合,团队成员需要分享与吸收彼此的信息与知识。成员在专业领域上拥有共同语言,或熟悉彼此专业领域基本术语、符号,一方面能有效地避免沟通中可能出现的误解,过滤掉交流中不必要的术语或行动;另一方面较容易对他人信息与知识产生兴趣,从而提高成员间自由交换观点或资源的能力。综合上述分析,本章提出假设:

H3a:共同语言与系统式整合正相关。

H3b:共同语言与协调式整合正相关。

(三)关系社会资本与知识整合

关系社会资本有助于群体凝聚与互惠的形成,克服"搭便车"现象。[1]高水平的关系社会资本有助于推动科学家之间的知识交换,促进组织内单元间的互动,提高新产品开发团队绩效。[2]如前所述,人际信任是关系社会资本的核心,也是社会资本的重要内容(Nahapiet & Ghoshal,1998;Wasko & Faraj,2005)。人际信任既来自于成员对伙伴资质与能力的理性且客观的判断,也来自于彼此的相互关怀,信任对于团队成员的知识获取、交换与整合有着重要的影响。

认知信任与情感信任是人际信任的重要构成。在工作场所中,成员比较容易了解到他人具备的知识及绩效情况,通过对他人的专业能力、以往绩效和声誉等信息进行理性判断,认知信任就随之产生。[3]当被信任方具有优秀的教育背景、技术专家称号及成功的从业经历,便会获得信任方高水平的信

---

① Takahishi N.,The Emergence of Generalized Eexchange,*American Journal of Sociology*,No.105,2000,pp.1105–1134.

② Bouty I.,Interpersonal and Interaction Influences on Informal Resource Exchanges between R&D Researcher Across Organizational Boundaries,*Academy of Management Journal*,No.1,2000,pp.50–65.

③ Stasser G.,Stewart D. D. & Wittenbaum G. M.,Expert Role Assignment and Information Sampling During Collective Recall and Decision Making,*Journal of Personality and Social Psychology*,No.4,1995,pp.619–628.

任。情感信任是团队成员间因兴趣爱好或彼此相互吸引所引发的信任,是以情感为基础的信任。认知信任对情感信任有着积极影响。一项研究发现,高水平信任能有效减少冲突,提高团队绩效。[1]实证研究发现,认知信任与情感信任对复杂知识共享有着显著的影响。[2]国内的实证研究发现,情感信任对隐性知识共享的影响更显著,而认知信任对显性知识共享的影响更显著。[3]

在高科技企业中,团队系统式整合的重点是将团队内存在的显性知识,如书面文件、产品协议等信息与知识传递给成员,并通过成员的分享与利用,实现知识整合的方式,其知识流动通常依据一定的规则流程开展,具有非人际与快速传递的特征。协调式整合的主要目标为充分挖掘成员特有的专长与技能,实现隐性知识的整合,更需要耗费时间与人际交往。认知信任水平高的团队,成员从团队已有的系统中获取更多有用的信息,并对获取的信息更加认可,更快地对相关的信息与知识加工利用。情感信任是人际信任高层次的表现,一方面,情感信任有利于成员间保持长久的互动,在认知信任的影响上,团队成员间的交流大都以解决问题为导向,当问题得以解决后双方便鲜有联系,而基于情感信任的双方才能保持密切的联系,能有效降低成员共享与整合复杂知识的成本。另一方面,情感信任使得成员更愿意贡献掌握的隐性知识,如经验与技能等,也更愿意听取和吸收他人的知识。[4]

---

① Simons T.,Peterson R.,Task Conflict and Relationship Conflict in Top Management Teams:The Pivotal Role of Intra-group Trust,*Journal of Applied Psychology*,No.85,2000,pp.102-111.

② Chowdhurry S.,The Role of Affect-and Cognition-Based Trust in Complex Knowledge Sharing,*Journal of Managerial Issues*,No.3,2005,pp.310-326.

③ 参见初浩楠、廖建桥:《认知和情感信任对知识共享影响的实证研究》,《科技管理研究》,2008年第9期。

④ Andrews K. M.,Delahaye B. L.,Influences on Knowledge Processes in Organizational Learning:The Psychosocial Filter,*Journal of Management Studies*,No.6,2000,pp.797-810.

综合上述分析,本章提出假设:

H4a:情感信任与系统式整合正相关

H4b:情感信任与协调式整合正相关。

H5a:认知信任与系统式整合正相关

H5b:认知信任与协调式整合正相关。

三、知识整合方式对团队创造力的影响

已有的研究发现,知识整合对绩效有着积极正向的影响,如企业知识能力对其新产品和服务水平有着重要的影响,[1]企业知识交换和整合能力水平有助于预测新产品与服务的收入及年销售增长。[2]也有研究指出知识整合在新产品开发中发挥关键作用。[3]在团队中,知识整合有助于弥补软件系统操作的不足,有助于提高产品创新团队的绩效。有研究发现,知识整合过程中的信息共享与加工环节对与团队生产率和绩效有着正向影响。[4]在实践中,团队创造力的形成同知识整合是密切联系在一起的。

知识整合方式是团队现有信息与知识的组合与重构的结构,是将显性复杂知识或隐性知识整合成新知识的一系列活动的集合。知识整合方式与团队创造力的关系是基于一个前提假设,即任一团队成员都不具备实现创

---

① Smith K. G., Collins C. J. & Clark K. D., Existing Knowledge, Knowledge Creation Capability, and the Rate of New Product Introduction in High-technology Firms, *Academy of Management Journal*, No.2, 2005, pp.346-357.

② Collins C. J., Smith K. G., Knowledge Exchange and Combination: The Role of Human Resource Practices in the Performance of High -Technology Firms, *Academy of Management Journal*, No.3, 2006, pp. 544-560.

③ Yang J., Knowledge Integration and Innovation: Securing New Product Advantage in High -technology Industry, *Journal of High Technology Management Research*, No.1, 2005, pp.21-35.

④ Campion M. A., Medsker G. J. & Higgs A. C., Relations between Work Group Characteristics and Effectiveness: Implications for Designing Effective Work Groups, *Personnel Psychology*, No.4, 1993, pp.823-847.

造性产出的所有信息与知识，团队创造力的形成需要团队成员彼此分享各自信息与知识，运用彼此提供的信息与知识，同时也需要理解各种信息与知识之间的关系，从而得出创造性的观点或见解。团队创造力源自对多样化的信息、知识与技能进行新颖有用的组合。高水平的团队创造力是一系列不同的知识结构富有新颖性地整合在一起的产物。①团队创造力是团队学习的重要产出，反映了产品与服务的新颖性程度，作为团队学习的重要环节，知识整合方式的本质是对团队现有信息和知识的重构与拓展，为团队提供杠杆利用已有资源的机会，对团队创造力有着积极的推动作用。

一方面，系统式整合是显性化的整合方式，主要是通过团队中既定的流程、规范来整合与任务有关的信息与知识，包含了产品与服务普适的规则和要求，更侧重于信息的整合。通过系统式整合，团队可以保证产品与服务的有用性，为成员创造性工作提供合理的范围或路径。系统式整合较协调式整合更能使得团队获得效益与回报，在高科技企业团队中，鉴于新产品开发本身成功率较低，大多数团队倾向于以系统化整合为基础，保证产品和服务符合市场和客户的要求，使得团队创造力能带来更多的商业价值。

另一方面，协调式整合是对团队中隐性知识的整合，主要通过成员间互动交流等方式整合与任务有关的信息和知识，包含了成员特有的技能与专长，侧重于技能的整合。在这个动态的竞争环境中，已有的组织实践与惯例可能会减少企业适应新变革的灵活性。②在产品与服务的开发过程中，并不是所有的信息与知识都能通过显性化的整合方式获得，如客户未清晰表达的个性化要求。因此，团队需要开展协调式整合，推动团队创造力的形成。通过协调式整合，成员间能更频繁地分享彼此的观点和意见，加快信息与知识

---

① Mumford M. D., Gustafson S. B., Creativity Synodrome: Integration, Application, and Innovation, *Psychological Bulletin*, No.103, 1988, pp.27–43.

② Levitt B., March J. G., Organizational Learning, *Annual Review of Sociology*, No.14, 1988, pp. 319–340.

在成员间的流动,为产品与服务的新颖性提供保证,促进团队创造力的形成。

综合上述分析,本章提出假设:

H6a:系统式整合与团队创造力正相关。

H6b:协调式整合与团队创造力正相关。

四、团队社会资本对团队创造力的影响机制:
知识整合方式的中介作用

已有研究将知识整合作为通往组织创新或团队有效性的重要途径。资源的价值取决于其新颖的配置方式,尤其是资源的交换与组合的方式。[1]要形成新的或更好的产品,组织需要重新配置资源,组合新资源或用新方式组合已有的资源。在组织创新研究中,多样化资源的组合能力是创新的前提。一项研究分析了 15 个部门单元发现资源交换与组合在部门社会资本与价值创造的关系中的中介作用显著,其中资源交换与组合在结构社会资本与价值创造中发挥中介作用,在关系社会资本与价值创造的关系中发挥了中介作用,但在认知社会资本与价值创造关系中则没有中介效应。[2]

一项研究通过对 113 名台湾中小规模制造公司的执行官进行的问卷调查发现,市场导向、资源互补导向及信息共享导向的产品创新网络均通过知识整合影响产品创新绩效。[3]柯江林等人(2007)通过对 404 个团队样本数据的实证研究指出,R&D 团队的社会资本通过知识整合能力对团队效能产生

---

① Moran P., Ghoshal S., Value Creation by Firms, *Academy of Management Best Paper Proceedings*, No.1, 1996, pp.41-45.

② Tsai W., Ghoshal S., Social Capital and Value Creation: The Role of Intra-firm Networks, *Academy of Management Journal*, No.41, 1998, pp.464-476.

③ Lin B., Chen C., Fostering Product Innovation in Industry Networks: The Mediating Role of Knowledge Integration, *International Journal of Human Resource Management*, No.1, 2006, pp.155-173.

影响。①谢洪明、吴隆增、王成(2007)选取我国华南地区的 144 家企业为分析对象,研究发现知识整合的社会化程度、系统化程度与合作化程度在组织学习与核心能力的关系中均发挥中介传导机制。②

团队社会资本是团队获取并积累而成的社会资源,要将其转化成创造力需要团队对其进行加工处理,重新组合各类资源,从而形成团队创造力。不同的知识整合方式代表了团队资源重新配置与组合的不同侧重点。在团队社会资本所形成的资源转化成创造力的过程中, 知识整合方式是重要途径, 系统化整合通过既定常规的方式将社会资本转化成新颖的观点或问题解决方式,协调式整合则通过成员间配合与协调将社会资本转化成创造力。在拥有高水平社会资本的团队中, 密集性网络联结使得成员能获得更多的机会进行知识整合活动,高水平的共同语言则有助于成员更好地理解彼此的观点与意见,高信任水平则会提高成员知识整合的意愿,从而提升团队创造力。综合上述分析,本章提出:

假设 7a:系统式整合在联结强度与团队创造力之间起中介作用。

假设 7b:系统式整合在共同语言与团队创造力之间起中介作用。

假设 7c:系统式整合在情感信任与团队创造力之间起中介作用。

假设 7d:系统式整合在认知信任与团队创造力之间起中介作用。

假设 8a:协调式整合在联结强度与团队创造力之间起中介作用。

假设 8b:协调式整合在共同语言与团队创造力之间起中介作用。

假设 8c:协调式整合在情感信任与团队创造力之间起中介作用。

假设 8d:协调式整合在认知信任与团队创造力之间起中介作用。

---

① 参见柯江林、孙健敏、石金涛、顾琴轩:《企业 R&D 团队之社会资本与团队效能关系的实证研究——以知识分享与知识整合为中介变量》,《管理世界》,2007 年第 3 期。

② 参见谢洪明、吴隆增、王成:《组织学习、知识整合与核心能力的关系研究》,《科学学研究》,2007 年第 2 期。

第七节　研究假设汇总与概念模型

本章基于团队学习理论、社会网络理论、社会交换理论与知识创造理论,对核心变量间逻辑线索的梳理,提出相应需要检验的假设,分为四类,共22个,如表 5.1 所示。

表 5.1　研究假设汇总

假设类型	序号	假设内容
团队社会资本与 团队创造力关系假设	H1a	联结强度与团队创造力正相关
	H1b	共同语言与团队创造力正相关
	H1c	情感信任与团队创造力正相关
	H1d	认知信任与团队创造力正相关
团队社会资本与 知识整合方式之间的 关系假设	H2a	联结强度与系统式整合正相关
	H2b	联结强度与协调式整合正相关
	H3a	共同语言与系统式整合正相关
	H3b	共同语言与协调式整合正相关
	H4a	情感信任与系统式整合正相关
	H4b	情感信任与协调式整合正相关
	H5a	认知信任与系统式整合正相关
	H5b	认知信任与协调式整合正相关
知识整合方式与 团队创造力之间的关系假设	H6a	系统式整合与团队创造力正相关
	H6b	协调式整合与团队创造力正相关
知识整合方式的 中介作用假设	H7a	系统式整合在联结强度与团队创造力之间起中介作用
	H7b	系统式整合在共同语言与团队创造力之间起中介作用
	H7c	系统式整合在情感信任与团队创造力之间起中介作用
	H7d	系统式整合在认知信任与团队创造力之间起中介作用
	H8a	协调式整合在联结强度与团队创造力之间起中介作用
	H8b	协调式整合在共同语言与团队创造力之间起中介作用
	H8c	协调式整合在情感信任与团队创造力之间起中介作用
	H8d	协调式整合在认知信任与团队创造力之间起中介作用

在此基础上形成了本章的初始理论模型,见图 5. 6。

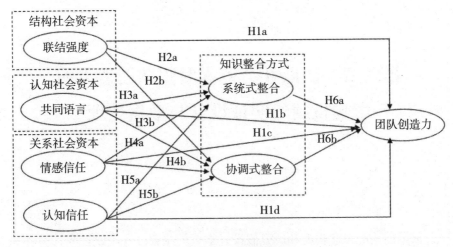

图 5.6　本章概念模型

注:有关知识整合方式的中介作用假设未在模型中标出。

本章小结

　　本章首先对以往研究取得的进展与存在的不足进行了归纳与总结,从中提炼出本章拟解决的核心问题,并对社会学、心理学、管理学等相关领域的经典理论进行回顾与整合,明确研究思路的逻辑性。其次,对研究中的关键概念进行了界定,运用联结强度、共同语言、情感信任与认知信任四个变量分别表征团队社会资本的结构、认知与关系构面,并把知识整合方式划分为系统式整合与协调式整合, 深刻剖析了不同团队社会资本要素通过促进两种知识整合方式进而提升团队创造力的作用机制,并由此提出相应的理论假设,构建整体研究框架。

第六章 团队社会资本对团队创造力的
影响机制的实证设计与数据处理

　　根据前述的概念模型和研究假设，本章的主要任务是设计和检验各变量的测量量表，主要内容包括：第一，说明问卷的设计过程与遵循的原则，包括测量条款的来源、产生过程，以及各个变量的初始测量条款。第二，通过小样本预调查的方法，对问卷初稿的信度和效度进行评估，本书采用总相关系数法剔除相关度较低的测量条款，并对净化后量表的测量条款进行探索性因子分析，从而对问卷进行必要的修正，形成最终的调查问卷。第三，在预调研的基础上开展正式研究数据的收集和检验，对数据收集方法和样本情况进行描述。第四，通过组内一致性检验对正式调查数据进行团队层面加总。

第一节 调查问卷设计的原则与过程

　　本章调查问卷的总体设计主要参考了相关学者(如王重明，2001；李怀祖，2004；荣泰生，2005；杨国枢、文崇一、吴聪贤等，2006)提出的问卷设计应遵循的基本原则：①在问题内容方面，应考虑问题的必要性，需切合研究假设的需要，问题不可含混不清，应考虑问题的敏感性和威胁性等因素；问题必须是中性的,不能带有暗示性和倾向性。②在问题选项方面,应避免非互斥或非尽举问题,避免造成填答者无法作答的可能。③在问题用词方面,应该避免模糊,保证项目用语明确、具体,同时应考虑填答者的参考框架,避免使用专用术语,更不能将问题理论化或隐含某种假设。④在问题次序方面,问卷首先要向填答者说明研究目的并承诺保护其隐私权,然后将问题从易到难进行排列,并考虑将同一主题的问题放在一起,避免前面问题影响后面问题等。

本章的问卷设计是在以上设计原则的基础上进行的, 具体的设计过程如下:

一、文献回顾与条款翻译

结合研究目的和理论框架,以现有文献中相关测量量表为基础,选择国内外学者证实有效或相对成熟的测量条款。在量表设计过程中,本章对许多学者的测量量表进行了翻译。由于文化、语言、习惯等差异的存在,不恰当的翻译往往无法真正体现原测量条款的确切含义, 导致搜集的信息与研究目的相背离(徐碧祥,2007)。因此,本章采用回译(back translation,Brislin,1980)的方式将英文测量条款转化成中文测量条款。笔者先进行了初步的量表翻译,并请一位英语专业的研究生对该初步翻译的量表进行了修订,之后再请一位精通英语的管理专业研究生将中文重新翻译成英文, 以保证中文翻译的量表能够准确表达相应英文原版量表的意思。

二、小规模访谈

选择部分专家(包括导师、同学和相关领域的研究者)和两家企业的团队成员(一家为通信设备制造企业;一家为网络运营企业)进行小规模访谈,主要目的是对调查问卷的内容和表述进行探讨。通过小规模访谈,一方面对现有量表的条款进行修改和补充,使条款措辞更加准确、精炼,体现出现实情境的特征;另一方面,结合企业访谈使得量表能够切实反映出企业的实际情况,易于为企业团队成员理解。

三、小样本预调查

由于不同文化背景下形成的量表在语言、修辞及成语使用上会存在差异,因此需要对量表进行预测,以发现量表存在的不足及受测对象对于填答的兴趣, 进而为量表的修订提供依据。通过小样本调查筛选和净化测量条款, 检验量表的信度和效度, 尽早发现测量工具中的问题并加以修改和调整,并形成最终的调查问卷。

第二节　测量条款的产生

本章涉及的研究变量大致可以划分为五类:①自变量:即团队社会资本,包括联结强度、共同语言、情感信任与认知信任 4 个变量;②中介变量:包括系统式整合与协调式整合 2 个变量;③因变量,即团队创造力;④调节变量:包括知识编码程度;⑤控制变量:包括个体、团队与企业层面三部分,其中,个体层面包括性别、年龄、学历;团队层面包括团队规模、团队任务所处阶段、团队专业构成、团队年龄构成及团队类型;企业层面包括企业性质、所属行业及所处阶段。

本章是基于团队层面进行的问卷调查,应以团队整体为评价对象展开变量测量(Klein,Dansereau & Hall,1994;赵卓嘉,2009)。通过科学的统计处理,团队成员对团队的整体评价的汇总,更能真实地反映团队层面的特有属性(Leenders,van Engelen & Kratzer,2003;赵卓嘉,2009)。因此,本章将部分原用于个体层面测量的条款进行了调整,编制了各个变量的初始测量量表,要求个体对团队在各个变量上的整体表现进行评价。本章采用主观感知方法以 Likert7 级量表的形式对变量进行测量。其中,"1"表示完全不同意,"2"表示很不同意,"3"表示有点不同意,"4"表示不确定;"5"表示有点同意,"6"表示很同意,"7"表示完全同意。

一、团队社会资本的初始测量条款

由于社会资本概念的复合性,其构成要素没有公认的标准,不同的研究者在衡量社会资本时会根据研究问题和目的,对社会资本所含要素进行取舍选择。基于理论构建部分的内涵界定及相关文献归纳,本章将团队社会资本划分为三个方面:结构社会资本、认知社会资本与关系社会资本。其中,结构社会资本通过成员间联结强度来衡量,表现为团队结构松散性或密集性程度;认知社会资本通过团队共同语言来衡量,表现为成员对彼此专业领域、符号、术语及工具等的了解程度;关系社会资本选取两种信任类型,即情感信任与认知信任两个变量来衡量。

其中,联结强度的测量参考了蔡和戈沙尔 1998 年的研究,莱文(Levin)和克罗斯(Cross)2004 年的研究,柯江林等人 2007 年的研究以及陈等人

2008年的研究的测量问卷。笔者在访谈中发现,在高科技企业中,团队通常会定期开展一些非正式的活动,如聚餐、打羽毛球踢足球来增加成员间联系的机会。同时,小组会议是团队成员联系的重要平台。此外,在高科技企业中,互联网技术的运用及信息平台的建设是成员间联系的重要桥梁,大多数团队成员在工作期间都会通过即时通讯平台、邮件或是登陆企业内部网的论坛的方式与他人联系,发表自己的观点和看法。因此,综合上述分析与已有测量条款的整合与修订,本章提出了有关联结强度的5个初始测量题项。

共同语言的测量参考了莱文等人2006年研究,柯林斯和史密斯2006年研究,柯江林等人2007年研究中的测量问卷。此外笔者发现,在团队中成员对共同语言的认识主要表现在对彼此专业领域的了解程度,共同语言程度高具体表现在成员对任务所涉及的各专业领域都有所了解,熟悉彼此的专业术语、符号乃至"行话",这样使得成员交流更为便捷。因此,综合上述分析与已有测量条款的合并与修订,本章提出了有关共同语言的3个测量题项。

情感信任与认知信任是人际信任的两个重要构成,其测量重点参考了麦卡利斯特、霍尔斯特(Holste)和菲尔茨(Fields)2005年的测量问卷。此外笔者发现,在高科技企业中,团队成员对他人的信任主要基于两个方面:一方面是出于自身与他人的相似的兴趣爱好,佩服他人的品行而形成的信任;另一方面是出于对他人专业技能与以往经验的理性判断上形成的信任。在专业性强的团队和群体中,这两类信任会有不同的表现形式。因此,综合上述分析与已有测量条款的合并与修订,本章提出了情感信任的5个初始测量题项、认知信任的5个初始测量题项。最终形成了团队社会资本的初始测量题项,如表6.1所示。

表6.1 团队社会资本的初始测量项目

项目编号	测量项目
结构社会资本（联结强度）	
A11	我所在的团队经常举办规模大小不一的聚餐、联谊等非正式活动。
A12	我所在的团队经常开一些讨论会。
A13	团队成员经常通过面对面、电话、电子邮件、聊天软件等进行交流。
A14	团队成员经常在公司食堂、休息室、走廊等非正式场合交谈。
A15	团队成员间关系非常密切。
认知社会资本（共同语言）	
B21	团队成员很熟悉彼此专业领域中的符号、用语和词义。
B22	团队成员能很好地理解他人所讲的专业术语。
B23	团队成员很熟悉团队中涉及的工具（如软件、工艺、流程等）。
关系社会资本（情感信任）	
C11	团队成员可以自由分享彼此的观念、想法和感觉。
C12	我能自由地向其他团队成员谈论工作中遇到的困难，而且他们也都愿意听。
C13	如果其他团队成员离开团队，我们都会有一种失落感。
C14	如果我在工作中遇到问题，其他成员能给我支持与关怀。
C15	团队成员在彼此的工作关系上投入了相当多的情感。
关系社会资本（认知信任）	
D11	团队成员富有专业和奉献精神。
D12	团队成员完全胜任其工作。
D13	团队成员不会因为玩忽职守而使得工作一团糟。
D14	团队成员即使不是我亲密的朋友，我仍然将他（她）视为我的合作伙伴。
D15	我的其他专业伙伴也认为团队成员很专业。

二、团队创造力的初始测量条款

团队创造力是团队整体形成创造性产出的一种能力，表现为团队在服务、流程和产品方面提出的解决方法的新颖和有用程度，在具体的测量中，主要参考了杨志蓉2006年研究、陈等人2008年研究中的测量题项。此外笔者在访谈中发现，成员对团队创造力的认识主要集中在成员能否就任务要求提出新观点,在现有产品框架基础上进行改进,通常用能否满足市场和客户需要来判断团队创造力的水平。结合高科技企业的实际情况,形成了团队创造力的 7 个初始测量题项,具体如表 6.2 所示:

表 6.2　团队创造力的初始测量项目

项目编号	测量项目
G11	我们经常提出大量的新点子
G12	我们能创造性地解决问题
G13	我们的工作富有原创性
G14	我们经常创造性地将各种分散的信息和知识相互融合,提出新概念或解决新问题
G15	我们总能及时有效地完成工作任务
G16	我们开发(研制)或提供的新产品或新服务能很好地满足市场的需求
G17	我们开发(研制)或提供的新产品或新服务能提升客户的满意度

第三节　预调研

在进行正式调研之前,有必要先进行预调研。本章通过预调研对初始调查问卷的具体条款进行分析和净化,尽可能完善、修正测量工具的设计部分,保证其后进行测量时的信度和效度,以保证大样本调查的数据质量,保证确实稳定的研究结论。

一、预调研数据的描述性统计

预调研测量于 2010 年 1 月至 2 月在京津地区 8 家高科技企业中进行,其中天津 5 家,北京 3 家。根据随机抽样的原则,笔者在这 8 家高科技企业中各选择了 3~4 个团队,每个团队选取 3 名成员填写问卷,共发出 85 份问卷,回收问卷72份,回收率为84.7%。对于回收的问卷,基于下述5个原则进行筛选:①问卷中缺答题项累积达到或超过10%的予以删除;②问卷填答呈现明显规律性的予以删除,如答案呈"Z"字形排列,所有条款均选择统一选项等;③在问卷中设置的反向条款,检查出前后矛盾的予以删除;④针对问卷主体部分选择"不确定"过多的予以删除;⑤同一团队回收的问卷存在明显雷同的予以删除。共收回有效问卷60份,回收率为70.6%。

预调研样本分布情况主要基于个体与组织层面加以描述,其中个体层面包括被调查者的性别、年龄与学历,组织层面包括企业性质、所处行业与所处发展阶段。简要汇报见表6.3。

表 6.3　预调研样本个体与组织特征的分布统计表

统计内容	内容分类	频率	百分比(%)
性别	男	41	68.3
	女	19	31.7
年龄	25 岁以下	8	13.3
	26~30	32	53.3
	31~35	12	20
	36~40	1	1.7
	40 岁以上	7	11.7
学历	大专及以下	4	6.7
	本科	26	43.3
	硕士	28	46.7
	博士	2	3.3
企业性质	国有企业(含国有控股)	15	25
	民营企业(含民营控股)	24	40
	外资企业(含外资控股)	21	35
所处行业	软件服务	27	35
	电子通信	21	45
	生物制药	9	15
	机械制造	3	5
企业发展阶段	创业期	6	10
	发展期	18	30
	迅速扩张期	12	20
	成熟期	15	25
	衰退期	9	15

尽管本章的重点是团队层面的特有属性及运作规律，但在预调研中对量表条款的测量进行检验采用的是个体层面的数据，这样做既可以避免团队层面聚合数据形成中可能出现的问题，也可以尽量扩大用于探索性因子分析的样本规模。预调研数据的变量测量条款评价值的描述性统计内容，包括初始问卷中所有变量测量题项的均值、标准差、偏态和峰度等描述性统计量信息。根据偏度绝对值小于 3、峰度绝对值小于 10 的标准(Kline, 1998; 2005; 侯杰泰、温忠麟、成子娟, 2004; 黄芳铭, 2005)，各变量测量数据显示各变量的测量项目评分基本上能够服从正态分布的数据要求，从而进入下一步的分析处理。

二、预调研数据检验方法

在预调研数据检验方法上，本章主要借鉴相关研究中采用的问卷测量评估方法，具体评估内容及采用标准如下：

(一)测量信度的检验方法

本章采用克朗巴哈(Cronbach α)系数进行信度评价，多数学者认为，克朗巴哈系数大于 0.7，则可认为同一理论维度下各项目间的一致性良好，否则必须予以拒绝。在筛选题项时本章采用纠正项目的总相关系数。一般而言，当 CITC 小于 0.3 时，删除该测量条款，本章采用这一标准，将 0.3 作为净化测量条款的标准。

(二)测量效度的检验方法

本章主要采用探索性因子分析对各研究变量的对应测量题项进行因子分析，以分析各量表测度出理论概念及特征的程度。首先，对样本进行 KMO

(Kaiser-Meyer-Olkin)样本测度和巴特莱特(Bartlett)球体检验以判断是否可以进行因子分析:KMO 在 0.5 以下不适合;0.5~0.6,很勉强;0.60~0.7,不太适合;0.7~0.8,适合;0.8~0.9,很适合;0.9 以上,非常合适 Bartlett 球体检验的统计值显著性概率小于显著性水平时,可以进行因子分析。根据以上标准对 KMO 标准以下的不进行因子提取;对于 KMO 值在 0.7 以上的则进行因子分析;而对于取值在 0.6~0.7 范围内的,应以理论为基础,根据实际情况决定是否进行因子分析。

本章具体采用主成分分析法进行探索性因子分析,对经净化后的剩余测量调库纳进行因子提取,采用方差最大法(Varimax)进行因子旋转,提取出特征值大于 1 的因子。当测量条款的因子载荷小于 0.5 时,则删除该条款;当剩余测量条款的因子载荷都大于 0.5 且解释方差的累计比例大于 50%时,则可确立该变量量表测量条款呈现的内部因子结构。

三、预调研数据分析结果

(一)团队社会资本量表的净化和探索性因子分析

1. 结构社会资本(联结强度)测量条款的净化和信度分析

从表 6.4 可以看出,结构社会资本的 5 个测量条款的 CITC 值均大于 0.3,α 系数为 0.859,大于 0.7,说明测量量表信度较高,符合研究的要求。

表 6.4 结构社会资本考核量表的 CITC 和信度分析

测量条款	CITC	删除该条款后的 α 值	信度
A11	0.593	0.854	
A12	0.746	0.812	
A13	0.733	0.812	α=0.859
A14	0.654	0.836	
A15	0.708	0.829	

接下来进行 KMO 样本测度和 Bartlett 球体检验以判断是否可以进行探索性因子分析，分析结果见表 6.5 所示。其中 KMO 系数为 0.817，并且 Bartlett 检验显著，适合进一步做因子分析，通过主成分分析法进行因子提取，发现只有一个因子的特征值大于 1，其值为 3.262，每个测量条款的因子载荷均超过 0.5，被解释的方差累计比例为 65.247%，超过 50%，表明结构社会资本的测量结构的一维性很好。

表 6.5   结构社会资本测量量表的因子分析

测量条款	载荷	特征值	解释方差	
A11	0.735			KMO 值：0.817 Bartlett 检验卡方值：136.432
A12	0.845			
A13	0.849	3.262	65.247%	
A14	0.782			
A15	0.822			

2. 认知社会资本量表的净化和探索性因子分析

从表 6.6 可以看出，认知社会资本的 3 个测量条款的 CITC 值均大于 0.3，α 系数为 0.891，大于 0.7，说明测量量表信度较高，符合研究的要求。

表 6.6   认知社会资本考核量表的 CITC 和信度分析

测量条款	CITC	删除该条款后的 α 值	信度
B11	0.796	0.837	α=0.891
B12	0.778	0.854	
B13	0.788	0.845	

接下来进行 KMO 样本测度和 Bartlett 球体检验以判断是否可以进行探索性因子分析，分析结果见表 6.7 所示。其中 KMO 系数为 0.749，并且 Bartlett 检验显著，适合进一步做因子分析，通过主成分分析法进行因子提取，发现只有一个因子的特征值大于 1，其值为 2.467，每个测量条款的因子载荷均超过 0.5，被解释的方差累计比例为 82.224%，超过 50%，表明结构社会资本的测量结构的一维性很好。

表 6.7　认知社会资本测量量表的因子分析

测量条款	载荷	特征值	解释方差	KMO 值：0.749 Bartlett 检验卡 方值：99.679
B11	0.831			
B12	0.813	2.467	82.224%	
B13	0.823			

3. 关系社会资本量表的净化和探索性因子分析

关系社会资本测量条款的信度和维度分析结果如下表 6.8。所有测量条款的 CITC 值均大于 0.3,说明测量量表信度较高,符合研究的要求。

表 6.8　关系社会资本考核量表的 CITC 和信度分析

测量条款	CITC	删除该条款后的 α 值	信度
C11	0.693	0.904	
C12	0.583	0.910	
C13	0.619	0.909	
C14	0.754	0.899	
C15	0.673	0.904	α=0.912
D11	0.786	0.897	
D12	0.748	0.900	
D13	0.606	0.908	
D14	0.634	0.906	
D15	0.785	0.898	

接下来进行 KMO 样本测度和 Bartlett 球体检验以判断是否可以进行探索性因子分析,分析结果见表 6.9。其中 KMO 系数为 0.853,并且 Bartlett 检验显著,适合进一步做因子分析,通过主成分分析法进行因子提取,发现关系社会资本存在两个因子的特征值大于 1, 本章定义为情感信任与认知信任,其值分别为 5.717 和 1.659,每个测量条款的因子载荷均超过 0.5,被解释的方差累计比例为 73.76%,超过 50%,表明关系社会资本的测量结构具有一定的区分效度。

表 6.9　关系社会资本测量量表的因子分析

测量条款	情感信任	认知信任	特征值	解释方差	
C11	0.739	0.289			
C12	0.858	0.047			
C13	0.839	0.117	5.717	37.748%	
C14	0.799	0.327			KMO：0.853
C15	0.677	0.368			Bartlett 检验卡
D11	0.494	0.703			方值：418.502
D12	0.300	0.863			
D13	0.077	0.930	1.659	36.012%	
D14	0.153	0.881			
D15	0.472	0.716			

(二)知识整合量表的净化和探索性因子分析

从表 6.10 中可以看出,在知识整合的测量中,测量条款 E11 的 CITC 值小于 0.3,且删除该项后系数由原来的 0.892 上升到 0.900,所以将予以删除,且删除后测量量表信度较高,符合研究的要求。

表 6.10　知识整合考核量表的 CITC 和信度分析

测量条款	$CITC_1$	$CITC_2$	删除该条款后的 α 值	信度
E11	0.213	删除	—	
E12	0.660	0.657	0.890	
E13	0.679	0.663	0.891	
E14	0.522	0.519	0.899	
E15	0.743	0.744	0.884	
F11	0.749	0.754	0.884	$\alpha_1=0.892$
F12	0.758	0.754	0.883	$\alpha_2=0.900$
F13	0.633	0.642	0.892	
F14	0.616	0.625	0.893	
F15	0.702	0.706	0.887	

在删除垃圾题项之后,进行 KMO 样本测度和 Bartlett 球体检验以判断是否可以进行探索性因子分析,分析结果见表 6.11。其中 KMO 系数为

0.858,并且 Bartlett 检验显著,适合进一步做因子分析,通过主成分分析法进行因子提取,发现关系社会资本存在两个因子的特征值大于 1,本章定义为情感信任与认知信任,其值分别为 1.402 和 5.111,每个测量条款的因子载荷均超过 0.5,被解释的方差累计比例为 72.371%,超过 50%,表明关系社会资本的测量结构具有一定的区分效度。

表 6.11 知识整合测量量表的因子分析

测量条款	系统式整合	协调式整合	特征值	解释方差	
E12	0.303	0.767			
E13	0.238	0.852	1.402	32.579%	
E14	0.060	0.848			KMO:0.858 Bartlett 检验卡方值:323.956
E15	0.471	0.690			
F11	0.728	0.425			
F12	0.743	0.394			
F13	0.880	0.108	5.111	39.792%	
F14	0.792	0.164			
F15	0.851	0.221			

(三)团队创造力量表的净化和探索性因子分析

从表 6.12 中可以看出,在团队创造力的测量中,测量条款 F15 的 CITC 值小于 0.3,且删除该项后系数由原来的 0.888 上升到 0.915,所以将予以删除,且删除后测量量表信度较高,符合研究的要求。

表 6.12 团队创造力考核量表的 CITC 和信度分析

测量条款	$CITC_1$	$CITC_2$	删除该条款后的 α 值	信度
G11	0.658	0.673	0.777	
G12	0.655	0.676	0.777	
G13	0.525	0.501	0.814	α_1=0.888 α_2=0.915
G14	0.769	0.791	0.747	
G15	0.176	删除	——	
G16	0.535	0.538	0.808	
G17	0.376	0.375	0.835	

在删除垃圾题项之后，进行 KMO 样本测度和 Bartlett 球体检验以判断是否可以进行探索性因子分析，分析结果见表 6.13。其中 KMO 系数为 0.864，并且 Bartlett 检验显著，适合进一步做因子分析，通过主成分分析法进行因子提取，发现只有一个因子的特征值大于 1，其值为 4.229，每个测量条款的因子载荷均超过 0.5，被解释的方差累计比例为 70.486%，超过 50%，表明团队创造力的测量结构的一维性很好。

表 6.13　团队创造力测量量表的因子分析

测量条款	载荷	特征值	解释方差	
F11	0.735			
F12	0.739			KMO 值：0.864
F13	0.667	4.229	70.486%	Bartlett 检验卡
F14	0.743			方值：243.742
F16	0.695			
F17	0.651			

第四节　正式研究数据收集方法与过程

一、研究对象的选择

本章主要在中国文化背景下，以高科技企业为核心情境，探讨其团队社会资本是否影响以及如何影响团队创造力的形成，关注其作用机制是否通过知识整合这一中间过程发生。基于此研究主题，本章在选择被试的时候基于以下原则：

首先，本次问卷调查的对象是高科技企业中的相应工作团队。根据工作侧重点的不同，本章将调查对象划分为产品导向、技术导向和市场导向型的团队类型，其中产品导向型团队包含了高科技企业中从事基础研究、应用研究及产品研发的任务团队；技术导向型团队包含了从事技术服务、生产管理等活动的任务团队；市场导向型团队则指从事高科技产品市场开发和销售等的任务团队。其次，为使调查具有一定的质量，本章针对性地选择了技术含量较高及创新较为活跃的行业，将研究对象重点放在了电子通讯、软件服务、生物制药、机械制造等技术含量较高的行业上。最后，为了保证较高的问卷填答有效性，本章在团队成员选择上尽量保证填写人在企业工作的时间不短于一年，每一团队至少有三名成员参加问卷填写。

　　基于上述三点原则，在预调研数据分析并修订的基础上，形成了最终调查问卷，并进行正式调研。

二、数据的收集

　　问卷调查时间为 2010 年 3 月至 2010 年 7 月，历时约 4 个月。问卷调查通过纸质问卷与电子问卷两种方式进行，共发放问卷 450 份，纸质问卷主要通过走访调查与邮寄方式，电子问卷主要通过电子邮件方式回收。纸质问卷一方面是通过笔者利用参与相关课题的机会，联系相关企业成员进行数据收集，其二是通过人际关系，通过笔者的朋友、同学、校友中适合的企业或团队发放，并采取"滚雪球"的方式，通过笔者熟人的朋友、同事等，以及已经接受调查的团队成员推荐并协助在其他合适的企业或团队中发放问卷，这样既可以有效地寻找到合适的被试，并且发放问卷回收有效率非常高。此外，笔者也通过天津滨海高新技术产业区等专业网站公布的企业信息，通过邮件方式与相关企业相联系，在确定其愿意接受调研的团队后，向团队联系人详细说明研究的目的、问卷填写注意事项等，并由其负责协助在团队内部发放并回收问卷。对于顺利完成的被试，我们尽可能致以谢意。

　　最终调查问卷回收 327 份，问卷回收率为 72.7%，对于回收的问卷，本章按照下列原则进行筛选：①问卷填答不完整，有遗漏项的予以删除；②问卷填答呈现明显规律性，或成员问卷完全相同，部分反向条款呈现逻辑矛盾的予以删除；③同一团队有效问卷少于 3 份。进一步对问卷进行筛选之后，最终得到了 93 个团队的有效数据，并且每个团队至少 3 份有效问卷，共 279 份，93 个团队，有效回收率为 62%。

第五节　团队层面数据加总验证

本章提出的理论模型是基于团队层面的概念构思上，而团队层面变量的测量是通过团队成员个体的填答来获取的，因此需要将每个成员在量表上各个测量条款上的得分加总平均得到团队层面的分数。而在聚合个体的回答到团队层面之前，必须确认是否存在高度的组内一致性，即团队成员对构念是否有着相同的反应程度。只有在团队成员评分一致性达到要求时，才能进行团队层面的数据分析。

对组内一致性的衡量是使用观察到的群体方差与期望的随机方差相比较。[1]

单一题项量表的公式如下：

$$r_{wg(1)}=1-\left(\overline{s_x^2}\Big/\sigma_{EU}^2\right)$$

上述公式中，$r_{wg(1)}$ 是指群体中 k 个回答者对单一题项 X 的组内一致性，代表观察到的 X 的方差的均值，σ_{EU}^2 代表假设分布的期望方差。

由于本章中各个变量的测量条款有两个以上，因此采用詹姆士（James）

① James L. R. et al., Estimating Within-Group Inter-Rater Reliability with and without Response Bias, *Journal of Applied Psychology*, No.69, 1984, pp.85–98.

等人1984年提出的多题项量表的公式：

$$r_{ug(J)} \frac{J\left[1-\left(\frac{\overline{s_{xj}^2}}{\sigma_{EU}^2}\right)\right]}{J\left[1-\left(\frac{\overline{S_{xj}^2}}{\sigma_{EU}^2}\right)\right]+\left(\frac{\overline{S_{xj}^2}}{\sigma_{EU}^2}\right)}$$

其中 $\sigma_{EU}^2 = \frac{A^2-1}{12}$

公式中，J 表示测量条款数量，A 代表测量等级数量（如 7 刻度法，则 A 的取值为 7）。$r_{ug(J)}$ 的数值介于 0 与 1 之间，0 表示成员看法完全不一致，1 表示看法完全一致，一般而言，$r_{ug(J)}$ 取值在 0.7 及以上被认为可接受，代表团队内部的评分趋于一致（Bliese，2000）。

经计算得到 93 个团队在各个变量的 $r_{wg(J)}$ 指均超过了 0.7，说明团队成员彼此的看法趋于一致，可以将个体测量值聚合加总得到团队层面的测量值。各个变量的 $r_{ug(J)}$ 平均值，如表 6.14 所示。

表 6.14　各研究变量的 $r_{wg(J)}$ 值

	团队社会资本				知识整合		团队创造力
	联结强度	共同语言	情感信任	认知信任	系统式整合	协调式整合	
$r_{wg(J)}$	0.872	0.849	0.853	0.876	0.867	0.868	0.871

本章小结

本章首先说明了问卷设计的原则与过程，基于对已有文献的回顾与梳理及本章对各变量的内涵界定，并适当修正了已有文献的测量量表，形成本章的初始测量问卷。其次，对初始测量问卷进行预调研，通过 CITC 题项净化分析与探索性因子分析，对初始问卷的信度和单维度检验，经过评价后，相关变量的题项由初始测量项目的 35 个减少到 33 个,形成最终调查问卷。再次,对研究对象的选择与数据收集过程进行了描述,并采用最终调查问卷进行正式调研。最后,通过组内一致性系数评定,对团队层面数据加总进行了验证,为下一章正式研究数据质量评估、假设检验奠定基础。

第七章　团队社会资本对团队创造力的
影响机制的假设检验

本章主要关注研究假设的检验与结果讨论，首先对研究数据进行描述性统计与质量评估，包括了各变量的 CITC 分析、信度与效度检验。其次关注了控制变量对知识整合与团队创造力的影响分析，并采用皮尔逊（Pearson）相关分析，对所要研究假设的基本状况进行初步的分析。再次运用层级线性回归，验证变量间影响的逻辑关系，验证知识整合在团队社会资本与团队创造力关系中是否发挥中介传导机制，并对假设检验的结果进行分析和总结。

第一节　研究数据的描述性统计

研究数据分布情况主要基于个体、团队和组织层面加以描述，其中个体层面包括成员性别、年龄与学历，团队层面包括团队规模、团队任务阶段及团队类型，组织层面则包括企业性质、企业所属行业及发展阶段。

一、样本个体特征的统计描述

在此次问卷调查被调查的团队成员中,男性为 208 人,约占总量的 74.6%;女性为 71 人,约占总量的 25.4%。总体看来,男性比例明显高于女性,这是与高科技行业男性比例高的特点相符的。在年龄分布上,此次调查对象的年龄段主要集中在 35 岁以下人群,约占总量的 91%。在学历上,本科学历的被调查者最多,约占总量的 59.5%。从总体上看,本科及以上学历者占总数的 96.8%。

二、样本团队特征的统计描述

此次调查样本的团队中,5 人以下与 6~10 人的团队分别约占总量的 30%,11~15 人团队约占 17.2%,15 人以上团队约占 23.7%。在团队任务阶段上,此次调查样本中 71% 的团队处于执行阶段,处于计划阶段与交付阶段的团队约占 29%。在团队类型上,产品导向团队最多,占 45.2%。

三、样本组织特征的统计描述

在样本团队的企业性质上,来自国有企业的有 27 个,占 29%;来自民营企业的有 41 个,占 44.1%;来自外资企业的有 25 个,占 26.9%。在企业所处行业方面,来自电子通讯的团队最多,有 55 个,占 59.1%;来自软件服务的团队 20 个,占 21.5%。在企业所处阶段中,大多数团队处于企业发展期、迅速扩张期与成熟期;处于企业创业期的团队有 9 个,占 9.7%;处于企业衰退期的团队有 5 个,占 5.4%。企业所在地的分布情况大都集中在我国高科技企业快速发展的地区,其中北京和天津各占 24.7%、26.9%;上海 8 个团队,占 8.6%;苏州 3 个,占 3.2%;大连 7 个,占 7.5%;厦门 14 个,占 15.1%;深圳 13 个,占 14%。

第二节　研究数据质量评估

在进行研究假设检验之前,需要对研究框架中涉及的变量进行信度与效度的分析,需要特别说明的是,这部分信度效度检验内容由于是针对问卷测量本身问题的探讨,应当采用个人填写的问卷数据进行分析,即考察个体层面的数据更为合适。因此,有关研究数据质量的检验结果都是针对个体层面问卷数据的分析得到的。

一、研究数据检验方法

评价一个量表质量的高低通常由信度和效度两方面构成,下面就检验方法分别作简要介绍。

(一)信度检验

信度也称可靠度,指量表所测得的分数的一致性和稳定性。鉴于克朗巴哈(Cronbach α)系数法在定距尺度量表中的适用性,本章仍将延续第六章中介绍的分析方法与标准。

(二)效度分析

为了验证各研究变量的结构模型,在之前预调研测试的探索性因子分析基础上,运用软件 AMOS17.0 对研究数据作验证性因子分析,对各量表的聚合效度和区分效度进行检验。

聚合效度是指不同的观察变量是否可用来测量同一潜变量。当我们以问卷题目或其他观察变量测量潜变量的时候，观察变量和潜变量之间的关系是有一定假设的,即假设了以哪些观察变量来测量潜在变量。验证性因子分析可以用来判断这一假设关系是否与数据吻合，如果结果证明我们的假设是正确的,其聚合效度也得到了相应的证明。一般情况下,聚合效度可以通过潜变量提取的平均方差(Average Variance Extracted, AVE)来判断,用以表示潜变量相对于测量误差所能解释的方差总量，当 AVE 等于或大于 0.5 时,就表示潜变量具备了聚合效度。

区分效度是指不同的潜变量是否存在显著差异。本章利用 AVE 值的平方根进行检验,如果各潜变量的 AVE 值平方根均大于各变量间相关系数的平方,则表示其具有较好的区分度。

下面对验证性因子分析中所采用的相关模型适配度检验指标作一介绍:

也称规范卡方,当其值小于 1 时,表示模型过度适配,则该模型具有样本独异性;当其值大于 5 时,则表示假设模型无法反映真实观察数据,即模型契合度不佳。本章将规范卡方以 2~5 之间作为标准。

RMSEA(渐进残差均方和平方根)是判断模型拟合度的较好指标。一般而言,当 RMSEA 的数值大于 0.1 时,模型适配度欠佳;其数值在 0.08~0.10 之间,模型尚可,具有普通适配;在 0.05~0.08 之间表示模型良好,具有合理适配;当小于 0.05 时表示模型适配度非常好。因此,本章以小于 0.1 作为最低标准。

GFI(拟合优度指数)用来显示观察矩阵中的方差与协方差可被复制矩阵预测得到的量,其数值是根据"样本数据的观察矩阵与理论建构复制矩阵直插的平方和"与"观察的方差"的比值。GFI 值介于 0~1 间,其数值越接近于 1,表示模型的适配度越好,越小则表示适配度越差。GFI 会受到样本大小的影响,而 AGFI(调整后拟合优度指数)正好利用自由度和变项个数之比来调整 GFI(黄芳铭,2005)。一般而言,GFI 和 AGFI 大于 0.90,表明模型路径图与实际数据有良好的适配度,但也有学者提出拟合指数大于 0.85 也是可以接受的(Bollen,1989)。因此,本章以 0.85 作为最低标准。

NFI(规范拟合指数)是用来比较某个所提模型与虚无模型之间的卡方值差距,其值受样本容量大小的影响。IFI(修正拟合指数)是对 NFI 的修正,减小其对样本大小的依赖。CFI(比较拟合指数)是由 Bentler(1990)发展而来的,反映了假设模型与无任何共变关系的独立模型差异程度的差距。NFI 值、IFI 值与 CFI 值大多介于 0 和 1 之间,越接近 1 表示模型适配度越好,越小则表示模型适配度越差。一般而言,当其取值超过 0.9,则表示假设模型拟合良好,可以接受。

本章采用的模型拟合指标的取值范围及其建议数值见表 7.1。

表 7.1　模型最佳适配度指标及其建议值

指标	取值范围	建议值
x^2/df 值	0~5 之间	2~5 之间
RMSEA	0~0.1 之间	小于 0.1
GFI 值	0~1 之间	大于 0.85
AGFI 值	0~1 之间	大于 0.85
CFI 值	0~1 之间	大于 0.9
NFI 值	0~1 之间	大于 0.9
IFI 值	0~1 之间	大于 0.9

二、研究数据的信度检验

(一)前因变量团队社会资本的信度分析

参照小样本中的 CITC 值大于 0.3 和 Cronbach α 系数大于 0.7 的标准，具体结果如表 7.2 所示。其中，团队社会资本的各子量表中，联结强度的 5 个测量条款、共同语言的 3 个测量条款、情感信任的 5 个测量条款和认知信任的 5 个测量条款的 CITC 值均大于 0.3，整体系数分别为 0.829、0.867、0.867 和 0.887，均大于 0.7，说明测量量表符合信度要求。

表 7.2 前因变量(团队社会资本)的信度分析结果

变量	测量条款	CITC 值	删除该条款后的 α 值	信度
联结强度	A11	0.598	0.805	0.829
	A12	0.656	0.785	
	A13	0.630	0.794	
	A14	0.630	0.794	
	A15	0.649	0.793	
共同语言	B11	0.734	0.825	0.867
	B12	0.808	0.759	
	B13	0.702	0.855	
情感信任	C11	0.669	0.844	0.867
	C12	0.741	0.826	
	C13	0.678	0.842	
	C14	0.711	0.833	
	C15	0.667	0.847	
认知信任	D11	0.663	0.876	0.887
	D12	0.786	0.848	
	D23	0.783	0.848	
	D14	0.663	0.859	
	D15	0.649	0.876	

(二)中介变量(知识整合)的信度分析

参照小样本中的 CITC 和信度分析方法,对知识整合的测量条款进行信度分析,具体结果如表 7.3 所示。其中,系统式整合的 4 个题项与协调式整合的 5 个题项的 CITC 值均大于 0.3,信度系数分别为 0.816 和 0.860,大于 0.7,说明测量量表符合信度要求。

表 7.3　中介变量(知识整合)的信度分析结果

变量	测量条款	CITC 值	删除该条款后的 α 值	信度
系统式整合	E11	0.605	0.784	0.816
	E12	0.706	0.737	
	E13	0.647	0.765	
	E14	0.626	0.780	
协调式整合	F11	0.716	0.821	0.860
	F12	0.696	0.827	
	F13	0.725	0.819	
	F14	0.615	0.846	
	F15	0.640	0.840	

(三)结果变量(团队创造力)的信度分析

参照小样本中的 CITC 和信度分析方法,对团队创造力的测量条款进行信度分析,具体结果如表 7.4 所示。结果显示团队创造力的 6 个测量条款的 CITC 值均大于 0.3,整体系数为 0.864,大于 0.7,说明测量量表符合信度要求。

表 7.4　结果变量(团队创造力)的信度分析结果

变量	测量条款	CITC 值	删除该条款后的 α 值	信度
团队创造力	F11	0.736	0.827	0.864
	F12	0.771	0.820	
	F13	0.599	0.853	
	F14	0.714	0.831	
	F21	0.568	0.856	
	F22	0.579	0.855	

三、研究数据的效度检验

(一)前因变量(团队社会资本)的效度分析

团队社会资本由 4 个潜变量构成,分别是联结强度、共同语言、情感信任与认知信任。其中联结强度有 5 个观测变量,共同语言有 3 个观测变量,情感信任有 5 个观测变量,认知信任有 5 个观测变量。根据 t 规则,本验证性因子模型共有 18 个测量题项,因子 q*(q+1)/2=153,模型要估计 18 个因子载荷,18 个测量指标的误差方差和 4 个因子间相关系数, 共要估计 40 个参数,t=40<153,满足模型识别的必要条件,且每个潜变量都有 3 个或 3 个以上的观测变量,满足模型识别的充分条件。

其验证性因子分析的结果如表 7.5 所示。就拟合优度指标而言,其中 x^2/df=2.282,小于 5 的最低标准;GFI=0.892,AGFI=0.857,NFI=0.899,IFI=0.941,CFI=0.940,均达到建议值;RMSEA=0.068,小于 0.10 的上限,表明拟合效果较为理想。且联结强度的 AVE 为 0.501,共同语言的 AVE 为 0.674,情感信任的 AVE 为 0.593,认知信任的 AVE 为 0.617,均超过了 0.5 的下限,表明具有较好的聚合效度。

表 7.5　前因变量(团队社会资本)的验证性因子分析

变量	测量条款	标准化因子载荷	标准误差	临界比(C.R.)	AVE
联结强度	A11	0.631	—	—	0.501
	A12	0.707	0.108	9.480	
	A13	0.722	0.117	9.628	
	A14	0.713	0.095	9.536	
	A15	0.760	0.087	9.974	
共同语言	B11	0.885	—	—	0.674
	B12	0.787	0.059	17.024	
	B13	0.787	0.065	14.760	

续表

变量	测量条款	标准化因子载荷	标准误差	临界比(C.R.)	AVE
情感信任	C11	0.795	—	—	0.593
	C12	0.734	0.087	13.170	
	C13	0.764	0.084	12.101	
	C14	0.726	0.081	12.626	
	C15	0.828	0.066	11.950	
认知信任	D11	0.725	—	—	0.617
	D12	0.836	0.098	13.504	
	D13	0.836	0.105	13.516	
	D14	0.803	0.105	12.972	
	D15	0.720	0.100	11.621	

$x^2/df=294.459/129=2.282$, RMSEA$=0.068$, GFI$=0.892$, AGFI$=0.857$, NFI$=0.899$, IFI$=0.941$, CFI$=0.940$

对其进行的区分效度检验结果如表 7.6 所示,该表中列出了各潜变量之间的相关系数,对角线为各潜在变量 AVE 的平方根,结果显示各潜变量 AVE 的平方根均大于各相关系数,说明量表具有很好的区分效度。

表 7.6　前因变量(团队社会资本)的区分效度分析结果

	联结强度	共同语言	情感信任	认知信任
联结强度	(0.708)			
共同语言	0.256**	(0.821)		
情感信任	0.600**	0.404**	(0.770)	
认知信任	0.280**	0.738**	0.398**	(0.819)

注:**$P<0.1$,*$P<0.5$。

(二)中介变量(知识整合方式)的效度分析

知识整合由 2 个潜变量构成,即系统式整合与协调式整合,其中系统式整合有 4 个观测变量,协调式整合有 5 个观测变量。根据 t 规则,本验证性因子模型共有 9 个测量题项,因子 q*(q+1)/2=36,模型要估计 9 个因子载荷,9 个测量指标的误差方差和 2 个因子间相关系数,共要估计 20 个参数,t=20<36,满足模型识别的必要条件,且每个潜变量都有 3 个或以上的观测变量,

满足模型识别的充分条件。

知识整合方式的验证性因子分析的结果如表 7.7 所示。就拟合优度指标而言,其中 x^2/df=3.144,小于 5 的最低标准;GFI=0.935,AGFI=0.888,NFI= 0.926,IFI=0.949,CFI=0.948,均达到建议值;RMSEA=0.088,小于 0.10 的上限,表明拟合效果较为理想。且系统式整合的 AVE 为 0.656,协调式整合的 AVE 为 0.745,均超过了 0.5 的下限,表明具有较好的聚合效度。

表 7.7 中介变量(知识整合)的验证性因子分析

变量	测量条款	标准化因子载荷	标准误差	临界比(C.R.)	AVE
系统式整合	E11	0.697	——		0.656
	E12	0.799	0.134	11.093	
	E13	0.724	0.124	10.358	
	E14	0.709	0.092	10.185	
协调式整合	F11	0.785	——		0.745
	F12	0.775	0.080	13.065	
	F13	0.791	0.080	13.340	
	F14	0.672	0.070	11.136	
	F15	0.692	0.072	11.523	

x^2/df=81.741/26=3.144,RMSEA=0.088,GFI=0.935,AGFI=0.888,NFI=0.926,IFI=0.949,CFI=0.948

对其进行的区分效度检验结果如表 7.8 所示,该表列出了各潜变量之间的相关系数,对角线为各潜变量 AVE 的平方根,结果显示各潜变量 AVE 的平方根均大于各相关系数,说明量表具有很好的区分效度。

表 7.8 中介变量(知识整合)的区分效度分析结果

	系统式整合	协调式整合
系统式整合	(0.810)	
协调式整合	0.466**	(0.863)

(三)结果变量(团队创造力)的效度分析

结果变量由团队创造力 1 个潜变量构成,含有 6 个观测变量。根据 t 规则,本验证性因子模型共有 6 个测量题项,因子 q*(q+1)/2=21,模型要估计 6 个因子载荷,6 个测量指标的误差方差,共要估计 12 个参数,t=12<21,满足模型识别的必要条件,且每个潜变量都有 3 个或以上的观测变量,满足模型识别的充分条件。

其验证性因子分析如表 7.9 所示。就拟合优度指标而言,其中 x^2/df=2.544,小于 5 的最低标准;GFI=0.972,AGFI=0.935,NFI=0.981,IFI=0.988,CFI=0.988,均达到建议值;RMSEA=0.075,小于 0.10 的上限,表明拟合效果较为理想。且团队创造力的 AVE 为 0.817,均超过了 0.5 的下限,表明具有较好的聚合效度。

表 7.9　结果变量(团队创造力)的验证性因子分析

测量条款	标准化因子载荷	标准误差	临界比(C.R.)	AVE
G11	0.844	——	——	0.817
G12	0.853	0.051	17.818	
G13	0.797	0.054	16.017	
G14	0.794	0.051	15.896	
G15	0.807	0.054	16.322	
F16	0.852	0.056	17.795	

x^2/df=22.894/9=2.544,RMSEA=0.075,GFI=0.972,AGFI=0.935,NFI=0.981,IFI=0.988,CFI=0.988

第三节　控制变量的影响分析

除解释变量外,尚有一些控制变量(如团队规模、团队类型等)可能对被解释变量产生影响,本章将着重围绕团队层面和组织层面的控制变量及其对中介变量和结果变量的影响作用展开分析,其中,团队层面特征包括团队规模、团队任务阶段与团队类型,组织层面特征包括组织性质和组织所处阶段两方面内容。

通过单因素方差分析(one-way ANOVA)检验控制变量对中介变量和结果变量的影响。在进行因素方差分析时,先对方差齐次性进行检验,当方差为齐性时,采用最小显著差异(Least Significant Difference,LSD)的两两 T 检验结果判断是否存在显著差异,当方差非齐性时,则采用 Tamhane 的两两 t 检验结果判断均值是否存在显著差异。由于本章的变量,除了控制变量之外,均是不可直接观测的潜变量,常用的赋值方法有两种:第一种是采用因子分析方法,计算因子值作为潜变量的计算值;第二种是采用均值的方法计算潜变量的值,本章采用第二种方法对各潜变量进行赋值。

一、团队规模对中介变量和结果变量的影响作用分析

本章将团队规模划分为 3 类,分别是小规模(5 人以下),中等规模(6~10人),大规模(15 人以上)。在分析中,先将样本根据团队规模划分为三组,采用单因素方差分析方法进行分析,判断团队规模对知识整合与团队创造力的影响是否有显著性差异。从表7.10可以看出,团队规模对系统式整合、协调式整合和团队创造力的影响无显著差异。

表 7.10　团队规模对中介变量和结果变量影响的方差分析表

变量	总平方和	df	F 值	方差齐性检验		显著性	是否显著
				显著性	是否齐性		
系统式整合	50.055	92	0.769	0.985	是	0.466	否
协调式整合	36.741	92	0.362	0.169	是	0.697	否
团队创造力	43.645	92	0.160	0.306	是	0.852	否

二、团队任务阶段对中介变量和结果变量的影响作用分析

本章将团队任务阶段划分为三类,即计划阶段、执行阶段和交付阶段,

采用单因素方差分析方法进行分析，判断团队任务阶段对中介变量和结果变量的影响是否存在显著性差异，结果见表 7.11。可以看出，团队任务阶段对系统式整合与团队创造力的影响无显著差异，但对协调式整合的影响则存在显著差异。

表 7.11　团队任务阶段对中介变量和结果变量影响的方差分析表

变量	总平方和	df	F 值	方差齐性检验		显著性	是否显著
				显著性	是否齐性		
系统式整合	50.055	92	0.246	0.278	是	0.782	否
协调式整合	36.741	92	3.743	0.476	是	0.027	是
团队创造力	43.645	92	1.598	0.552	是	0.308	否

表 7.12 是多重比较的结果，协调式整合的方差齐性概率分别为 0.476，大于 0.1，从而接受方差齐性的假设，因此在多重比较中，采用 LSD 的检验方法。结果发现团队在交付阶段相比计划和执行阶段，其成员给予协调式整合的评价明显较高。这可能是由于在交付过程中，团队通过会有更频繁的交流和互动，成员要根据客户或市场的需要调整和修改已有的任务成果，成员间交换和传递信息更加频繁，因此成员间协调式知识整合更明显。

表 7.12　团队任务阶段对协调式整合方差多重比较结果(LSD)

变量	分析方法	团队类型(I)	团队类型(J)	均值差异(I-J)	显著性
团队任务阶段	LSD	交付阶段	计划阶段	0.648*	0.018
			执行阶段	0.663**	0.008

注：*P<0.05，**P<0.01。

三、团队类型对中介变量和结果变量的影响作用分析

本章根据团队任务导向性将团队类型划分为三类，分别为产品导向型团队，技术导向型团队与市场导向型团队。采用单因素方差分析方法进行分析，判断团队类型对中介变量和结果变量的影响是否存在显著性差异，结果

见表 7.13。可以看出,团队类型对系统式整合均无显著差异,但对协调式整合与团队创造力的影响则存在显著差异。

表 7.13 团队类型对中介变量和结果变量影响的方差分析表

变量	总平方和	df	F 值	方差齐性检验		显著性	是否显著
				显著性	是否齐性		
系统式整合	50.055	92	2.057	0.074	否	0.134	否
协调式整合	36.741	92	3.478	0.478	是	0.035	是
团队创造力	43.645	92	2.383	0.218	是	0.098	是

表 7.14 是多重比较的结果,协调式整合和团队创造力的方差齐性概率分别为 0.478 和 0.218,大于 0.1,从而接受方差齐性的假设,因此在多重比较中,采用 LSD 的检验方法。结果发现产品导向型的团队相比技术导向型团队而言,成员给予协调式整合与团队创造力的评价明显较高,这可能是由于从事产品开发的团队成员在任务完成过程中更多地进行交流与配合,在关注自身模块的工作进展的同时也会跟进与他人工作之间的衔接,并解决可能出现的问题。相比于技术导向型的团队,产品导向型的团队在创造力要求上较高,富有创意的产品开发是衡量其工作效果的重要指标之一。

表 7.14 团队类型对协调式整合与团队创造力的方差多重比较结果(LSD)

变量	分析方法	团队类型(I)	团队类型(J)	均值差异(I-J)	显著性
协调式整合	LSD	产品导向型	技术导向型	0.384**	0.035
团队创造力	LSD			0.350*	0.097

注:*p<0.1,**P<0.05,***P<0.01。

四、企业性质对中介变量和结果变量的影响作用分析

本章将企业性质划分为国有企业(含国有控股)、民营企业(含民营控股)和外资企业(含外资控股),采用单因素方差分析方法进行分析,判断企业性质对中介变量和结果变量的影响是否存在显著性差异,结果见表 7.15。

可以看出,企业性质对系统式整合、协调式整合和团队创造力的影响均无显著差异。

表 7.15　企业性质对中介变量和结果变量影响的方差分析表

变量	总平方和	df	F 值	方差齐性检验		显著性	是否显著
				显著性	是否齐性		
系统式整合	50.055	92	2.295	0.888	是	0.415	否
协调式整合	36.741	92	0.650	0.653	是	0.174	否
团队创造力	43.645	92	0.495	0.158	是	0.383	否

五、企业所处阶段对中介变量和结果变量的影响作用分析

本章采用单因素方差分析方法进行分析,判断企业所处阶段对中介变量和结果变量的影响是否存在显著性差异,结果见表 7.16。可以看出,企业所处阶段对系统式整合、协调式整合、新颖性和有用性的影响均无显著差异。

表 7.16　企业所处阶段对中介变量和结果变量影响的方差分析表

变量	总平方和	df	F 值	方差齐性检验		显著性	是否显著
				显著性	是否齐性		
系统式整合	38.591	92	0.189	0.005	否	0.944	否
协调式整合	36.731	92	0.944	0.031	否	0.443	否
团队创造力	39.180	92	0.390	0.987	是	0.632	否

第四节　主要变量间的相关性分析

根据正式收集的数据,在进行具体的层级回归分析之前,首先采用皮尔逊相关分析方法,检验各主要变量之间是否存在相关关系,初步判断所要研究的假设的基本状况。本章通过运用 spss17.0 进行分析,结果如表 7.20 所示。

联结强度、共同语言、情感信任、认知信任与系统式整合均具有显著相关关系（r=0.247，p<0.01；r=0.328，p<0.05；r=0.269，p<0.01；r=0.254，p<0.01），与协调式整合均具有显著相关关系（r=0.642，p<0.01；r=0.227，p<0.05；r=0.610，p<0.01；r=0.325，p<0.01）。同时，联结强度、情感信任与认知信任与团队创造力均有显著的相关关系（r=0.406，p<0.01；r=0.276，p<0.01；r=0.225，p<0.05），但没有发现共同语言与团队创造力存在显著的相关关系。系统式整合与团队创造力之间不存在显著相关关系，协调式整合与团队创造力之间存在显著相关关系（r=0.448，p<0.01）。

表 7.17　主要研究变量间相关性分析

	1	2	3	4	5	6	7
1.联结强度	1.00						
2.共同语言	0.187	1.00					
3.情感信任	0.396**	0.508**	1.00				
4.认知信任	0.215*	0.792**	0.553**	1.00			
5.系统式整合	0.247**	0.328*	0.369**	0.254**	1.00		
6.协调式整合	0.642**	0.227*	0.610**	0.325**	0.232*	1.00	
7.团队创造力	0.406**	0.056	0.276**	0.225*	0.194	0.448**	1.00

注：*P<0.05，**P<0.01。

基于皮尔逊相关分析，我们初步判断研究假设的基本状况，但还不能说明变量间逻辑关系，因此我们还需要运用回归分析及相应的判别机制来验证变量之间的逻辑关系和知识整合在其中发挥的中介传导作用。

第五节　相关研究假设检验

之前在单因素方差和独立样本 T 检验的基础上，可以判断出团队任务阶段及团队类型等控制变量对过程变量和因变量有着显著的影响，因此在检验自变量对中介变量和因变量的影响中要控制这些变量。由于方差分析的结果无法精确这些控制变量的影响效应，而在结构方程中不能明确控制这些变量，因此本章采用层次回归分析方法将分析程序分成相应步骤，在每一步骤分别将控制变量、自变量加入回归方程中进行分析，通过分析标准化回归系数及显著性来检验控制变量、团队社会资本各变量对团队创造力的影响程度及知识整合的中介效应。

为了确保正确使用模型并得出合理的结论，需要研究回归模型中是否存在多重共线性、序列相关和异方差三大问题。

多重共线性是指自变量间相关程度过高，会出现整体的回归方程式显著，但个体自变量的回归系数却不显著的现象，使得回归分析结果难以解释。对自变量共线性的检验，可以用变异量膨胀因子（Variance Inflation Factor，VIF）来评估。一般认为，当 $0 < VIF < 10$ 时，不存在多重共线性；当 $10 \leqslant VIF < 100$ 时，存在较强的多重共线性；当 $VIF \geqslant 100$ 时，存在严重的多重共线性。本章所有回归模型的 VIF 值都小于 2，因此不存在多重共线性问题。

序列相关问题通常用回归模型中的德宾-沃森（Durbin-Watson，DW）统计量来判断，一般看来，DW 值在 1.5~2.5 之间，意味着无序列相关现象。而本章中所有回归模型的 DW 值均接近 2，因此不存在序列相关问题。异方差问题是指随着解释变量的变化，被解释变量的方差存在明显的变化趋势，即不具有常数方差的特征，可以利用散点图判断回归模型是否具有异方差现象。通过对各回归模型以被解释变量为横坐标进行了残差项的散点图分析，结果显示，散点图呈无序状况，因此，本章所有回归模型中均不存在异方差问题。在满足上述条件之后，本章尝试分析团队社会资本各构成与知识整合及团队创造力之间的关系，着重分析知识整合在整体模型中的中介作用。

一、团队社会资本与团队创造力的关系分析

(一)联结强度对团队创造力的影响分析

从表 7.18 可以看出,团队规模、任务阶段与团队类型等控制变量回归系数不显著,对团队创造力没有直接影响。联结强度的回归系数为 0.387(p<0.01),R^2 为 0.141,表示加入联结强度后,可增加解释团队创造力 14.1% 的变异量。由此得出,联结强度与团队创造力产生显著的正向影响,假设 H1a 得到了支持,说明团队成员间联结强度越高,彼此联系越频繁,呈现密集性特征,越能提高团队创造力的形成,即联结强度是团队创造力的重要影响因素。

表 7.18　联结强度对团队创造力的层次回归分析

变量		第一层	第二层
团队规模	6~15 人	0.033	−0.044
	15 人以上	0.072	0.001
团队任务阶段	执行阶段	−0.125	−0.072
	交付阶段	0.054	0.086
团队类型	技术导向型	−0.193	−0.146
	市场导向型	−0.018	−0.013
联结强度			0.387***
调整后的 R^2		0.010	0.151
ΔR^2		0.074	0.141
F 值		1.149	3.332***

注:①表格中的系数为标准化回归系数;②*P<0.1,**P<0.05,***P<0.01。

(二)共同语言对团队创造力的影响分析

从表 7.19 可以看出,在第一层模型中团队规模、任务阶段与团队类型的回归系数不显著,对团队创造力不存在直接影响。第二层模型中,加入了共

同语言之后,团队类型对团队创造力具有显著的影响,即技术导向型团队创造力要低于产品导向型团队,而共同语言的回归系数为 0.097,未达到显著性要求。因此,共同语言与团队创造力不存在直接的显著影响,假设 H2b 未得到支持,这说明团队共同语言的形成,成员对彼此专业领域的了解程度并不会增进团队创造力的形成。换句话说,共同语言并不是团队创造力的直接影响因素。

表 7.19　共同语言对团队创造力的层次回归分析

变量		第一层	第二层
团队规模	6~15 人	0.033	0.022
	15 人以上	0.072	0.069
团队任务阶段	执行阶段	−0.125	−0.123
	交付阶段	0.054	0.059
团队类型	技术导向型	−0.193	−0.202*
	市场导向型	−0.018	−0.004
共同语言			0.097
调整后的 R^2		0.010	0.009
ΔR^2		0.074	0.141
F 值		1.149	1.009

注:①表格中的系数为标准化回归系数;②*P<0.1,**P<0.05,***P<0.01。

(三)情感信任对团队创造力的影响分析

从表 7.20 可以看出,团队规模、任务阶段与团队类型等控制变量对团队创造力不存在直接影响。情感信任的回归系数为 0.248(P<0.05),ΔR^2 为0.076,表示加入情感信任后,可增加解释团队创造力 7.6% 的变异量。由此得出,情感信任与团队创造力产生显著的正向影响,假设 H1c 得到了支持,这说明团队成员间感情依附越强烈,兴趣爱好越相似,越能增进团队创造力的形成。因此,情感信任是团队创造力的重要影响因素。

表 7.20　情感信任对团队创造力的层次回归分析

变量		第一层	第二层
团队规模	6~15 人	0.033	0.039
	15 人以上	0.072	0.118
团队任务阶段	执行阶段	−0.125	−0.119
	交付阶段	0.054	0.039
团队类型	技术导向型	−0.193	−0.150
	市场导向型	−0.018	−0.036
情感信任			0.268**
调整后的 R^2		0.010	0.070
ΔR^2		0.074	0.067
F 值		1.149	1.990*

注:①表格中的系数为标准化回归系数;②*P<0.1,**P<0.05,***P<0.01。

(四)认知信任对团队创造力的影响分析

从表 7.21 可以看出,团队规模、任务阶段与团队类型等控制变量回归系数不显著,对团队创造力不存在直接影响。认知信任的回归系数为 0.240(P<0.05),ΔR^2 为 0.054,表示加入认知信任后,可增加解释团队创造力 5.4%的变异量。由此得出,认知信任与团队创造力呈显著的正向影响,假设 H1d 得到了验证,说明团队间成员对彼此专业能力、既有成功经验的认可水平越高,越能增进团队创造力的形成,因此认知信任是团队创造力的重要影响因素。

表 7.21　认知信任对团队创造力的层次回归分析

变量		第一层	第二层
团队规模	6~15 人	0.033	−0.001
	15 人以上	0.072	0.058
团队任务阶段	执行阶段	−0.125	−0.113
	交付阶段	0.054	0.077
团队类型	技术导向型	−0.193	−0.170
	市场导向型	−0.018	−0.040

变量	第一层	第二层
认知信任		0.240**
调整后的 R^2	0.010	0.057
ΔR^2	0.074	0.054
F 值	1.149	1.789*

注:①表格中的系数为标准化回归系数;②*P<0.1,**P<0.05,***P<0.01。

二、知识整合方式与团队创造力关系分析

本章将知识整合划分为系统式整合与协调式整合两种不同方式,分别从系统式整合与协调式整合出发探讨知识整合方式对团队创造力的影响,判断两者对团队创造力的影响。

(一)系统式整合对团队创造力的影响分析

从表7.22可以看出,在第一层模型中,团队规模、任务阶段与团队类型等控制变量回归系数不显著,对团队创造力不存在直接影响。但加入了系统式整合之后,第二层回归结果显示,系统式整合的回归系数为0.256(P<0.05),达到显著性要求,可增加解释团队创造力6.1%的变异量,且团队类型对团队创造力也存在显著的影响。因此,系统式整合对团队创造力有着直接的显著影响,假设H6a得到支持,这说明团队成员根据任务系统和既定工作流程开展的整合活动能够增进团队创造力的形成,即系统式整合是团队创造力的直接影响因素。

表 7.22　系统式整合对团队创造力的层次回归分析

变量		第一层	第二层
团队规模	6~15 人	0.033	−0.010
	15 人以上	0.072	0.037
团队任务阶段	执行阶段	−0.125	−0.127
	交付阶段	0.054	0.049
团队类型	技术导向型	−0.193	−0.245**
	市场导向型	−0.018	−0.003
系统式整合			0.256**
调整后的 R^2		0.010	0.064
ΔR^2		0.074	0.061
F 值		1.149	1.904*

注:①表格中的系数为标准化回归系数;②*$P<0.1$,**$P<0.05$,***$P<0.01$。

(二)协调式整合对团队创造力的影响分析

从表 7.23 可以看出,团队规模、任务阶段与团队类型等控制变量回归系数不显著,对团队创造力不存在直接影响。协调式整合的回归系数为 0.426 ($P<0.01$),ΔR^2 为 0.160,表示加入协调式整合后,可增加解释团队创造力 16% 的变异量。由此得出,协调式整合对团队创造力呈显著的正向影响,假设 H6b 得到了验证,这意味着团队根据成员拥有的技能和以往经验进行知识和信息的整合,通过成员间互动和交流,能增进团队创造力的形成,因此协调式整合是团队创造力的重要影响因素。

表 7.23　协调式整合对团队创造力的层次回归分析

变量		第一层	第二层
团队规模	6~15 人	0.033	0.007
	15 人以上	0.072	0.073
团队任务阶段	执行阶段	−0.125	−0.108
	交付阶段	0.054	−0.108

续表

变量		第一层	第二层
团队类型	技术导向型	−0.193	−0.029
	市场导向型	−0.018	−0.105
协调式整合			0.426***
调整后的 R²		0.010	0.171
ΔR²		0.074	0.160
F 值		1.149	3.715***

注:①表格中的系数为标准化回归系数;②*P<0.1,**P<0.05,***P<0.01。

三、知识整合方式的中介作用分析

在本章中，知识整合方式是作为团队社会资本与团队创造力的中介变量。对于中介变量的验证,本章采用巴伦(Baron)和肯尼(Kenny)1986年提出的中介变量检验方法,即自变量与因变量之间若存在中介变量,必须有满足4个条件的中介传导机制存在：①自变量和中介变量之间存在显著相关关系;②自变量和结果变量之间存在显著的相关关系变化;③当控制中介变量时,自变量对因变量的影响减弱或不再显著;④在自变量与中介变量同时作为预测变量时,中介变量和结果变量之间存在显著相关关系,并且相关性和假设的方向一致。[1]

根据上述判断标准,由于共同语言与团队创造力不存在显著相关关系,因此假设7b、8b不再进行数据验证。在中介变量的验证过程中,自变量与因变量的回归分析及中介变量与因变量的回归分析在前面部分已经阐述,因此我们用两个回归模型来说明这一过程。首先,在模型1中,我们将5个控

① Baron R. M.,Kenny D. A.,The Moderator-Mediator Variable Distinction in Social Psychological Research:Conceptual,Strategic,and Statistical Considerations,*Journal of Personality & Social Psychology*,No.6,1986,pp.1173-1182.

制变量和自变量,将知识整合作为因变量加入到回归模型中,检验自变量和中介变量是否有显著关系;在模型 2 中,同时将控制变量、自变量和中介变量同时作为预测变量加入到回归模型中, 检验其对因变量的影响是否有所改变。最后通过比较模型 2 与之前各回归分析的结果判断两种知识整合方式是否存在中介传导机制。

(一)系统式整合的中介作用

从表 7.24 的结果可以发现,模型 1 中,以联结强度为自变量,系统式整合为因变量, 结果显示联结强度对系统式整合有正向作用, 标准化系数为0.282(P<0.01),且团队类型与系统式整合的回归系数为 0.237(P<0.05),达到显著性。此外 ΔR^2 为 0.075,可增加解释系统式整合 7.5% 的变异量,假设 H2a得到支持。要验证系统式整合的中介传导机制,我们通过比较模型 2 与之前的回归分析结果可以看出, 系统式整合与团队创造力的回归系数为 0.159,未达到显著性,联结强度回归系数为 0.342(P<0.1),仍有显著性,这说明系统式整合在联结强度与团队创造力的关系中未发挥中介作用机制, 假设 H7a未得到支持。

表 7.24　系统式整合对联结强度与团队创造力的中介作用的层次回归分析

自变量	因变量	模型 1 系统式整合	模型 2 团队创造力
控制变量		—	—
团队类型	技术导向型	0.237**	—
联结强度		0.282***	0.342***
系统式整合			0.159
调整后的 R^2		0.071	0.164
ΔR^2		0.075	0.163
F 值		2.005*	3.262***

注:①表格中的系数为标准化回归系数,各控制变量只列出回归系数显著的项目,对于不显著的各控制变量的回归系数省略;②*P<0.1,**P<0.05,***P<0.01。

系统式整合对情感信任与团队创造力的中介作用的层级回归分析结果见表7.25。模型1中,以情感信任为自变量,系统式整合为因变量,结果显示情感信任对系统式整合有正向作用,标准化系数为0.430(P<0.01),且团队规模与团队类型均对系统式整合有显著的正向影响（r=0.212,P<0.1;r=0.272,P<0.05）,达到显著性。此外 ΔR² 为 0.132,可增加解释系统式整合 13.2%的变异量,假设 H4a 得到支持。要验证系统式整合的中介传导机制,我们通过比较模型 2 与之前的回归分析结果,可以看出,系统式整合与团队创造力的回归系数为 0.174,未达到显著性要求,情感信任与团队创造力的回归系数为0.193(P<0.1),仍显著。这说明系统式整合在情感信任与团队创造力的关系中不存在中介作用机制,假设 H7c 未得到支持。

表 7.25　系统式整合对情感信任与团队创造力的中介作用的层次回归分析

自变量	因变量	模型 1 系统式整合	模型 2 团队创造力
控制变量(同表 6.12)		—	—
团队规模	15 人以上	0.212*	—
团队类型	技术导向型	0.272**	—
情感信任		0.430***	0.193*
系统式整合			0.174
调整后的 R²		0.176	0.084
ΔR²		0.172	0.070
F 值		3.817***	2.056**

注:①表格中的系数为标准化回归系数,各控制变量只列出回归系数显著的项目,对于不显著的各控制变量的回归系数省略;②*P<0.1,**P<0.05,***P<0.01。

系统式整合对认知信任与团队创造力的中介作用的层级回归分析结果见表7.26。模型1中,以认知信任为自变量,系统式整合为因变量,结果显示认知信任对系统式整合有正向作用,标准化系数为 0.260(P<0.05),且团队类型对系统式整合也有正向的显著影响(r=0.228,P<0.1),模型 1 中 ΔR² 为 0.064,可增加解释系统式整合 6.4%的变异量,假设 H5a 得到支持。要验证系统式

整合的中介传导机制,通过比较模型 2 与之前的回归分析结果,可以看出,系统式整合与团队创造力的回归系数为 0.207(P<0.1),达到显著性要求,而认知信任与团队创造力的回归系数从 0.240 (P<0.05) 降低到了 0.186 (P<0.1),但仍达到显著性要求,这说明系统式整合在认知信任与团队创造力的关系中存在部分中介作用机制,假设 H7d 得到了支持。

表 7.26 系统式整合对认知信任与团队创造力的中介作用的层次回归分析

自变量	因变量	模型 1	模型 2
		系统式整合	团队创造力
控制变量(同表 6.12)		—	—
团队类型	技术导向型	0.228*	−0.217*
认知信任		0.260**	0.186*
系统式整合			0.207*
调整后的 R²		0.059	0.086
ΔR²		0.064	0.092
F 值		1.829*	2.087**

注:①表格中的系数为标准化回归系数,各控制变量只列出回归系数显著的项目,对于不显著的各控制变量的回归系数省略;② *P<0.1,**P<0.05,***P<0.01。

(二)协调式整合的中介作用

从表 7.27 的结果可以发现,模型 1 中,以联结强度为自变量,协调式整合为因变量,结果显示联结强度对协调式整合有正向作用,标准化系数为0.651(P<0.01),且团队任务阶段对协调式整合也有显著影响(r=0.250,P<0.01),可增加解释协调式整合 39.9%的变异量,假设 H2b 得到支持。要验证协调式整合的中介传导机制,我们通过比较模型 2 与之前的回归分析结果,可以看出,协调式整合与团队创造力的回归系数为 0.286,达到显著性,而联结强度(0.201)不再显著,这说明协调式整合在联结强度与团队创造力的关系中存在中介作用机制,假设 H8a 得到了支持。

表 7.27　协调式整合对联结强度与团队创造力的中介作用的层次回归分析

自变量 \ 因变量		模型 1 系统式整合	模型 2 团队创造力
控制变量(同表 6.12)		—	—
团队任务阶段	交付阶段	0.250***	—
联结强度		0.651**	0.201
协调式整合			0.286**
调整后的 R²		0.477	0.184
ΔR²		0.399	0.181
F 值		12.976***	3.594***

注:①表格中的系数为标准化回归系数,各控制变量只列出回归系数显著的项目,对于不显著的各控制变量的回归系数省略;② *P<0.1,**P<0.05,***P<0.01。

协调式整合对情感信任与团队创造力的中介作用的层级回归分析结果见表 7.28。模型 1 中,以情感信任为自变量,协调式整合为因变量,结果显示情感信任对协调式整合有正向作用,回归系数为 0.597(P<0.01),可增加解释协调式整合 33.1%的变异量,假设 H4b 得到支持。要验证协调式整合的中介传导机制,我们通过比较模型 2 与之前的回归分析结果,可以看出,协调式整合与团队创造力的回归系数为 0.412,达到显著性,而情感信任(0.022)不再显著, 这说明协调式整合在情感信任与团队创造力的关系中存在中介作用机制,假设 H8c 得到了支持。

表 7.28　协调式整合对情感信任与团队创造力的中介作用的层次回归分析

自变量 \ 因变量	模型 1 系统式整合	模型 2 团队创造力
控制变量(同表 6.12)	—	—
情感信任	0.597***	0.022
协调式整合		0.412***
调整后的 R²	0.403	0.162
ΔR²	0.331	0.160
F 值	9.865***	3.217***

注:①表格中的系数为标准化回归系数,各控制变量只列出回归系数显著的项目,对于不显著的各控制变量的回归系数省略;② *P<0.1,**P<0.05,***P<0.01。

协调式整合对认知信任与团队创造力的中介作用的层级回归分析结果见表 7.29。模型 1 中,以认知信任为自变量,协调式整合为因变量,结果显示认知信任对协调式整合有正向作用,回归系数为 0.335(P<0.01),可增加解释协调式整合 10.6% 的变异量,假设 H5b 得到支持。要验证协调式整合的中介传导机制,通过比较模型 2 与之前的回归分析结果,可以看出,协调式整合与团队创造力的回归系数为 0.386,达到显著性,而认知信任(0.110)不再显著, 这说明协调式整合在认知信任与团队创造力的关系中存在中介作用机制,假设 H8d 得到了支持。

表 7.29　协调式整合对认知信任与团队创造力的中介作用的层次回归分析

自变量 ＼ 因变量	模型 1 系统式整合	模型 2 团队创造力
控制变量(同表 6.12)	—	—
认知信任	0.335***	0.110
协调式整合		0.386***
调整后的 R^2	0.159	0.172
ΔR^2	0.106	0.170
F 值	3.486***	3.395***

注:①表格中的系数为标准化回归系数,各控制变量只列出回归系数显著的项目,对于不显著的各控制变量的回归系数省略;② *P<0.1,**P<0.05,***P<0.01。

四、共同语言与知识整合的关系分析

从上述的回归分析中可以看出,团队社会资本中的联结强度、情感信任与认知信任对知识整合都有正向的显著影响(见表 7.21,7.23,7.24),而共同语言对系统式整合与协调式整合的影响分析见表 7.20。

从表 7.30 可以看出,在第一层回归分析中,控制变量团队类型对系统式整合不存在直接影响。共同语言的回归系数为 0.240,达到显著性要求,因此共同语言对系统式整合有着直接的显著影响,假设 H3a 得到了支持。

表 7.30　共同语言对系统式整合的层次回归分析

变量		第一层	第二层
团队规模	6~15 人	0.061	0.032
	15 人以上	−0.002	−0.012
团队任务阶段	执行阶段	−0.040	−0.035
	交付阶段	0.197	0.208*
团队类型	技术导向型	−0.208*	−0.232**
	市场导向型	−0.129	−0.071
共同语言			0.240**
调整后的 R^2		0.056	0.112
ΔR^2		0.117	0.062
F 值		1.903*	2.660**

注:①表格中的系数为标准化回归系数,各控制变量只列出回归系数显著的项目,对于不显著的各控制变量的回归系数省略;② $*P<0.1,**P<0.05,***P<0.01$。

从表 7.31 可以看出,在第一层回归分析中,控制变量团队类型对协调式整合存在直接影响。加入共同语言后,控制变量中团队任务阶段与团队类型均对协调式整合存在显著影响,共同语言与协调式整合的回归系数为 0.240 ($P<0.05$),达到显著性要求,共同语言对系统式整合有着直接的显著影响,假设 H3b 得到了支持。

表 7.31　共同语言对协调式整合的层次回归分析

变量		第一层	第二层
团队规模	6~15 人	0.171	0.136
	15 人以上	−0.138	0.127
团队任务阶段	执行阶段	−0.006	0.012
	交付阶段	0.019	0.033
团队类型	技术导向型	−0.203*	0.175
	市场导向型	−0.057	0.011
共同语言			0.307***
调整后的 R^2		0.002	0.084
ΔR^2		0.067	0.087
F 值		1.030	2.211**

注:①表格中的系数为标准化回归系数,各控制变量只列出回归系数显著的项目,对于不显著的各控制变量的回归系数省略;② $*P<0.1,**P<0.05,***P<0.01$。

第六节 假设检验结果分析

本章在理论分析基础上提出团队社会资本对团队创造力可能存在正向的影响作用及知识整合方式的中介作用机制，通过实证调研的数据分析，提出的假设基本得到验证，下面依次对假设验证情况加以分析。

假设 H1a 是联结强度与团队创造力正相关。从表 7.21 看，联结强度会对团队创造力产生显著的正向影响（$\beta=0.387$，$P<0.01$），假设 H1a 成立。这说明通过联结强度衡量的团队结构社会资本水平越高，即成员间彼此联系越多，越紧密，越能增加团队创造力的形成，即结构社会资本（联结强度）是团队创造力形成的重要影响因素。

假设 H2b 是共同语言与团队创造力正相关。从表 7.22 看，共同语言对团队创造力不存在显著的正向影响（$\beta=0.097$），假设 H1b 不成立。这说明团队成员间共同语言水平高，并不会推进团队创造力的形成，即认知社会资本并非团队创造力形成的直接重要影响因素。这个结果有些出乎意料，根据之前文献梳理与理论推演的结果来看，认知社会资本（共同语言）在理论上应该有助于团队创造力的形成，但实际数据分析结果推翻了这一假设，出现这一现象的原因可能是由于共同语言对创造力的直接影响无法被感知，或是两者之间本身并不存在作用关系。笔者将在第八章中的结论部分做进一步分析。

假设 H1c 是情感信任与团队创造力正相关。从表 7.23 看，情感信任对团队创造力存在显著的正向影响（$\beta=0.268$，$P<0.05$），假设 H1c 成立。这说明团队成员间相互间情感纽带越多，给予彼此越多的关怀和感情支持，越有助于团队创造力的形成，即情感信任是团队创造力形成的直接影响因素。

假设 H1d 是认知信任与团队创造力正相关。从表 7.24 看,认知信任对团队创造力存在显著的正向影响(β=0.240,P<0.05),假设 H1d 成立。这说明团队成员基于彼此专业与经验的认同形成的信任水平越高,越能推进团队创造力的形成,即认知信任是团队创造力形成的直接影响因素。从假设 H1c 和 H1d 可以推断出关系社会资本是团队创造力形成的直接影响因素。

假设 H2a 是联结强度与系统式整合正相关。从表 7.28 看,联结强度对系统式整合存在显著的正向影响(β=0.282,P<0.01),假设 H2a 成立。这说明成员间相互联系程度越高, 成员能更主动地按照既定流程和规则整合相关的信息与知识,系统式整合的效果越好,即结构社会资本(联结强度)是系统式整合的直接影响因素。

假设 H2b 是联结强度与协调式整合正相关。从表 7.31 看,联结强度对协调式整合存在显著的正向影响(β=0.651,P<0.01),假设 H2b 成立。这说明成员间较为紧密的相互联系, 使其能拥有更多相互沟通与交流彼此观点和经验的机会, 从而使得成员拥有的较为隐性的知识与技能能有效地整合起来,协调式整合的效果较好,即结构社会资本(联结强度)是协调式整合的直接影响因素。

假设 H3a 是共同语言与系统式整合正相关。从表 7.34 来看,共同语言对系统式整合存在显著的正向影响(β=0.262,P<0.05),假设 H3a 成立。这说明团队成员共同语言水平越高,越有助于开展系统式整合活动,主要表现为成员更能理解任务的要求和一般化的程序。因此,认知社会资本(共同语言)是系统式整合的直接影响因素。

假设 H3b 是共同语言与协调式整合正相关。从表 7.35 来看,共同语言对协调式整合存在显著的正向影响(β=0.307,P<0.05),假设 H3b 成立。这说明团队共同语言的形成,有助于成员间彼此任务与专业交流,能更好地理解成员所提供的知识与信息。因此,认知社会资本(共同语言)是协调式整合的

直接影响因素。

假设 H4a 是情感信任与系统式整合正相关。从表 7.29 来看,情感信任对系统式整合存在显著的正向影响($\beta=0.430$,$P<0.01$),假设 H4a 成立。这说明团队成员间彼此情感依赖程度高,有助于提升成员进行系统式整合的意愿,推进系统式整合活动的进行,因此情感信任是系统式整合的直接影响因素。

假设 H4b 是情感信任与协调式整合正相关。从表 7.32 来看,情感信任对协调式整合存在显著的正向影响($\beta=0.597$,$P<0.05$),假设 H4b 成立。这说明团队成员形成基于情感纽带的相互信任,一方面使得成员更愿意与他人分享相关经验和技能,另一方面也使成员更愿意倾听和接受他们的建议和观点,从而推动协调式整合的开展。因此,情感信任是协调式整合的直接影响因素。

假设 H5a 是认知信任与系统式整合正相关。从表 7.30 来看,认知信任对系统式整合存在显著的正向影响($\beta=0.260$,$P<0.05$),假设 H5a 成立。这说明团队成员对彼此专业技能的认可及理性判断,一方面使得成员产生根据已有程序规则整合相关信息与知识的意愿,另一方面也能提高成员有辨别性地整合有用的信息与知识,增进系统式整合活动的开展。因此,认知信任是系统式整合的直接影响因素。

假设 H5b 是认知信任与协调式整合正相关。从表 7.33 来看,认知信任对协调式整合存在显著的正向影响($\beta=0.335$,$P<0.01$),假设 H5b 成立。这说明团队成员基于专业技能与经验的信任水平越高,彼此间分享相关经验和技能的有效性便越高,在团队中获得专业性帮助的可能性也越高,从而协调式整合的有效性也越高。因此,认知信任是协调式整合的直接影响因素。

假设 H6a 是系统式整合与团队创造力正相关。从表 7.26 来看,系统式整合对团队创造力存在显著的正向影响($\beta=0.256$,$P<0.05$),假设 H6a 成立。这

说明团队能通过既有的工作流程和规则将分散的任务相关的知识与信息整合在一起,能增进团队创造力的形成,即系统式整合是团队创造力形成的重要影响因素。

假设 H6b 是协调式整合与团队创造力正相关。从表 7.25 来看,系统式整合对团队创造力存在显著的正向影响(β=0.426,P<0.01),假设 H6b 成立。这说明团队通过成员间互动与交流将相关的任务知识与信息有效地整合在一起,能增进团队创造力的形成,即协调式整合是团队创造力形成的重要影响因素。

假设 H7a 是系统式整合在联结强度与团队创造力之间起中介作用。从表 7.27 来看,在引入系统式整合到联结强度与团队创造力的回归模型后,系统式整合对团队创造力不存在显著的正向影响(β=0.159),而联结强度仍对团队创造力有着显著的正向影响(β=0.342,P<0.1)。这说明系统式整合在联结强度与团队创造力的关系中未发挥中介作用机制,即结构社会资本(联结强度)转化成团队创造力的中间过程并不通过系统式整合传导,假设 H7a 不成立。

假设 H7b 是系统式整合在共同语言与团队创造力之间起中介作用。由于认知社会资本(共同语言)与团队创造力不存在显著相关关系,因此系统式整合在其两者间的中介传导机制便不存在,假设 H7b 不成立。

假设 H7c 是系统式整合在情感信任与团队创造力之间起中介作用。从表 7.28 来看,引入系统式整合到情感信任与团队创造力的回归模型后,系统式整合对团队创造力不存在显著的正向影响(β=0.174),而情感信任仍对团队创造力有着显著的正向影响(β=0.193,P<0.1)。这说明系统式整合在情感信任与团队创造力的关系中未发挥中介作用机制,假设 H7c 不成立。

假设 H7d 是系统式整合在认知信任与团队创造力之间起中介作用。从表 7.29 来看,在引入系统式整合到认知信任与团队创造力的回归模型后,系统式整合对团队创造力存在显著的正向影响（β=0.207，P<0.1），而认知信任对团队创造力仍存在显著的正向影响，但有所降低（β=0.186，P<0.1）。这说明系统式整合在认知信任与团队创造力的关系中发挥部分中介机制，假设H7d 成立。

假设 H8a 是协调式整合在联结强度与团队创造力之间起中介作用。从表 7.30 来看，在引入协调式整合到联结强度与团队创造力的回归模型后，协调式整合对团队创造力存在显著的正向影响（β=0.286，P<0.05）。而联结强度对团队创造力则不存在显著的正向影响（β=0.201）。这说明协调式整合在结构社会资本（联结强度）与团队创造力的关系中存在中介作用机制，假设 H8a 成立。

假设 H8b 是协调式整合在共同语言与团队创造力之间起中介作用。由于认知社会资本（共同语言）与团队创造力不存在显著相关关系，因此协调式整合在其两者间的中介传导机制便不存在，假设 H8b 不成立。

假设 H8c 是协调式整合在情感信任与团队创造力之间起中介作用。从表 7.31 来看，在引入协调式整合到情感信任与团队创造力的回归模型后，协调式整合对团队创造力存在显著的正向影响（β=0.412，P<0.01）。而情感信任对团队创造力则不存在显著的正向影响（β=0.022）。这说明协调式整合在情感信任与团队创造力的关系中存在中介作用机制，假设 H8c 成立。

假设 H8d 是协调式整合在认知信任与团队创造力之间起中介作用。从表 7.32 来看，在引入协调式整合到认知信任与团队创造力的回归模型后，协调式整合对团队创造力存在显著的正向影响（β=0.386，P<0.01）。而认知信任对团队创造力则不存在显著的正向影响（β=0.110）。这说明协调式整合在认知信任与团队创造力的关系中存在中介作用机制，假设 H8c 成立。

本章小结

本章通过实证数据对理论模型和相关假设进行检验。首先,运用单因素方差分析验证了控制变量对中介变量与结果变量的影响, 发现团队任务阶段与团队类型对知识整合和创造力均有着部分的控制效应。其次,采用皮尔逊(Pearson)相关分析法初步检验了模型中主要变量间的相关关系。最后,运用软件 SPSS17.0,采用层级回归方法,对研究假设进行了检验,结果发现本章提出的 22 个研究假设,有 17 个获得实证支持,有 5 个未获得支持。其中,团队社会资本各要素对团队创造力的影响存在差异, 联结强度代表的结构社会资本对团队创造力有积极的正向影响, 情感信任与认知信任代表的关系社会资本对团队创造力同样具有显著的影响, 但是共同语言所表示的认知社会资本对团队创造力则不具有显著的影响。在知识整合方式与团队创造力的关系上, 系统式整合与协调式整合均对团队创造力有着显著的正向影响。在知识整合方式的中介传导机制上,协调式整合在联结强度、情感信任、认知信任对团队创造力的影响过程中发挥中介作用,但系统式整合只在认知信任与团队创造力的关系中发挥部分中介作用, 在其他团队社会资本构成要素与创造力的关系中未发现存在中介传导机制。上述研究假设的检验结果总结如表 7.32 所示:

表 7.32 研究假设检验结果汇总表

假设编号	假设内容	检验结果
H1a	联结强度与团队创造力正相关	支持
H1b	共同语言与团队创造力正相关	不支持
H1c	情感信任与团队创造力正相关	支持
H1d	认知信任与团队创造力正相关	支持

续表

假设编号	假设内容	检验结果
H2a	联结强度与系统式整合正相关	支持
H2b	联结强度与协调式整合正相关	支持
H3a	共同语言与系统式整合正相关	支持
H3b	共同语言与协调式整合正相关	支持
H4a	情感信任与系统式整合正相关	支持
H4b	情感信任与协调式整合正相关	支持
H5a	认知信任与系统式整合正相关	支持
H5b	认知信任与协调式整合正相关	支持
H6a	系统式整合与团队创造力正相关	支持
H6b	协调式整合与团队创造力正相关	支持
H7a	系统式整合在联结强度与团队创造力之间起中介作用	不支持
H7b	系统式整合在共同语言与团队创造力之间起中介作用	不支持
H7c	系统式整合在情感信任与团队创造力之间起中介作用	不支持
H7d	系统式整合在认知信任与团队创造力之间起中介作用	支持
H8a	协调式整合在联结强度与团队创造力之间起中介作用	支持
H8b	协调式整合在共同语言与团队创造力之间起中介作用	不支持
H8c	协调式整合在情感信任与团队创造力之间起中介作用	支持
H8d	协调式整合在认知信任与团队创造力之间起中介作用	支持

基于前面六章的分析与阐述，本章已经全面而系统地分析了在高科技企业情境下，团队社会资本如何通过知识整合来影响团队创造力的机理，因此本章在对实证分析结果进行总结与讨论的基础上，提出针对团队创造力管理的指导建议，指出本章存在的不足与未来的研究方向。

第八章　团队社会资本对团队创造力的
影响研究的结论与讨论

第一节　主要结论与讨论

创新是高科技企业生存与发展的重要源泉，随着团队在高科技企业中的广泛应用，团队创造力的培育和提升成为高科技企业管理的核心命题，但在创造力管理实践中，团队创造力缺失一直是困扰着多数高科技企业实现创新绩效的重要原因。团队社会资本是团队所拥有的嵌入于成员间关系的资源，在团队绩效产出中发挥重要的作用，但是团队社会资本是否会影响团队创造力的形成及其影响机理一直存在着争议与困惑。鉴于此，本章探讨了团队社会资本的三个构面中的四个构成要素，即联结强度、共同语言、情感信任与认知信任对团队创造力的影响及其作用机理，试图探寻能够有效提升团队创造力的团队社会资本构成。具体的结论分述如下：

一、团队社会资本对团队创造力有着积极的影响作用，
但不同要素的作用效应有所差异

本章通过对93个工作团队的数据分析得出，团队社会资本能有效地提高团队创造力水平，这与近些年来在创造力研究领域中所提出的社会资本对创造力具有积极促进作用的观点是一致的。但团队社会资本的各构成要素对创造力的影响存在差异。

其中，结构社会资本与关系社会资本对团队创造力具有显著的正向影响，这说明在高科技企业中，密集型的团队比松散型的团队更能提出有创意的观点和想法，创造性地解决问题的能力更强。在团队中，情感信任与认知信任水平越高，任务冲突与人际冲突便会降低，更有助于形成团队创造力。但在高科技企业中，认知社会资本对团队创造力不具有显著影响，即团队共同语言并不是团队创造力的直接影响因素。分析其原因包含两个方面：其一，在高科技企业团队构成上，成员大都有着共同的学科背景，如都是理科或者工科出身。在笔者调研的通信设备制造团队中，尽管成员专业背景不同，有成员是做数字电路，有成员是做射频开发，但究其上级学科都隶属于通信工程这一专业。同时，在高科技企业雇员招聘中很重视雇员的学科背景，即使在市场开发领域工作的成员同样需要具备大学科的背景。因此，高科技企业团队成员间的共同语言基础相对于其他行业而言是较高的。其二，尽管团队共同语言程度越高，能增进成员间相互理解，使成员掌握彼此不同模块间的知识与任务，提出富有建设性的建议，但共同语言程度高也会造成成员间批判性建议的减少，一定程度上会扼制团队创造力的生成。

二、知识整合方式是团队创造力形成的重要途径

在高科技企业中,知识整合是企业知识管理与团队学习的重要环节,知识整合水平高意味着团队能有效地将成员所掌握的技能和经验融合在一起,推动任务信息在团队内流动以备成员了解与掌握,高水平的知识整合是团队创造力形成的重要途径。本章在以往研究与高科技企业调研的基础上,将知识整合划分为系统式整合与协调式整合两种方式,代表了团队现有信息之间或现存知识与新知识之间的整合结构。通过对知识整合的验证性因子分析,结果表明该模型拟合较好。其中,系统式整合强调通过团队正式系统,如编码、计划、既定工作流程来组合和重构已有的知识,突出常规化的信息整合的过程,而协调式整合则强调通过成员间互动与交流,将显性复杂知识或隐性知识进行组合或重构的过程,突出了非常规化的专长整合特点。本章运用层级回归方法分别验证了两种不同整合方式对团队创造力的作用,结果表明系统式整合与协调式整合均对团队创造力有着积极的影响。系统式整合通常被团队成员视为"行政手段",如成员定期要填写的工作进度、工作报告等,或同时在企业内网、论坛或网上大学了解和掌握相关任务的信息。总的看来系统式整合有助于团队创造力的提升,但研究表明,系统式整合与团队创造力的回归系数为0.256,只在0.05水平上显著,因此这一整合方式对提升团队整体创造力的作用是有限的。协调式整合则是通过成员间的互动和交流,将显性复杂知识或隐性知识重构的过程,其通常出现在任务出现问题时,成员相互分享自身的专长与技能,交流以往经验,知识活动更为频繁,因此团队整体的创造能力能得到较大的提升。

三、团队社会资本对创造力的影响机制:知识整合的中介作用

本章表明,两种不同的知识整合方式在团队社会资本对团队创造力的影响机制中发挥了不同的作用。其中协调式整合在联结强度、情感信任与认知信任对团队创造力的作用中起到了完全中介作用。也就是说,联结强度、情感信任与认知信任是通过开展协调式整合完成了相关信息与知识的组合与重构,形成了团队创造力。然而,系统式整合在团队社会资本各要素对团队创造力的作用的影响非常有限,仅在认知信任与团队创造力的关系中发挥部分中介作用。这说明团队成员对彼此专业及过往经验的认可同样会通过系统式整合方式激发团队创造力,然而联结强度与情感信任并不会通过系统式整合方式影响团队创造力的形成,这可能是由于系统式整合通常是一种信息整合,其整合过程突出常规化的特点,其对团队创造力的影响是有限的。因此,系统式整合中介传导作用缺失的主要原因在于这种知识整合方法与团队创造力之间的关系并不明显。

四、团队任务阶段与团队类型对知识整合与团队创造力的影响分析

本章表明,不同任务阶段对协调式整合有显著影响,交付阶段的团队协调式整合程度显著高于处于计划和执行阶段的团队。在高科技企业情境下,任务交付阶段伴随着大量的沟通和协调工作,成员需要将对方反馈的信息及时地传达给团队其他成员,需要配合其他成员的"扫尾"工作,相互间有关任务的沟通与交流增多,因此协调式整合比其他任务阶段更为明显。

不同的团队类型对知识整合与团队创造力有显著影响,产品导向型团

队的知识整合活动与团队创造力明显高于技术导向型和市场导向型团队。在高科技企业中,产品是其生命线,产品导向型团队通常负责企业产品的研究开发,既包括全新产品的研制,也包括"仿制"产品的更新,其在知识整合的效率和范围上明显高于其他类型团队。与此同时,产品导向型的团队工作更富有原创性,经常会通过"头脑风暴"等方式激发成员进行创造性思考,培养成员的创造思维。相比技术导向型和市场导向型的团队,其更富有创造性。

第二节　管理启示

本章在实证分析的基础上探讨了团队社会资本、知识整合与团队创造力之间的内在关系,深入揭示了团队社会资本在影响团队创造力过程中的"黑箱"之谜,因此对高科技企业团队管理方面提出如下建议。

一、关注团队社会资本,提升团队创造力

在高科技企业项目制或任务分工日益细化的今天,仅仅依靠高素质的人才队伍来实现组织创新和团队创新是不够的,在企业运作中,由一群富有行业经验和扎实专业背景的成员构成的团队,其实际产出往往差强人意,甚至会出现人才创造力枯竭的现象。创造力不仅是对个体的要求,也是对团队的要求。团队创造力的形成不仅源自团队整体专长与技能,更源自其高水平的社会资本。因此,在团队管理实践中,我们应把团队管理的侧重点从人力资本转移到社会资本上。

研究表明,团队社会资本之结构与关系社会资本对团队创造力有着积

极显著的影响。结构社会资本反映了团队成员间相互联结的程度,联结强度高的团队能更及时和有效地共享信息与整合知识。因此,在团队活动管理中,我们需要注重通过任务流程设计来增进团队间密集型网络结构的形成,改变以往"单线联系"的工作方式,有效地扩大成员间获得信息和了解他人工作内容的机会和范围。

关系社会资本体现在团队成员间两种人际信任方式中,即基于情感依附的信赖与基于专业技能的认可。因此,在团队日常管理中,一方面需要构建让成员畅所欲言的平台,如构建虚拟内部论坛,搭建网络交流群等,给成员提供表达自己对工作与生活的观点或想法,让彼此形成相互依赖的情感纽带;另一方面,也鼓励成员间交流以往成功任务经验,这对于加入团队的新成员尤其重要,通过正式的小组讨论会或非正式的聊天聚会等方式让成员相互了解并形成对彼此专业技能的认同。

研究表明,认知社会资本对团队创造力并无显著影响,同时在高科技企业中,团队成员的大学科背景大都一致,因此团队在人员招聘中需要注重团队成员间共同语言这一要素,或是通过小组学习的方式提高成员间共同语言的水平。由于共同语言并非团队创造力的直接影响因素,因此团队在日常工作中无须分配过多的时间和精力,团队管理工作重点还是在结构社会资本与关系社会资本的构建上。

二、注重知识整合过程在团队创造力形成中的作用

研究表明,系统式整合与协调式整合均对团队创造力有着积极正向的影响,协调式整合在团队社会资本与创造力中发挥了中介传导作用,系统式整合在认知信任与团队创造力的关系中发挥了中介传导作用,因此在团队管理中,要重视团队中不同知识整合方式的运行效果。

团队社会资本对知识整合的开展有着显著的正向影响，因此在团队管理活动中，首先要多开展与任务有关的讨论与互动，加强成员间的互动与交流，既鼓励成员将自己的观点、想法和意见表达出来，同时也要善于倾听其他成员的意见，帮助他人解决问题，通过密集性的联结使得成员有机会获得新信息与知识，以及实现已有知识与新知识有效整合的机会。其次，要通过成员间相互授课的方式开展内部相关专业领域的培训，通过成员间相互讲授提升团队对特定符号、语义和词汇的理解，让成员熟悉和了解团队内的"行话"，这样能更快且有效地完成信息与知识的传达与整合。最后，在实践中通过组织各类非任务相关活动，如举行聚会、联谊、球赛等，增进团队成员间的了解，既有助于形成成员间基于技能的认同，也有助于加强成员间感情纽带，从而提升成员进行知识加工与整合的意愿。

知识整合是团队创造力形成的重要中间过程，在团队管理实践中，管理者要意识到知识整合对团队创造力形成的重要性，应不断加强系统式与协调式两种知识整合方式的有效开展。在开展系统式整合方面，团队需要构建更加完善和易于操作的任务管理流程，让较为枯燥和单一的"例行公事"成为成员自我学习和团队学习的重要方式，充分发挥任务细化与跟踪监控的的作用，注意系统式整合中可能会出现的成员倦怠或应付的现象，鼓励成员充分利用组织与团队既有的信息系统和平台共享相关信息，以保证任务活动在既有的框架内有效地开展。在协调式整合方面，团队应鼓励和营造成员间获取、分享、加工与应用的知识整合氛围，既开展定期的任务讨论会或经验交流会，也鼓励成员通过非正式的方式交流，如私下交流与讨论彼此的任务进展。在两种知识整合方式的选择上，团队管理应有所侧重，本章发现系统式整合对团队创造力的影响是有效但有限的。因此，在倡导创新和创造力的团队中，应更多地开展协调式整合活动，这更有助于团队创造力的形成。

第三节　研究局限性及展望

目前,在理论研究与管理实践中,从社会资本的视角来研究和关注其对团队创造力的影响是非常有限的,本章涉及管理学、社会学等几大学科的知识与理论,以一个整合的视角研究团队创造力的形成机理,已有可参照结果有限,加上本人时间、精力与知识结构有限,本章还存在一些不足,还有许多重要的理论和实践问题尚未深入探讨,希望在后续研究中能加以完善。

首先,本章的核心是团队创造力的发生机理,选择以团队社会资本为起点,从知识整合视角揭示其形成路径,虽然在研究视角上具有一定的创新性,明确了团队社会资本对团队创造力的积极影响,但对团队创造力的形成机理挖掘得不够全面,对团队创造力形成的影响因素仍有待进一步深入的探索。虽然本章从知识管理的视角初步探索了团队社会资本对创造力的影响并提出了相应的管理对策,但在我国高科技企业中,"头脑风暴"小组讨论与创造力培训等实践活动并不能发挥积极的作用,同时我国创造力研究与实践还处于起步阶段。因此,仍需要在本章成果的基础上进一步针对高科技企业中团队创造力的现状及问题做全面性诊断,尝试从单一企业中运用扎根理论的方法分析比较成功与失败的案例,发现其存在的差异性,从而进一步拓展适应高科技企业的团队创造力管理策略。

其次,本章构建的模型仅涉及团队层次的变量,并没有考虑个体层面与组织层面的要素差异对团队创造力的影响作用,如企业面临的市场竞争水平,组织创新氛围等要素。对于身处市场竞争水平高的企业,其快速的产品周期及客户要求的变化速度会给团队创造力形成一个强有力的外部力量,而在身处竞争水平较低的企业,其对创造力的诉求则可能会较低。此外,组织创新氛围是重要的,能更好地鼓励成员间采取创新行为,从而提升整个团队的创造力水平。因此,在后续研究中应考虑在模型中加入组织层面的要素,通过跨层次研究发现变量间的关系,构建更加全面、具有跨层效应的影响模式。

再次,对高科技企业中团队层面的知识整合有待进一步深入。本章用系统式与协调式整合概括高科技企业知识整合方式,在划分方式上比较简单化。尽管本章进行的知识整合测量表现出较好的信度与效度,但不同的划分依据,如从知识属性角度将知识整合划分为显性整合与隐性整合,对本章模型可能都会有影响。此外,应在同一模型中对知识整合、知识共享与知识转移等活动的异同进行验证,从而构建更加全面的知识整合理论体系。

最后,在数据收集上,本章采用自我报告的方式,这种测量方式可能会受到社会称许性偏差的影响。尽管本章采用团队施测、交叉验证等措施尽可能降低误差,但仍无法避免被试者自我评估分可能偏高的情况。此外,所有数据来自同一人的测量方法,有可能存在共同方法偏差问题,尽管在本章中采用验证性因子分析及VIF值判定,存在的共同方法偏差并不会显著影响研究效度,但在后续研究中有必要采取配对的方式,在调研企业直接收集更为客观的信息和数据进行分析。

第九章　知识多样性对团队创造力的影响机制研究
—— 一个被调节的中介模型

第一节　问题的提出

随着信息时代的到来,全球进入大数据时代,知识信息的更替速度日益加快,外部环境复杂多变,产品更新迅速,客户需求个性化、小众化趋势明显,创新成为高科技企业获得可持续竞争优势的关键要素,任务团队是高科技企业实现创新绩效的核心平台, 团队知识构成与团队互动过程都对其创造力形成有着影响,团队创造力不同于个体创造力,其"集体性"既体现了团队创造力源于工程师、后勤、营销、销售等各方面的专业知识和技能,其"合作性"也体现了团队创造力形成离不开团队对上述知识技能的整合过程。

知识多样性是团队层面的聚合构念,被视为一种团队特征,即团队成员彼此间实际与被感知到的知识技能经验等方面的差异程度。相对于人口特征表层多样性而言,知识多样性是团队深层多样性,在高科技企业中,团队知识多样性程度高能够为团队带来更广泛的知识、经验与技能,形成富有创造性的观念或问题解决方案,但也存在一些负面影响,如冲突增加、团队凝聚力下降。也有研究指出,探讨关于知识多样性与团队创造力之间关系的研究应关注团队核心过程的影响。

知识整合是将分散的专有化知识进行合并、应用和吸收的过程,也是知识创造、获取、转移、存储、应用和维护等相关活动的集合。团队知识整合既包括知识在个体与团队间的内在流动,也强调知识接受体吸收、合并和应用相关知识的行为集合。根据知识整合依据的不同,团队知识整合可划分为两种整合方式,即系统式知识整合与协调式知识整合,前者强调团队按照既定工作流程、产品协议等显性标准进行知识整合,后者强调通过成员间互动和交流来实现对团队隐性知识的整合。目前,关于不同知识整合方式对知识多样性与团队创造力之间关系作用机制的研究还相对较少。

结合上述分析,本章旨在对知识多样性与团队创造力关系的研究进行一定的深化和补充,尝试在以下方面做出贡献:第一,结合高科技企业团队情境,厘清知识多样性对团队创造力的影响,丰富前人的研究工作;第二,引入两种不同的知识整合方式,考察两种知识整合方式的交互作用对团队创造力的影响;第三,系统分析不同知识整合方式在知识多样性与团队创造力之间的作用,尝试验证协调式知识整合对知识多样性与团队创造力的中介作用,探索系统式知识整合对协调式知识整合中介效应的调节作用,试图打开从知识多样性到团队创造力之间的"黑箱"。

第二节　文献回顾与研究假设

一、知识多样性与团队创造力

在高科技企业中,团队成员是知识与信息的载体,团队是知识与信息的容器,知识多样性表现为团队成员在信息、知识、技能与经验等方面的多样性程度,知识多样性程度越高,说明团队拥有的知识类别越多,知识空间越广。有关知识多样性与团队创造力的两者关系研究尚未得到直接验证,已有研究大都采用职能多样性、专业背景多样性开展研究。研究发现,成员的行业背景多样性对团队绩效和团队创造力有着微弱的积极影响,教育背景多样性和团队绩效、团队创造力相关联。在家族企业中,技能多样性高的团队,绩效水平也相应较高。有研究以科研团队为分析对象,验证了成员专业背景结构多样性对团队创造力的正向影响。在高科技企业中,产品或者服务要求创新具有整体性,要求产品或服务的各个要素彼此匹配,在产品或服务创新中,团队拥有越多样的知识,越有可能形成新颖且有用的观点和见解,推动产品与服务创新活动开展。根据信息/决策理论,知识多样性水平越高的团队拥有的知识技能经验越丰富,对团队解决复杂问题便越有效,团队创造力水平相应也越高。同样,知识多样性更有助于研发团队提出多种解决方案,从而表现出更高的创造力,尤其是在创新、解决复杂问题或产品设计等方面。相反的,当团队知识趋势同质化,该团队拥有的知识水平与种类大都一致,容易使团队嵌入迷思的困境,不利于团队创造力的生成。基于上述分析,本文提出研究假设 H1:

H1:知识多样性对团队创造力有着正向影响。

二、团队知识整合与团队创造力

如前所述,在高科技企业中,团队知识整合是对团队拥有知识的综合、集成和系统化的再构建。已有研究发现,知识整合对绩效有着积极、正向的影响,在新产品开发中发挥关键作用,知识整合过程中的信息共享与加工环节对团队生产率和绩效有着正向影响。有关软件开发商的研究发现,开发过程阶段中的合作交换与显性知识整合对系统开发绩效有着正向的影响。在实践中,团队创造力的形成与知识整合是密切联系在一起的。

知识整合方式是团队现有信息与知识的组合与重构的结构，是将显性知识或隐性知识整合成新知识的一系列活动的集合。团队创造力的形成需要团队成员彼此分享各自信息与知识,运用彼此提供的信息与知识,同时也需要理解各种信息与知识之间的关系,从而得出创造性的观点或见解。作为团队学习的重要环节，知识整合方式的本质是对团队现有信息和知识的重构与拓展,为团队提供利用已有资源的机会,为团队创造力起到积极的推动作用。一方面,系统式知识整合是显性化整合方式,主要通过团队中既定的流程规范来整合与任务有关的信息与知识，包括了产品与服务普适的规则和要求。在高科技企业中,鉴于新产品开发本身成功率较低,大多数团队倾向于以系统化整合为基础,保证产品和服务符合市场和客户要求,使得团队创造力能带来更多的商业价值。另一方面,协调式知识整合是团队中的隐性化整合方式,在动态的竞争环境中,已有的组织实践与惯例可能会减少企业适应新变革的灵活性,通过协调式知识整合,成员间更频繁地分享彼此的观点和意见,加快信息与知识在成员间的流动,为产品和服务的新颖性提供保证,促进团队创造力的形成。综合上述分析,本文提出研究假设 H2a、H2b:

H2a:协调式知识整合对团队创造力有着正向影响。

H2b:系统式知识整合对团队创造力有着正向影响。

三、协调式知识整合的中介效应

知识多样性体现了团队在信息、知识、技能与经验等方面的差异程度,知识多样性程度高的团队通常拥有更大的知识存量与知识空间，知识与信息活动更加活跃,其团队知识整合较知识多样性程度低的团队而言更频繁。

知识多样性程度对协调式知识整合的促进作用体现在两个方面：一是为团队内信息与知识流动提供更全面的传递通道，知识与信息循环加快；二是团队成员有更多的机会获得、分享和运用彼此相异的信息与知识，从而提升协调式知识整合水平。相关研究也从侧面验证了这一点，如彭凯和孙海法（2012）构建了研发团队知识多样性、知识分享整合与知识创新产出三者的理论模型。[①]基于上述分析，本文提出研究假设 H3a。

H3a：知识多样性对协调式知识整合有着正向影响。

多样性研究发展至今，关于成员多样性和团队创造力关系的研究已取得了一定的成果。吕洁和张钢（2015）指出，知识型团队的创造力不仅受到团队知识多样性和成员创造力的影响，同时还取决于团队成员的认知互动过程。[②]已有研究将知识整合作为通往组织创新或团队有效性的重要途径。一项研究发现，不同导向的产品创新网络均通过知识整合影响产品创新绩效。[③]谢洪明等人（2007）发现，知识整合的社会化程度、系统化程度和合作化程度在组织学习与核心能力的关系中均发挥中介传导作用。[④]知识多样性高的团队拥有更广、更丰富的技能、经验、知识与信息，要将其转化成创造力需要团队对其进行加工处理，重新组合各类知识资源。在团队拥有的多样性知识资源转化成创造力的过程中，协调式整合是通过成员间配合与协调来完成知识资源向创造力的转化。根据信息决策理论观点，知识多样性高的团队具有更

---

① 参见彭凯、孙海法：《知识多样性、知识分享和整合及研发创新的相互关系——基于知识 IPO 的 R&D 团队创新过程分析》，《软科学》，2012 年第 9 期。

② 参见吕洁、张钢：《知识异质性对知识型团队创造力的影响机制：基于互动认知的视角》，《心理学报》，2015 年第 4 期。

③ Melton C. E., Chen J. C. H. & Lin B., Organizational Knowledge and Learning: Leveraging It to Accelerate the Creation of Competitive Advantages, *International Journal of Innovation and Learning*, No. 3, 2006, pp.254–266.

④ 参见谢洪明、吴隆增、王成：《组织学习、知识整合与核心能力的关系研究》，《科学学研究》，2007 年第 2 期。

丰富的知识资源,协调式知识整合更加频繁,是发挥知识多样性对团队创造力积极效应的核心过程机制,反映了不同信息和知识在团队内部的运行过程和作用结果。如果说知识多样性为团队创造力形成提供资源基础的话,协调式知识整合作为团队学习核心过程,其主要作用是将各类资源重新组合起来,形成新见解和新方法。基于上述分析,本章提出研究假设 H3b:

H3b:协调式知识整合在知识多样性与团队创造力之间起到中介作用。

四、系统式知识整合的调节效应

高科技企业中,团队通常要求成员按照产品开发系统或操作手册等程序化形式提交工作报告,系统式知识整合反映了团队按照书面文件或正式系统进行知识加工的程度,提供给成员既定情境下的操作规范,根据这一规范,成员很清楚地了解团队预期,并且知道要做什么。

以往研究中尚未提出系统式知识整合在协调式知识整合与团队创造力关系中的调节作用,本章从系统式知识整合的特点与过程分析可知,系统式知识整合能有效地通过团队常规和例行方式将成员知识转化为团队知识,相比协调式知识整合,系统式知识整合更加规范化,促进知识显性化的整合方式,能有效弥补协调式知识整合的不确定性。为了进一步支持上述假设,笔者在预调研的基础上,对参加问卷调查的两家企业的 6 个团队进行了半结构化的访谈,利用质性研究方法对访谈资料进行编码分析,了解到系统式知识整合较高的团队,更频繁地根据工作规范开展完成若干报告整理等活动,通过这一形式将成员间互动交流的观点形成文字,有效弥补协调式知识整合活动过程中可能出现的信息遗漏,一定程度上完善了协调式知识整合转化成团队创造力的边界。从而得出,在系统式知识整合较高的团队中,协调式知识整合与团队创造力之间的关系强度明显高于系统式知识整合较低的工作团队。基于上述分析,本文提出如下假设 H4a。

H4a:系统式知识整合在协调式知识整合与团队创造力之间起到调节作用,即系统式知识整合程度越高,协调式知识整合对团队创造力的影响会越强,反之,系统式整合程度越低,知识多样性对团队创造力的影响会越弱。

在上述半结构化访谈中,对两家高科技企业的 6 个工作团队进行分组分析时发现,部分团队成员在总结团队创新活动成功经验时认为团队拥有的知识经验技能的多样性是创新的关键,也有些成员认为自己团队的创新效果不明显,将原因归结于团队缺少互动与交流,且缺少相关的程序规范以整合相关知识与信息。在对团队创造力差异做进一步梳理时发现,创造力较强的团队通常拥有较丰富的知识经验,协调式知识整合开展较为顺利,能有效将多样性知识转变为新颖的观点和见解。在对协调式知识整合作进一步整理时发现,能否将协调式知识整合中产生的有效信息以系统化或程序化的方式凝练保存起来,是协调式知识整合转化为团队创造力的重要条件。同时,系统式知识整合和协调式整合的交互作用是连接知识多样性和团队创造力两者关系的重要因素。综上所述,知识多样性对协调式知识整合有着正向影响,协调式知识整合对团队创造力产生正向影响,而后者之间的关系又会被系统式知识整合所调节,这本质上是一个被调节的中介效应模型,即知识多样性通过协调式知识整合间接对团队创造力产生正向影响,而这种间接影响存在与否很大程度上取决于系统式知识整合程度的高低,因为协调式知识整合与团队创造力两者之间的关系强弱取决于系统式知识整合水平的高低。基于上述分析,本文提出如下假设 H4b:

H4b:系统式知识整合间接调节知识多样性与团队创造力之间的关系。在系统式知识整合程度高的情况下,协调式知识整合能够中介知识多样性与团队创造力之间的关系,而在系统式知识整合程度低的情况下,上述中介作用不存在。综合上述分析,本章的研究模型如图 9.1 所示。

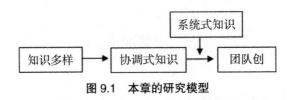

图 9.1　本章的研究模型

第三节　研究方法

一、研究样本

本章首先选取天津市两家高科技企业进行预调研，在预调研基础上锁定京津地区的 23 家高科技企业的 86 个工作团队，在问卷收集方面遵循以下原则：①规定团队规模小于 5 人的团队，参与问卷填写的团队成员数量不应少于 3 人；团队规模在 6~15 人的团队，要求问卷填写的团队成员不应少于 6 人；团队规模在 15 人以上，则要求问卷填写的团队成员不应少于 10 人。②问卷进行匿名填写，所有被调查者均为自愿参加。此次调查通过现场填写与电子问卷调查两种方式进行，通过与团队或部门的主管或成员建立联系，获取团队构成基本情况，再抽取大部分个体来填写问卷。问卷调查于 2016 年 1 月至 3 月进行，共发放 550 份问卷，回收问卷 435 份，剔除回答题项不完整、存在漏填现象的问卷与在问卷反向条款中出现前后矛盾的问卷，最终回收到有效的数据为来自 86 个工作团队的 387 份问卷，每个团队保证有 3 至 5 份有效问卷，问卷有效回收率为 70.36%。

此次调研样本中，387 份团队成员样本的特征显示：女性占 42%，男性占 58%；年龄以 26~35 岁为主，占 73.7%；学历以研究生为主，占 49.7%，本科占 43.3%；86 份团队样本特征现实，团队规模以 6~15 人为主，占 43.5%；团队类型以产品导向型为主，占 45.2%。

二、变量测量

研究是基于团队层面的问卷调查,要求团队成员以团队实际运作情况为参照点,通过科学的统计处理,汇总团队成员对团队在各个变量上的整体评价,真实地反映出团队层面的特有属性。本章依据主观感知方法,以 Likert7 级量表形式对变量进行测量。其中"1"表示完全不同意,"4"表示不确定,"7"表示完全同意;在结构上主要包括知识多样性、系统式知识整合、协调式知识整合与团队创造力四个变量。

知识多样性不同于以往研究中用职能多样性替代知识多样性的测量,参考蒂瓦纳和麦克林 2005 年的研究,阿姆利特(Amrit)和麦克林 2005 年有关知识与专长多样性的测量量表,编制了 5 个题项,样题如"团队成员各自的工作经验差别很大"。协调式知识整合参考了蒂瓦纳 2004 年的研究、柯林斯 2006 年研究的测量问卷,编制了 5 个题项,样题如"团队成员经常交流与任务有关的知识与经验"。系统式知识整合参考了郑景华与汤宗益 2004 年研究、柯江林等人 2007 年研究中的相关测量量表,编制了 5 个题项,样题如"团队成员经常填写工作报告、工作表格、工作日志等内容,以便他人了解相关信息"。团队创造力主要参考了夏恩和周 2007 年研究,陈等人 2008 年研究的测量题项,编制了 7 个题项,样题如"我们经常提出大量的新点子"。

控制变量。为突出自变量对因变量的影响效应,本章将团队规模、团队类型作为控制变量,通过对无关变量的控制,可以消除一些因素的影响,从而控制对回归结果的影响。

三、信度效度检验

本章使用 AMOS21.0 及 SPSS21.0 等统计软件进行数据统计分析，采用克朗巴哈(Cronbach α)系数进行信度评价,如表 9.1 所示,各主要变量的信度系数均大于 0.7,说明测量量表符合信度要求。

对于知识多样性、协调式知识整合、系统式知识整合与团队创造力这四个变量,本章使用 Harman 单因素检验来进行共同方法偏差检验,Harman 单因素分析发现有四个因子析出,总体解释率为 68.994%,说明本章的问卷不存在严重的共同方法偏差。运用 AMOS21.0 对研究数据作验证性因子分析,检验各量表的聚合效度与区分效度。聚合效度是指不同的观察变量是否可用来测量同一潜变量,区分效度是指不同的潜变量是否存在显著差异。本章计算了潜变量提取的 AVE 值,若 AVE 值等于或大于 0.5,就表示潜变量具备了聚合效度,AVE 值的平方根均大于各变量间相关系数的平方时,则表示其具有较好的区分度。如表 9.1 所示,各个潜变量的 AVE 平方根均大于变量间的相关系数,表明各变量具有良好的区分效度。因此,知识多样性、协调式知识整合、系统式知识整合与团队创造力的相关效度指标均达到接受水平,各个变量内在质量理想。

由于本章中知识多样性、协调式知识整合、系统式知识整合与团队创造力等变量均为团队中成员评价所得,在聚合成员的回答到团队层面之前,需检验个体层面数据是否存在高度的组内一致性。本章根据詹姆士等人开发的组织一致性(Rwg)指标和布利斯(Bliese)提出的组内相关(ICC)指标进行样本数据聚合的检验,其中 ICC(1)通常采用组间方差和总方差之比进行计算;ICC(2)是指将个体变量聚合为团队层次变量时的信度,计算公式为 ICC(2)=k[ICC(1)]/1+[k-1]ICC(1),其中 k 表示群体样本数的大小。如表9.1 所示,各变量 Rwg 值均超过了 0.7,说明团队成员彼此看法趋于一致,且 ICC (1)和 ICC(2)也分别大于 0.12 和 0.7 的临界值,因此可将个体层面的数据加总得到团队层面的测量值。

表9.1　各潜变量 AVE 和团队聚合指标

变量	信度	AVE	1	2	3	4	Rwg 均值	ICC (1)	ICC (2)
1. 知识多样性	0.890	0.59	0.77				0.902	0.386	0.974
2. 协调式知识整合	0.889	0.62	0.319**	0.79			0.866	0.337	0.962
3. 系统式知识整合	0.892	0.63	0.272**	0.457**	0.80		0.893	0.326	0.965
4. 团队创造力	0.877	0.61	0.274**	0.394**	0.618**	0.78	0.886	0.332	0.959

注:对角线上的数据为 AVE 的平方根,对角线以下数据为变量间相关系数,* 表示 $P<0.05$,** 表示 $P<0.01$。

第四节　假设检验及结果讨论

一、相关分析结果

在进行具体的层级回归分析之前,首先对各变量进行描述性统计和相关性分析。如表9.2 所示,知识多样性与协调式知识整合、系统式知识整合及团队创造力显著正相关,协调式知识整合与团队创造力显著正相关。

表9.2　主要研究变量间相关性分析

变量	均值	标准差	1	2	3
1. 知识多样性	4.662	0.628			
2. 协调式知识整合	4.731	0.716	0.311**		
3. 系统式知识整合	4.636	0.620	0.258**	0.288**	
4. 团队创造力	4.478	0.632	0.209*	0.414**	0.167+

注:N=86;* 表示 $P<0.05$,** 表示 $P<0.01$。

基于皮尔逊相关分析,可以初步判断研究假设的基本状况,但还不能说明变量间的逻辑关系,因此本文运用层级回归分析及相应的判别机制来验证变量间的逻辑关系及其中的中介调节效应。

二、假设检验

(一)主效应检验

本文采用层级回归分析方法,在每一步骤分别将控制变量、自变量加入回归方程中进行分析,通过分析标准化回归系数及显著性来检验控制变量、自变量对因变量的影响程度及中介效应。在控制变量选择上,团队规模上选取小规模团队(5人及以下)为参照变量,团队类型上选取产品导向型团队为参照变量。检验结果见表3所示。本章所有回归模型 VIF 值均小于2,不存在多重共线性问题,且德宾–沃森值均接近2,不存在序列相关问题,通过对各回归模型以被解释变量为横坐标进行了残差项的散点图分析,散点图呈无序状况。因此,本章所有回归模型中均不存在异方差问题。

假设1提出知识多样性对团队创造力有着正向影响,在模型2中,知识多样性的回归系数为0.335(P<0.05),ΔR^2 为0.102,表示加入知识多样性后,可增加解释团队创造力10.2%的变异量,由此得出,知识多样性对团队创造力存在显著的正向影响,假设1得到了支持。在模型3中,协调式知识整合的回归系数为0.418(P<0.05),ΔR^2 为0.169,表示加入协调式知识整合后,可增加解释团队创造力16.9%的变异量,由此得出,协调式知识整合对团队创造力存在显著的正向影响,假设2a得到了支持。模型4中,系统式知识整合的回归系数为0.173(P<0.1),ΔR^2 为0.029,表示加入系统式知识整合后,可增加解释团队创造力2.9%的变异量,由此得出,系统式知识整合对团队创造力存在显著的正向影响,假设2b得到了支持。

(二)中介效应检验

对中介效应的检验通常采用巴伦与肯尼 1986 年提出的中介变量检验方法,通过比较三个回归模型来说明这一过程。[1]通过比较模型 2、模型 5 和模型 6 的回归分析结果,如前所述,模型 2 中证明了知识多样性对团队创造力存在显著的正向影响。模型 5 中,知识多样性回归系数为 0.591(P<0.01),ΔR^2 为 31.9,表示加入知识多样性后,可增加解释协调式知识整合 31.9%的变异量,由此得出,知识多样性对协调式知识整合也存在显著的正向影响。假设 3a 得到支持。在模型 6 中,可以看出协调式知识整合与团队创造力的回归系数为 0.345(P<0.01),达到显著性要求,而知识多样性(0.131)不再显著, 这说明协调式知识整合在知识多样性与团队创造力的关系中存在中介作用机制,假设 H3b 得到了支持。

表 9.3 中介效应的回归检验结果

变量		模型 1 团队 创造力	模型 2 团队 创造力	模型 3 团队 创造力	模型 4 团队 创造力	模型 5 协调式 知识整合	模型 6 团队 创造力
团队规模	6~15 人	0.007	0.058	0.005	0.012	0.087	0.028
	15 人以上	0.047	0.020	0.054	0.035	0.063	0.042
团队类型	技术导向型	0.030	0.010	0.023	0.046	0.054	0.009
	市场导向型	0.100	0.013	0.019	0.112	0.040	0.001
知识多样性			0.335**			0.591**	0.131
协调式知识整合				0.418**			0.345**
系统式知识整合					0.173+		
R^2		0.012	0.115	0.181	0.042	0.354	0.192
F		0.307	2.513*	4.294**	0.845	10.609**	0.077
ΔR^2		0.012	0.102	0.169	0.029	0.319	3.795**
ΔF		0.307	11.210**	20.002**	2.696+	47.806**	9.146**

注:①各回归模型章共线性 VIF 值均小于 2,故不在表中一一列出;②** 表示 P<0.01, * 表示 P<0.05,+P<0.1。

---

① Baron R. M., Kenny D. A., The Moderator -Mediator Variable Distinction in Social Psychological Research: Conceptual, Strategic, and Statistical Considerations, *Journal of Personality & Social Psychology*, No. 6, 1986, pp.1173–1182

(三)调节效应检验

假设 H4a 提出系统式知识整合会强化知识多样性与团队创造力之间的正向关系,为了检验此假设,在数据分析之前,对协调式知识整合与系统式知识整合进行中心化处理,得到协调式知识整合与系统式知识整合的乘积项,同时将自变量和调节变量分别进行了标准化,从表9.4的模型7可以看出,协调式知识整合与系统式知识整合之间的交互作用会对团队创造力产生显著的正向影响。这表明,系统式知识整合越高,协调式知识整合与团队创造力的正向关系就越强,支持了假设 H4a。

表 9.4　调节效应的回归检验结果

变量		模型 1 团队创造力	模型 6 团队创造力	模型 7 团队创造力
团队规模	6~15 人	0.007	0.010	0.007
	15 人以上	0.047	0.050	0.032
团队类型	技术导向型	0.030	0.029	0.014
	市场导向型	0.100	0.026	0.005
协调式整合			0.402**	0.398**
系统式整合			0.358*	0.107
协调式知识整合 * 系统式知识整合				0.198*
R^2		0.012	0.184	0.219
F		0.307	0.171	0.035
ΔR^2		0.012	3.605**	3.800**
ΔF		0.307	10.086**	4.240**

注:①各回归模型章共线性 VIF 值均小于 2,故不在表中一一列出;②** 表示 $P<0.01$, * 表示 $P<0.05$, +$P<0.1$。

为了更清晰地描述系统式知识整合对协调式知识整合与团队创造力之间关系的调节方向及深层次影响,本章采用艾肯(Aiken)与韦斯特的方法,[1]

---

[1]　Aiken L. S., West S., *Multiple Regressions: Testing and Interpreting Interactions*, Sage, 1991.

绘制在不同系统式知识整合水平下协调式知识整合与团队创造力关系的效应图,如图9.2所示,系统式知识整合水平高时,协调式知识整合对团队创造力的正向影响会有所增强,而系统式知识整合水平低时,协调式知识整合对团队创造力的正向影响则会被削弱,假设4a得到了进一步的验证。

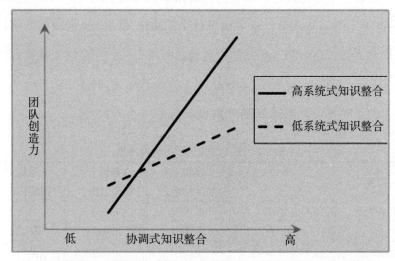

图9.2　系统式知识整合对协调式知识整合与团队创造力关系的调节效应

假设4b提出系统式知识整合调节了协调式知识整合在知识多样性与团队创造力之间的中介作用。本章采用Bootstrapping方法检验被调节的中介效应,把自变量对中介变量的效应、中介变量对因变量的效应及自变量对因变量的直接效应,按照调节变量的不同水平分别进行模拟运算并进行对比,运算结果如表9.5所示。对高系统式知识整合的团队而言,知识多样性通过协调式知识整合对团队创造力形成的影响显著(ß=0.280,P<0.01);而对低系统式知识整合的团队而言,以上影响并不显著(ß=0.117,n.s.)。这说明,协调式知识整合在知识多样性和团队创造力之间的中介作用依赖于系统式知识整合程度的高低,在系统式知识整合程度高的情况下,协调式知识整合能够完全中介知识多样性与团队创造力之间的关系,反之不存在中介作用,假

设 4b 得到验证。

表 9.5 被调节的中介效应检验表

调节变量	知识多样性(X)——→协调式知识整合(M)——→团队创造力(Y)				
	第一阶段效应(自变量对中介变量的影响)	第二阶段(中介变量对因变量的影响)	直接效应(自变量对因变量的直接影响)	间接效应(自变量通过中介变量对因变量的影响)	总效应(直接效应+间接效应)
高系统式知识整合	0.558**	0.536**	0.458**	0.280**	0.738**
低系统式知识整合	0.528**	0.254**	0.088	0.117	0.205
高—低组间差异	0.030**	0.282**	0.370**	0.163**	0.533**

注:N=86;* 表示 P<0.05,** 表示 P<0.01。

第五节　讨论与启示

在创造力理论和知识整合理论的基础上,本章针对高科技企业情境,探讨了其团队创造力的驱动要素和形成机制,探索了知识多样性"是否""如何"及"何时"影响高科技企业团队创造力。研究结果表明,知识多样性通过协调式知识整合提升团队创造力,并且这是中介作用随着系统式知识整合水平而变化。

一、理论意义

高科技企业团队创造力是组织创新的源泉,高科技企业需要充分利用分散于团队中的各种知识资源,并展开丰富高效的整合活动以提升团队创造力。本章从多样性和知识整合角度为高科技企业优化团队创造力提供了一种可能的路径。①本章探索了知识多样性、两种知识整合方式对团队创造力的直接效应,说明在高科技企业中,多样性的知识资源、良好的知识整合有助于提升团队创造力。②知识整合是高科技企业知识管理的重要环节，协调式知识整合是基于团队成员互动交流的整合活动，本章验证了其在知识多样性与团队创造力之间的中介效应。这说明在高科技企业中知识多样性是通过协调式知识整合完成相关知识的组合与重构，从而提升团队创造力的。③系统式知识整合通常被视为组织和团队中的"行政手段"，具有程序化和常规化的特点，本章验证了系统式知识整合在协调式知识整合与团队创造力之间的调节效应。这说明高水平系统式整合有助于增强协调式知识整合对团队创造力的影响，低水平系统式整合则削弱协调式知识整合对团队创造力的影响。④本章利用被调节的中介效应分析发现，协调式知识整合对知识多样性和团队创造力间关系的中介作用依赖于系统式知识整合程度，即当系统式知识整合高的时候，协调式知识整合在知识多样性和团队创造力之间起完全中介作用，反之，协调式知识整合的中介作用消失。

二、管理启示

本章的结论对于高科技企业创造力管理和知识管理实践具有一定的启发意义。首先，在高科技企业项目运作制与任务分工精细化的情境下，管理者应注重知识的多样性，为团队创造力的形成提供丰富的知识源。其次，高度重视两种不同知识整合活动在团队创造力培育中的作用：既在实践中多开展协调式知识整合活动，为团队提供知识共享与整合的平台与机会，促进多样性知识转变为团队创造力；也推动系统式知识整合活动的开展，通过程序文件、会议纪要与工作报告等形式将团队有关任务的协调活动显性化，提高协调式知识整合的效果，从而提升多样性知识通过协调式知识整合形成团队创造力的可能性。

三、研究局限与研究展望

本章深入探讨了高科技企业中知识多样性与团队创造力的关系，验证了协调式知识整合的中介效应及系统式知识整合的调节效应，然而本章还存在一定的局限性，其主要表现在：首先，在变量的选取上，本章基于知识多样性和两种知识整合等情境变量作为研究对象，实际上影响团队创造力的因素较多（如团队认同、团队冲突等），未来研究可进一步拓展到其他情境变量去探析知识多样性与团队创造力的关系。其次，本章将知识多样性视为深层多样性指标展开测量，相对于成员的性别、年龄、学历和工作经验等显性指标还未涉及，未来研究可关注显性多样性指标可能存在的调节效应作进一步深入剖析。最后，受客观因素的制约，本章的数据主要来源于京津地区的高科技企业，且仅选取了86个团队样本，未来研究可进一步扩大样本范围和团队样本量，继续补充和完善研究结论。

第十章　团队异质性竞争对团队创造力的
影响机制研究

第一节　问题的提出

在信息社会中,组织结构日益扁平化和去中心化,生产团队、技术团队、服务团队、市场开发团队、销售团队等实践形式越来越多地广泛使用,团队被视为组织学习与创新的核心与来源。团队创造力是不确定性环境中组织创新和获得持续竞争优势的基础,团队创造力一直是管理者和研究者关注的热点问题。不同于个体创造力,团队创造力是个体创造力的延伸,是团队互动过程中形成的团队整体创造性表现,是团队创新的重要前提和基础,其强调团队对产品、服务和流程方面提出的新颖的观点和见解。以往研究表明,团队创造力的形成通常伴随着复杂的成员互动过程,也受到团队情境要素的影响,团队异质性特质是最重要的情境变量之一。

团队通常是由具有异质性特点的成员组成的,这种异质性既表现在性别、年龄等人口统计特征上,表现在成员拥有的知识结构、专业经验等知识特征上,也表现在价值观、态度、信念等特征上。团队异质性程度反映了成员在团队人口特征分布、知识分布与价值观分布等方面的差异程度,这些差异则可能会影响团队产出。研究表明,有关团队异质性与团队产出的关系结论并不一致:一方面,相对于同质性团队而言,异质性团队通常表现出更高的决策质量,更好的创造力与创新;另一方面,异质性团队存在更大强度的冲突与沟通障碍,从而削弱团队产出。因此,本章的第一个目的是解释这一"异质性悖论",即在验证单一异质性特质对团队创造力的影响基础上,尝试探索异质性特质间的交互效应是否对团队创造力产生影响,尝试发现不同异质性特质交互效应对团队创造力的影响机制。

根据团队输入—过程—输出的研究链条,团队创造力是团队异质性的产出,团队学习过程在团队构成输入和创造力之间的中介过程。团队学习过程体现在成员对知识进行存储、分享和查漏补缺的过程。团队学习过程既受到团队成员拥有知识的影响,也会受到成员价值观差异的影响,因此本章的第二个目的是探讨团队学习过程在不同团队异质性特质与团队创造力之间的中介作用,同时结合团队情境等因素,探究团队异质性与团队创造力关系的边界和影响条件,为团队异质性与团队创造力进一步研究提供理论与实践支持。

第二节 研究理论与假设

一、团队异质性与团队创造力

与以往研究相似,本文将团队创造力界定为团队有关产品、服务与流程的新颖且有用的观点与见解。[1]团队创造力的形成要求团队拥有交叉思考的能力、能从不同角度看问题,并将看似不相关的流程、产品或者原材料重新组合。团队创造力的形成是团队构成通过团队过程转化形成,因此形成与提升团队创造力首先需要关注的是团队构成特征这一输入变量。

团队异质性程度通常被定义为团队构成特征,即团队成员彼此间实际与被感知到的差异程度。[2]有关异质性的划分,学者们提出了不同的划分方式,如将异质性划分为任务导向异质性和关系导向异质性,[3]将团队异质性区分为表层异质性和深层异质性,[4]将团队异质性划分为分离型异质性、差异型异质性与差距型异质性[5]。基本上,每个团队都是由不同人口特征、不同知识经验背景及不同价值观的成员组成,不同的异质性特质对团队互动和团队学习会有不同的影响,通过影响团队运作从而影响团队产出。相对于国外研究注重人口特征方面的异质性对团队产出的影响,成员在知识与价值观上的异质性程度对知识型团队更为重要,更显而易见。从知识型团队特征出发,本文聚焦于其价值观异质性与知识异质性两个特质,既从信息加工理论分析成员在知识、经验与技能方面的异质性程度对团队过程与团队产出的影响,也从社会比较理论探讨成员在价值观上的异质性程度对团队过程与结果的影响。

①　Shalley C. E., Zhou J. & Oldham G. R., The Effects of Personal and Contextual Characteristics on Creativity: Where Should We Go From Here?, *Journal of Management*, No.6, 2004, pp.933–958.

②　Van Knippenberg D., Schippers M. C., Workgroup Diversity, In M. I. Posner, M. K. Rothbart (Eds.), *Annual Review of Psychology*, Annual Reviews, 2007, Vol.58, pp.1–27.

③　Jackson S. E., May K. E. & Whitney K., Under the Dynamics of Diversity in Decision-making teams, In R. A. Guzzo, E. Salas(Eds.), *Team Effectiveness and Decision Making in Organizations*, Jossey-Bass, 1995, pp.204–261.

④　Harrison D. A., Price K. H. & Bell M. P., Beyond Relational Demography: Time and the Effects of Surface and Deep-Level Diversity on Work Group Cohesion, *Academy of Management Journal*, No.41, 1998, pp.96–107.

⑤　Harrison D. A., Klein K. J., What's The Difference? Diversity Constructs as Separation, Variety, or Disparity in Organizations, *Academy of Management Review*, No.4, 2007, pp.1199–1228.

知识异质性是团队成员知识、经验与技能等方面的异质性的简称。成员的专业背景、教育背景及经验等异质性可以在一定程度上反映团队知识异质性的程度。[1]依据决策理论观点，知识异质性程度高的团队，通常拥有更丰富的任务相关的知识，这些团队会对知识展开更加精细的加工与组合，从而取得更好的团队绩效。拥有相异知识经验技能的成员也会更关注或抽取有关任务问题的信息。[2]知识异质性对完成任务非常有利，拥有相异知识的成员在团队决策过程中会考虑不同方案，提出更多的问题解决方案，从而产生更高的绩效。[3]

相对于人口特征表面的多样性特质，较少有研究者关注个体间潜在的深层次的差异特质，例如价值观、个性和态度等方面的多样性带来的影响。笔者将聚焦团队成员价值观异质性，认为价值观异质性程度高的团队，其成员在工作中的兴趣、态度和工作方式等方面存在较大的差异程度。具体而言，团队成员价值观趋同，成员对于工作计划或团队行为的价值判断一致，会提高相互间的沟通及认可程度，形成较高的团队凝聚力，进而形成高团队绩效。基于相似吸引理论与社会比较理论，价值观异质性水平高的团队中，成员倾向于将所在团队中与自身价值观相似的成员归为"群体内"成员，由此团队会被无形分割成拥有相似价值观的小团体，团队内的"各自为政"的局面会干扰团队整体的沟通与交流，甚至彼此不信任，这不利于团队目标的实现，抑制团队创造力的形成。相反，价值观异质性低的团队，其成员对团队应该做什么持有一致的价值判断，能激励成员更积极整合与组合彼此的观

① 参见吕洁、张钢：《知识异质性对知识型团队创造力的影响机制：基于互动认知的视角》，《心理学报》，2015 年第 4 期。

② Tang C. Y., Ye L. N., Diversified Knowledge R&D Team Centrality and Radical Creativity, *Creativity and Innovation Management*, No.1, 2015, pp.123–135.

③ Talke K., Salomo S. & Rost K., How Top Management Team Diversity Affects Innovationness and Performance Via the Strategic Choice to Focus on Innovation Fields, *Research Policy*, No.39, 2010, pp. 907–918.

点,有利于团队创造力的形成。基于上述分析,本文提出如下假设:

H1a:知识异质性与团队创造力正相关。

H1b:价值观异质性与团队创造力负相关。

在实际中,团队成员既会呈现出知识经验技能等方面的异质性,也会有着彼此相异的价值观,异质性管理实践成为当前团队管理者的重要议题之一。倪旭东等人(2016)通过团队实验研究指出,团队知识异质性的平衡性能够积极影响团队创造力。[①]如前所述,本文假定知识异质性对团队创造力有着正向影响,价值观异质性则对团队创造力有着负向影响,两种异质性特质的交互关系是否对团队创造力产生影响是本章尝试检验的命题之一。

根据社会比较理论的观点,在不确定环境中,在拥有较高知识异质性的团队中,人们会倾向于相互比较彼此之间的意见与能力(Sung & Choi,2012)。[②]团队拥有知识异质性程度能带来成员更多的知识源,提供看待问题的多角度,会有效抵消价值观异质性带来的成员间敌对态度与成员竞争,减少团队中因价值观异质性带来的敌对情绪。价值观异质性程度高的团队,容易产生人际冲突,成员对团队目标与使命的认知相异,即使存在较高程度的知识异质性,团队拥有大量相异的知识、经验与技能,由于彼此相异的价值观,团队成员获取与重组他人知识的积极会有所削弱,从而降低团队创造力的形成。因此,笔者提出基于两种异质性交互作用的竞争关系对团队创造力有着消极影响,即在知识异质性高的团队,知识异质性程度会削弱价值观异质性对团队创造力的负向影响;在价值观异质性高的团队,价值观异质性程度会削弱知识异质性对团队创造力的正向影响。基于上述分析,笔者提出如下假设:

---

① 参见倪旭东、项小霞、姚春序:《团队异质性的平衡性对团队创造力的影响》,《心理学报》,2016 年第 5 期。

② Sung S. Y., Choi J. N., Effects of Team Knowledge Management on the Creativity and Financial Performance of Organizational Teams, *Organizational Behavior and Human Decision Processes*, No.1, 2012, pp. 4–13.

H1c:团队异质性竞争(知识异质性与价值观异质性的交互作用)对团队创造力有着负向影响。

二、团队学习行为的中介机制

如前所述,团队知识异质性会增强团队创造力,而价值观异质性则会削弱团队创造力,两种异质性特质对团队创造力的影响是直接作用吗? 已有一些研究注意到,团队异质性对团队创造力的影响作用并不是直接产生的,而是通过一些过程变量如团队学习能力、团队目标取向、知识整合能力、团队内冲突等的中介作用而间接产生。在本章中,团队学习行为是两种异质性与团队创造力关系的中介变量。换句话说,两种异质性并不会直接引发团队创造力的提升或降低,而是通过影响团队学习行为进而影响团队创造力。

团队学习行为是指成员之间相互分享、整合、因公与任务相关知识的集体性反应和行动过程。[1]通过团队学习过程,个体层次的知识、经验与技能得以分享、交互、汇集与组合,产生团队层次共有的知识与技能,这些共有知识促使整个团队更好地形成新颖的观念及创造性解决方案, 能够有效提升团队创造力。

基于信息加工视角,团队学习行为体现在成员彼此分享相关的信息、建议、观点和技能等,是成员信息交换的行为(Edmonson,2002)。[2]在团队任务面前,拥有异质性知识的成员往往拥有更丰富的解决方案。一方面,知识异质性会给团队带来更丰富的知识资源和更广的知识面, 知识异质性程度高

---

[1] Yeh Y. J., Chou H. W., Team Composition and Learning Behaviors in Cross-Functional Teams, *Social Behavior and Personality*, No.4, 2005, pp.391–402.

[2] Edmonson A., The Local and Variegated Nature of Learning in Oorganizations: A Group Level Perspective, *Organization Science*, No.13, 2002, pp.128–146.

的团队会花更多的时间让成员彼此交流和学习彼此的观念与看法，在团队学习过程中，异质性知识得以有效地交换与分享。另一方面，知识异质性高的团队，开展团队学习是促使成员双赢的过程，团队成员能从对方的身上学到自己未拥有的知识、经验与技能。因此，知识异质性能有效提升团队学习行为。与之相反，价值观异质性越高，会削弱成员彼此分享和讨论信息与观点的意愿与行为，抑或即使彼此共享了任务相关的信息，由于价值观异质性，成员也有可能无视彼此相异的观点，从而影响团队学习活动的开展。[1]

总体来说，团队知识异质性首先对团队学习行为产生积极影响，知识异质性水平越高，团队学习行为越高，较高的团队学习行为会带来较高的团队创造力；价值观异质性水平越高，团队学习行为则越低，较低的团队学习行为则带来较低的团队创造力。因此，本文提出研究假设：

H2a：团队学习行为在知识异质性与团队创造力之间发挥中介作用。

H2b：团队学习行为在价值观异质性与团队创造力之间发挥中介作用。

三、团队认同的调节作用

早期团队认同的构念探索是建立在社会认同构念的基础上，强调团队成员对团队身份的认同，指团队成员对团队身份的归属感或感知到的和团队身份的同一性。[2]当前团队认同研究大多从团队层面出发，将团队认同界定为团队内共享的对团队身份的认同水平，笔者也采用这一构念，将个体层面汇聚到团队层面，更精确地描述团队"共享"的归属感与同一性，并探讨其在团队异质性与团队创造力两者关系中的调节作用。

---

① Pieterse A. N., Knippenberg D. V. & Dierendonck D. V., Cultural Diversity and Team Performance: The Role of Team Member Goal Orientation, *Academy of Management Journal*, No.3, 2013, pp.782–804.

② Ashforth B. E., Harrison S. H. & Corley K. G., Identification in Organizations: An Examination of Four Fundamental Questions, *Journal of Management*, No.3, 2008, pp.325–374.

已有研究证明,团队认同能有效激励成员为了团队目标的实现而相互合作,激发团队参与,也有助于提升成员对团队的承诺,促使成员建立亲密关系而实现对团队过程及产出的积极作用。[①]另一项研究发现,在具有高水平团队认同的团队,成员大都会以高度"主人翁"的姿态参与到团队互动与学习中。[②]因此,在知识异质性程度高的团队中,团队认同越高的团队的成员能更自觉地参与到不同的知识技能的获取、交换与组合活动中,增加团队中知识活动的数量与质量,为团队创造力的形成提供可能性。

根据社会分类理论的观点,团队认同可以化解团队内成员间由于价值观异质性而形成的偏见与误解,激励其克服彼此沟通的障碍,并促使其朝着团队需要的方向而努力。[③]尽管知识异质性高的团队能够给团队带来更为丰富的观点和视角,但是成员之间关于工作价值观的差异可能形成团队内部小集体。价值观异质性高的团队极有可能出现不同的子群体或派系,子群体间的偏见会加剧团队内部的冲突,进而破坏团队创造力的形成。在团队认同水平较高的团队中,当团队成员认同自己所在团队时,其感知到的群体概念不仅包括了子群体的内部成员,也包括了团队中的其他成员,这种感知使其不再将其他成员当成自身的竞争对象。

高水平的团队认同能够促使成员以互补视角看待团队异质性。一项研究发现,专业背景多样性与团队学习存在曲线关系,其曲线的方向受团队认同程度影响,当团队认同低时,两者呈 U 形关系;当团队认同高时,两者呈倒

① Ren Y., Kraut R. & Kiesler S., Applying Common Identity and Bond Theory to Design of Online Communities, *Organization Studies*, No.3, 2007, pp.377–408.

② Carmeli A., Gelbard G. R., Linking Perceived External Prestige and Collective Identification to Collaborative Behaviors in R&D Teams, *Expert Systems with Applications*, No.7, 2011, pp.28–48.

③ Kane A. A., Unlocking Knowledge Transfer Potential: Knowledge Demonstrability and Superordinate Social Identity, *Organization Science*, No.3, 2010, pp.20–43.

U形关系。[1]也有研究发现,在团队认同能有效正向调节团队内信息断裂带对团队绩效的正向作用。[2]国内学者杨皎平等人(2014)验证了团队认同正向调节了成员异质性与团队知识面的正相关关系, 负向调节了成员异质性与团队紧密度的负相关关系。[3]基于上述分析,本文提出如下假设:

H3a:团队认同在知识异质性与团队创造力之间起到调节作用,即团队认同水平越高,知识异质性对团队创造力的正向影响会增强,反之,团队认同水平越低,知识异质性对团队创造力的正向影响会减弱。

H3b:团队认同在价值观异质性与团队创造力之间起到调节作用,即团队认同水平越高,价值观异质性对团队创造力的负向影响会减弱,反之,团队认同水平越低,知识异质性对团队创造力的负向影响会增强。

综上,本文构建如图 10.1 所示的概念模型:

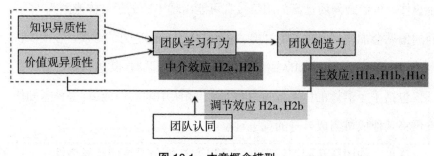

图 10.1　本章概念模型

---

①　Van der Vegt G. S., Bunderson J. S., Learning and Performance in Multidisciplinary Teams:The Importance of Collective Team Identification, *Academy of Management Journal*, No.48, 2005, pp.532–547.

②　Bezrukova K. et al., Do Workgroup Faultlines Help or Hurt? A Moderated of Faultlines, Team Identification, and Group Performance, *Organization Science*, No.1, 2009, pp.35–50.

③　参见杨皎平、侯楠、邓雪:《基于团队认同对学习空间调节作用的成员异质性对团队创新绩效的影响研究》,《管理学报》,2014 年第 7 期。

第三节　研究方法

一、样本选取与数据收集

本章是团队层面的研究,采集成员数据后聚合获得团队样本数据,在预调研和正式调研皆遵循以下原则:①选取较符合创新或创造力研究的团队进行调查;②以团队或部门为单位进行成员调查;③要求团队或部门内至少有 3 人以上填写问卷。本次问卷调查通过现场发放与电子问卷两种方式进行采集,于 2016 年 3 月至 8 月先后在北京、天津、厦门、上海等城市展开调查,通过与团队或部门的主管或成员建立联系,获取团队构成基本情况,再抽取大部分个体来填写问卷,以代表整个团队或部门的实际情况。此次共发放问卷 500 份,实际回收 420 份,回收率为 84%。根据填写是否完整、回答是否认真进行筛选,最终获得了来自 71 个团队的 357 份有效问卷,有效问卷回收率为 71.4%。

本次调查的个体中,男性占 57.8%,女性占 42.2%,年龄分布上"80 后"即 28~37 岁占 53.3%,学历分布上本科学历占 51.1%。此次调研团队规模主要集中在 6~15 人团队,占 46.2%,团队类型分布较为平均,组织性质主要集中在国有企业、民营企业与事业单位。

二、变量测量

本章中的 5 个变量量表均来自权威期刊的成熟量表,同时在中国本土研究中得到了很好的检验,具有良好的信效度,结合天津市某通信企业进行预调研,结合调研情况修改形成正式调研问卷。除控制变量外,所有主要变量均采用 Likert7 点量表进行测量,"1"表示完全不同意,"7"表示完全同意。

团队异质性竞争(THC)。通过团队知识异质性(KH)与价值观异质性(VH)的交互值表征。其中,不同于以往研究中用职能异质性替代知识异质性的测量,本章侧重考虑团队成员在知识、经验与技能方面的差异程度,参考蒂瓦纳和麦克林 2005 年研究中有关知识与专长多样性的测量量表,编制了 5 个题项,样题如"团队成员各自的工作经验差别很大",得分越多表明知识异质性越大。量表在本章中的 Cronbach's α 系数为价值观异质性测量参考 0.867,这表明量表具有良好的信度。有关价值观异质性的量表,参考杰恩(Jehn)等人 1999 年和霍曼(Homan)等人 2004 年有关测量量表,包含有 5 个题项,样题如"团队成员对团队中的重要事务具有一致的信念"。价值观异质性量表题项均为反向计分题,得分越少则表明团队异质性越大。该量表在本章中的 Cronbach's α 系数为价值观异质性测量参考 0.887。

团队学习行为(TLB)。参考埃德蒙森(Edmondson)1999 年的量表,包括 7 个题项,样题如"成员常常对讨论的问题畅所欲言"。该量表在本章中的Cron-bach's α 系数为价值观异质性测量参考 0.916。

团队认同(TI)。参考范迪克(Van Dick)2004 年与阿什福特(Ashfotrh)和梅尔 2008 年相关量表,包含 6 个题项,样题如"当我谈论起我的团队时,我通常说'我们'而不是'他们'"。量表在本章中的 Cronbach's α 系数为 0.889。

团队创造力(TC)。本章主要参考了夏恩和周 2007 年、陈等人 2008 年的测量题项,编制了 7 个题项,典型题项包括:"我们经常提出大量的新点子"等。量表在本章中的 Cronbach's α 系数为价值观异质性测量参考 0.897。

控制变量。参考以往研究,笔者对团队规模、年龄异质性与性别异质性等可能影响分析结果的变量进行了控制。其中年龄异质性和性别异质性通过获取成员的背景资料计算得出。年龄异质性通过艾里森变异系数作为测量指标,方差的数值越大代表异质性程度越高,通过样本的标准差和其平均数的比值来反映团队年龄异质性程度。对性别这一类别变量,本章采用布劳系数,表示第 i 个随机选择的个体同时不属于同一样本的概率,计算公式为:

$$1-\sum P_i^2$$

其中,Pi 表示第 i 个类别成员在团队中所占的比例, 性别异质性程度随着 Blau 系数的增大而增大。

三、效度检验

对于知识异质性、价值观异质性、团队学习行为、团队认同与团队创造力这 5 个变量, 本章首先使用 Harman 单因素检验来进行共同方法偏差检验,Harman 单因素分析发现有 5 个因子析出,总体解释率为 68.039%,说明本章的问卷不存在严重的共同方法偏差。其次,对研究数据作验证性因子分析,检验各量表的聚合效度与区分效度,通过计算潜变量提取的 AVE 值,若 AVE 值等于或大于 0.5,就表示潜变量具备了聚合效度,通过计算 AVE 值的平方根均大于各变量间相关系数的平方时,则表示其具有较好的区分度。如表 10.2 所示,各个潜变量的 AVE 平方根均大于变量间的相关系数,表明各变量具有良好的区分效度。最后,本章采用 AMOS21.0 对数据进行验证性因子分析,如表 10.2 所示,各变量的各项拟合指标均符合效度要求,说明知识异质性、价值观异质性、团队学习行为、团队认同与团队创造力这 5 个变量具有良好的结构效度,内在质量理想。

表 10.1　各变量效度检验结果

变量	1	2	3	4	5	X^2/df	CFI	RMSEA
1. 知识异质性	(0.830)					2.117*	0.982	0.045
2. 价值观异质性	−.398**	(0.818)				2.443*	0.988	0.072
3. 团队学习行为	.467**	−.233**	(0.816)			1.938**	0.984	0.058
4. 团队认同	.330**	−.589**	.258**	(0.805)		2.239**	0.987	0.069
5. 团队创造力	.372**	−.295**	.411**	.405**	(0.817)	2.766**	0.973	0.080

注：N=357，对角线上括号内的数据为 AVE 的平方根，对角线以下数据为变量间相关系统，* 表示 P<0.05，** 表示 P<0.01。

四、团队聚合分析

本章量表均为团队成员填写，在进行具体假设检验之前应对个体数据进行聚合检验，进而将个体数据聚合为团队层面数据。一般来说，聚合分析需计算组织一致性（Rwg）、组内相关（ICC）指标进行样本数据聚合的检验，其中 ICC（1）通常采用组间方差和总方差之比进行计算；ICC（2）是指将个体变量聚合为团队层次变量时的信度，计算公式为 ICC（2）=k（ICC（1））/1+（k−1）ICC（1），其中 k 表示群体样本数的大小。如表 10.3 所示，各变量 Rwg 值均超过了 0.7，说明团队成员彼此看法趋于一致，且 ICC（1）和 ICC（2）也分别大于 0.12 和 0.7 的临界值，因此可将个体层面的数据加总得到团队层面的测量值。

表 10.2　个体层次变量向团队层次聚合的统计验证

变量	Rwg 均值	ICC1	ICC2
1. 知识异质性	0.868	0.311	0.974
2. 价值观异质性	0.872	0.279	0.970
3. 团队学习行为	0.921	0.353	0.979
4. 团队认同	0.867	0.216	0.959
5. 团队创造力	0.904	0.292	0.972

第四节　实证分析结果

一、描述性统计与相关性分析

本章运用 SPSS21.0 对聚合后的团队数据进行描述性统计,如表 10.3 所示。①在此次调研的团队中知识异质性均值为 4.635,超过了 4.000 以上,这说明知识型团队中知识异质性程度较明显,能够促进团队学习行为进而形成团队创造力,同时也意味着知识型团队对知识异质性的诉求和重视。团队认同的均值是 4.452,高于 4.000 的中间值,说明团队认同水平较高,团队认同水平的高低可能会造成不同异质性对团队创造力的影响效果的不同,这也说明本章就不同异质性对团队创造力的影响机制和边界条件进行深入探索的必要性。②团队的两种异质性均值反映出团队知识异质性与价值观异质性均较高,基于两种异质性交互基础上的异质性竞争凸显出来,对知识型团队的创新活动而言,知识异质性的重要性明显要高于价值观异质性,实际上,团队管理者更倾向于知识异质性对团队创造力的正向作用,一定程度上会弱化价值观异质性带来的负向作用,这也说明进一步探索基于两者互动基础上的异质性竞争对团队创造力的影响效果。③部分子假设得到初步支持,知识异质性与团队学习行为显著正相关($r=0.421**$),与团队创造力显著正相关($r=0.303**$),与团队认同显著正相关($r=0.399**$)。价值观异质性与团队学习行为显著负相关($r=-0.222**$),与团队创造力显著负相关($r=-0.199**$),与团队认同显著负相关($r=-0.500**$),团队学习行为与团队创造力有显著的正相关关系($r=0.382**$)。这些结果初步验证了本章的基本假设,为进一步假设检验提供了依据。

表 10.3　各变量均值、标准差及相关系数

变量	均值	标准差	1	2	3	4
1. 知识异质性	4.635	0.805				
2. 价值观异质性	3.327	0.577	−0.324**			
3. 团队学习行为	4.730	1.193	0.421**	−0.222**		
4. 团队认同	4.452	0.561	0.399**	−0.500**	0.203**	
5. 团队创造力	4.813	0.631	0.303**	−0.199**	0.382**	0.371**

注：N=71，* 表示 $P<0.05$，** 表示 $P<0.01$。

二、假设检验

为了确保正确使用模型并得出合理的结论，本章首先对回归模型的多重共线性、序列相关和异方差的问题进行检验，其中各变量的 VIF 值都小于 10，DW 统计量均接近于 2，且对各回归模型以被解释变量为横坐标进行了残差项的散点图分析，散点图呈无序状况。因此，各变量间不存在显著多重共线性等问题，因此适合进行多元层次分析。

（一）团队学习行为中介效应检验

根据研究模型，构建不同的解释变量和因变量之间的多元层次回归分析模型，检验步骤和结果如表 10.4 所示。

由模型 4 可知，在控制团队规模、年龄异质性与性别异质性等变量的前提下，知识异质性与团队创造力正相关（r=0.250，$P<0.01$），假设 H1a 得到验证。由模型 5 可知，在控制团队规模、年龄异质性与性别异质性等变量的前提下，价值观异质性与团队创造力负相关（r=−0.132，$P<0.01$），假设 H1b 得到验证。

表 10.4 团队学习行为中介效应检验

变量	团队学习行为			团队创造力				
	模型 1	模型 2	模型 3	模型 4	模型 5	模型 6	模型 7	模型 8
控制变量								
团队规模	0.184	0.093	0.069	0.247	0.276	0.247	0.222	0.254
性别异质性	0.002	0.024	−0.015	−0.015	−0.003	0.001	−0.009	0.002
年龄异质性	0.002	0.022	−0.016	0.075	0.057	0.061	0.069	0.062
解释变量								
知识异质性		0.380**		0.250**			0.147*	
价值观异质性			−0.484**		−0.132*			0.033
团队学习行为						0.325**	0.271**	0.341**
R^2	0.034	0.169	0.255	0.157	0.115	0.201	0.218	0.202
ΔR^2	0.034	0.135	0.221	0.059	0.017	0.102	0.061	0.086
F	2.809*	38.918**	70.933**	16.631**	4.461**	30.547**	18.564**	25.755**

注:①各回归模型共线性 VIF 值均小于 2,故不在表中一一列出;②** 表示 $P<0.01$,*表示 $P<0.05$,+$P<0.1$。

本章采用巴伦(Baron)和肯尼(Kenny)提出的三步骤层次分析法检验团队学习行为的中介作用。由模型 2、模型 6 和模型 7 可知,知识异质性对团队学习行为($r=0.380$,$P<0.01$)和团队创造力($r=0.250$,$P<0.01$)均有显著正向影响,团队学习行为对团队创造力也有着显著正向影响($r=0.325$,$P<0.01$)。但当把知识异质性和团队学习行为同时对团队创造力进行回归分析时,知识异质性对团队创造力的影响明显减弱($r=0.147$,$P<0.05$),这说明团队学习行为部分中介知识异质性对团队创造力的影响作用,假设 H2a 得到了验证。由模型 3、模型 6 和模型 8 可知,价值观异质性对团队学习行为($r=-0.484$,$P<0.01$)和团队创造力($r=-0.132$,$P<0.05$)均有显著负向影响,团队学习行为对团队创造力有显著正向影响($r=0.325$,$P<0.01$),但当把价值观异质性和团队学习行为同时对团队创造力进行回归分析时,价值观异质性对团队创造力不再产生显著影响($r=0.033$),这说明团队学习行为完全中介价值观异质性对团队创造力的影响作用,假设 H2b 得到了验证。

（二）团队异质性竞争与团队认同调节效应关系检验

为了检验团队认同的调节作用和团队异质性竞争（交互影响）的关系，本章构建了以团队创造力为因变量的回归分析模型，检验步骤和结果如表10.5所示。

表 10.5　交互效应、调节效应关系检验

变量	团队创造力					
	模型 9	模型 10	模型 11	模型 12	模型 13	模型 14
控制变量						
团队规模	0.253	0.238	0.245	0.264	0.256	0.258
性别异质性	−0.017	−0.038	−0.019	−0.017	−0.015	−0.002
年龄异质性	0.082	0.063	0.101	0.088	0.096	0.098
解释变量						
知识异质性	0.315**	0.422**	0.118	0.108		
价值观异质性	0.091	0.102			−0.057	−0.076
团队认同			0.319**	0.357**	0.354**	0.403**
交互项						
团队异质性竞争（知识异质性 * 价值观异质性）		−0.227**				
知识异质性 * 团队认同				0.157**		
价值观异质性 * 团队认同						−0.241**
R^2	0.161	0.203	0.240	0.263	0.232	0.287
ΔR^2	0.063	0.041	0.142	0.023	0.134	0.055
F	8.867**	12.330**	22.191**	7.280**	20.722**	18.145**

注：①各回归模型共线性 VIF 值均小于 2，故不在表中一一列出；②** 表示 $P<0.01$，* 表示 $P<0.05$，+$P<0.1$。

通过模型 9、模型 10 可知，在依次纳入团队控制变量、知识异质性、价值观异质性等解释变量后，在模型 10 中团队异质性竞争即知识异质性与价值观异质性交互项与团队创造力显著负相关（$r=-0.227$，$P<0.01$），这表明知识异质性对团队创造力的影响效应随着价值观异质性的增加而降低，价值观异质性的提高将削弱知识异质性与团队创造力的关系，假设 H1c 得到了支

持与验证。关于知识异质性与价值观异质性的互替关系可以从主项和交叉项的综合效应考察中进一步证明,例如,从模型 10 中,我们有 0.422-(0.227 ★ 4.635)≈-0.630,其中 0.422 和 0.227 分别为知识异质性主项和其与价值观异质性的交叉项的回归系数,4.635 为知识异质性的均值。这表明在知识异质性与价值观异质性之间存在显著的竞争关系。

同时,由模型 11 和模型 12 可知,知识异质性与团队认同的交互项与团队创造力显著正相关(r=0.157,P<0.01),由模型 13 和模型 14 可知,价值观异质性与团队认同的交互项对团队创造力显著负相关(r=-0.021,P<0.01),两个乘积项系数显著说明团队认同对知识异质性与团队创造力及价值观异质性与团队创造力两者间关系存在调节作用,在调节方向上,本章按照艾肯等的做法,选取团队认同、知识异质性与团队异质性分别在平均值上、下各一个标准差,绘制调节作用关系图(如图 10.2、图 10.3 所示)。图 10.2 描述了在不同团队认同水平下知识异质性与团队创造力关系的差异情况。可以看出,团队认同水平越高,知识异质性与团队创造力之间的正向关系越强,而团队认同水平越低,知识异质性与团队创造力之间的正向关系则越弱,因此假设 H3a 得到验证。

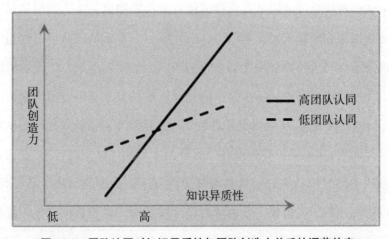

图 10.2　团队认同对知识异质性与团队创造力关系的调节效应

图 10.3 描述了在不同团队认同水平下价值观异质性对团队创造力调节效应的差异情况,可以看出,团队认同水平越高,价值观异质性与团队创造力之间的负向影响越弱,团队认同水平越低,价值观异质性与团队创造力之间的负向影响则会越强,因此假设 H3b 得到验证。

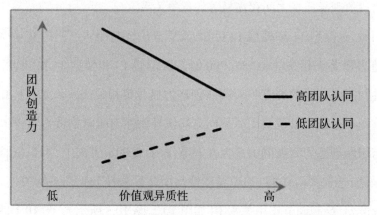

图 10.3 团队认同对价值观异质性与团队创造力关系的调节效应

第五节 结论与展望

虽然已有研究证实团队异质性或激发或抑制团队创造力,但是对于不同异质性特质如何影响团队创造力却研究不足。本章从团队学习视角考察了知识异质性与价值观异质性如何影响团队创造力的形成,以及影响团队创造力作用的边界条件,并探讨了两种异质性的交互竞争对团队创造力的影响。研究结果表明:①两种异质性特质通过团队学习行为作用于团队创造力。具体而言,知识异质性程度高会提升高水平的团队学习行为,进而增强团队创造力的形成,相反的,价值观异质性程度高会抑制团队学习行为,进而削弱团队创造力的形成。②两种异质性特质对团队创造力的作用受到边界条件的影响,即团队认同在两者关系中起调节作用,只是调节作用的方向不同。具体而言,团队认同水平高时,知识异质性对团队创造力的正向作用会得到增强,价值观异质性对团队创造力的负向作用会得到削弱;相反的,在团队认同水平低时,知识异质性对团队创造力的正向作用会弱化,价值观异质性对团队创造力的负向作用则会增强。③基于交互效应分析的两种异质性竞争对团队创造力有着负向的影响作用。这表明知识异质性对团队创造力的影响效应随着价值观异质性的增加而降低,价值观异质性的增加将削弱知识异质性对团队创造力的影响,两种异质性特质存在显著的竞争关系。

一、理论贡献

本章的理论贡献在于:①目前有关团队创造力研究的影响因素的研究在数量上相对有限,且相关研究聚焦于团队构成浅层特质的探讨中,对于深层次团队特质探讨仍较少,本章通过解释两种团队深层异质性对团队创造力的影响,有力推进了有关团队创造力成因的研究,并通过分析两种异质性特质的交互效应,验证得出两种异质性特质间的竞争关系,且这种竞争关系会削弱团队创造力的形成。②本章引入团队学习的视角,打开团队异质性对团队创造力的中间过程,提出了"异质性特质—团队学习—团队创造力"的理论框架,对团队学习过程中介效应的分析有助于我们更好地理解异质性特质对团队创造力的影响作用。③研究识别了团队认同这一调节变量,进一步厘清了团队异质性特质与团队创造力的理论边界,深化了对不同异质性特质如何影响团队创造力的认识,突出了团队认同对异质性特质与团队创造力关系的不同方向的调节作用,丰富了团队异质性与团队创造力理论研究。

二、管理启示

本章对于管理实践的启示在于:①指出了提升团队创造力的可能路径,对改善知识型团队工作产出及团队组建都有一定的启示意义。为了更好地激发团队创造力,团队管理者应重视团队异质性及其竞争关系,在实践中,团队管理者应充分发挥知识异质性的积极作用,避免价值观异质性可能带来的负面影响,应意识到两种异质性特质的交互关系的潜在影响,尤其是价值观异质性对知识异质性与团队创造力两者关系的负向影响,并积极预防和降低这种潜在危害。②在团队管理实践中,管理者应重视团队学习过程,鼓励成员开展学习交流活动,开展知识分享与交换等活动,形成良好的学习过程,为知识异质性提升团队创造力提供中间环节,从知识型团队向学习型团队转变。③在团队实践中,当团队管理者面对已组建好的团队时,管理者可以考虑通过提高团队认同水平来影响团队异质性与团队创造力的关系。具体而言,形成高水平的团队认同有助于增强知识异质性对团队创造力的积极作用,也有助于削弱价值观异质性对团队创造力的消极影响,研究结论启示团队管理者应该有意识地培养团队认同水平。

三、研究局限与研究展望

本章研究仍存在一定的局限性:①采用一般的横截面的研究设计,难以反映出团队异质性特质、团队学习过程、团队认同影响团队创造力的动态过程。后续研究可采用纵向设计,追踪知识型团队创造力形成的过程,更深入分析各研究变量之间的关系,揭示不同团队异质性特质对团队创造力影响的动态过程。②探讨了知识异质性与价值观异质性对团队创造力的影响效果，尽管将年龄异质性与性别异质性等人口特征方面的浅层异质性作为控制变量，但对其他可能存在的异质性特质尚未进行有效的对比，对于知识异质性与价值观异质性两者间的竞争关系进行了初步探索，但对异质性竞争对团队创造力的影响机制尚未展开研究，后续研究可以做进一步探索。③研究数据上存在同源误差，本章研究中的相关研究变量都是由团队成员根据团队情况进行报告，尽管研究对同源数据进行了相应的技术处理，但同源误差的存在仍有可能影响研究结果，后续研究设计可通过主管与成员分别对相关变量进行测量，避免同源误差的问题。

主要参考文献

一、中文部分

(一)著作类

1.[美]彼得·圣吉：《第五项修炼——学习型组织的艺术与实务》，郭进隆译，杨硕英审校，上海三联书店，1998年。

2.陈晓萍、徐淑英、樊景立主编：《组织与管理研究的实证方法》，北京大学出版社，2008年。

3.[美]克里斯·哈里斯：《构建创新团队：培养与整合高绩效创新团队的战略及方法》，陈兹勇译，经济管理出版社，2005年。

4.[美]里基·W.格里芬：《管理学》（第9版），刘伟译，中国市场出版社，2008年。

5.侯杰泰、温忠麟、成子娟：《结构方程模型及其应用》，教育科学出版社，2004年。

6.黄芳铭：《结构方程模式：理论与应用》，中国税务出版社，2005年。

7.[美]凯斯·索耶：《天才团队：如何激发团队创造力》，汤超颖、高鹏译，中国人民大学出版社,2009年。

8.李怀祖编著:《管理研究方法论》(第2版),西安交通大学出版社,2004年。

9.梁漱溟:《中国文化要义》,上海人民出版社,2011年。

10.林震岩:《多变量分析——SPSS的操作与应用》,北京大学出版社,2007年。

11.卢纹岱:《SPSS for Windows 统计分析》(第2版),电子工业出版社,2005年。

12.[美]斯蒂芬·P. 罗宾斯、戴维·A. 德森佐、玛丽·库尔特:《管理学原理与实践》(原书第8版),毛蕴诗主译,机械工业出版社,2013年。

13.罗家德:《社会网分析讲义》,社会科学文献出版社,2005年。

14.[英]马克斯·H. 博伊索特:《知识资产——在信息经济中赢得竞争优势》,张群群、陈北译,上海世纪出版集团,2005年。

15.马庆国:《管理统计——数据获取、统计原理SPSS工具与应用研究》,科学出版社,2002年。

16.荣泰生:《企业研究方法》,中国税务出版社,2005年。

17.时蓉华编著:《社会心理学》,上海文艺出版社,2004年。

18.王重鸣:《心理学研究方法》,人民教育出版社,2001年。

19.吴明隆:《结构方程模型——AMOS的操作与应用》,重庆大学出版社,2009年。

20.杨国枢等主编:《社会及行为科学研究法》(上册),重庆大学出版社,2006年。

(二)期刊类

21.白新文、李锋、陈毅文:《社会称许性量表的测量等价性探讨》,《心理科学》,2004年第5期。

22.曹洲涛、杨佳颖:《知识异质性促进知识创新的协同路径研究》,《科技进步与对策》,2015年第17期。

23.陈文春:《团队知识整合方式的构建与测量基于高科技企业的实证检验》,《科技进步与对策》,2012年第23期。

24.段光、杨忠:《知识异质性对团队创新的作用机制分析》,《管理学报》,2014年第1期。

25.简兆权、占孙福:《吸收能力、知识整合与组织知识及技术转移绩效的关系研究》,《科学学与科学技术管理》,2009年第6期。

26.柯江林、孙健敏、石金涛、顾琴轩:《企业R&D团队之社会资本与团队效能关系的实证研究——以知识分享与知识整合为中介变量》,《管理世界》,2007年第3期。

27.吕洁、张钢:《知识异质性对知识型团队创造力的影响机制:基于互动认知的视角》,《心理学报》,2015年第4期。

28.倪旭东、项小霞、姚春序:《团队异质性的平衡性对团队创造力的影响》,《心理学报》,2016年第5期。

29.杨皎平、侯楠、邓雪:《基于团队认同对学习空间调节作用的成员异质性对团队创新绩效的影响研究》,《管理学报》,2014年第7期。

30.张崴、王续琨:《科研团队结构对团队创造力的影响——基于研究型大学科研团队的探索性案例研究》,《软科学》,2013年第7期。

二、英文部分

(一)著作类

1.Aiken L. S., West S., *Multiple Regressions: Testing and Interpreting*

Interactions, Newbury Park, 1991.

2.Amabile T. M., *The Social Psychology of Creativity*, Springer –Verlag, 1983.

3.Anderson J. R., *The Architecture of Cognition*, Harvard University Press, 1983.

4.Blau P. M., *Exchange and Power in Social Life*, Wiley, 1964.

5.Blau P. M., *Inequality and Heterogeneity: A Primitive Theory of Social Structure*, Free Press, 1977.

6.Boisot M., *Knowledge Assets, Securing Competitive Advantage in the Information Economy*, Oxford University Press, 1998.

7.Boisot M., *Information Space: A Frame Work for Learning in Organizations, Institutions and Cultures*, Routledge, 1995.

8.Bollen K. A., *Structural Equations with Latent Variables*, Wiley, 1989.

9.Bourdieu P., Wacquant L. J. D., *An Invitation to Reflexive Sociology*, University of Chicago Press, 1992.

10.Burt R., *Structural Holes*, Harvard University Press, 1992.

11.Chaffey D., Wood S., *Business Information Management: Improving Performance Using Information Systems*, FT Prentice Hall, 2005.

12.Cicourel A. V., *Cognitive Sociology: Language and Meaning in Social Interaction*, Penguin, 1973.

13.Coleman J. S., *Foundations of Social Theory*, Harvard University Press, 1990.

14.Davenport T. H., Prusak L., *Working Knowledge: How Organizations Manage What They Know*, Harvard Business School, 1998.

15.Deci E. L., Ryan R. M., *Intrinsic Motivation and Self-Determination in*

Human Behavior, Plenum, 1985.

16.Dretske F., *Knowledge and the Flow of Information*, MIT Press, 1981.

17.Durkheim E., *The Rules of The Sociological Method*, Free Press, 1962.

18.Giannetto K., Wheeler A., *Knowledge Management Toolkit: A Resource for Creating Policy and Strategy, with Practical Guidance for Managing Knowledge at All Levels within the Organization*. Gower, Aldershot, U.K, 2000.

19.Jacobs J., *The Death and Life of Great American Cities*, Random House, 1961.

20.Kramer R. M., Tyler T. R., *Trust in Organizations: Frontiers of Theory and Research*, Sage Publications, 1996.

21.Lawrence P., Lorsch J., *Organization and Environment: Managing Differentiation and Integration*, Harvard Business School Press, 1967.

22.Lawson T., *Economics and Reality*, Routledge, 1997.

23.Lin N., *Social Capital: A Theory of Social Structure and Action*, Cambridge University Press, 2001.

24.Putnam R. D., *Making Democracy Work: Civic Traditions in Modern Italy*, Princeton University Press, 1993.

25.Sternberg R. J. et al., *Practical Intelligence in Everyday Life*, Cambridge University Press, 2000.

26.Turban E., Frenzel L. E., *Expert Systems and Applied Artificial Intelligence*, Macmillan, 1992.

27.Van Gundy A. B., *Managing Group Creativity: A Modular Approach to Problem Solving*, American Management Association, 1984.

28.Watson I., *Applying Knowledge Management: Techniques for Building Corporate Memories*, Morgan Kaufmann Publishers Inc, 2003.

(二)期刊类

29.Adler P. S.,Kwon S. W.,Social Capital:The Good,the Bad,and the Ugly, In E. Lesser(Ed.),*Knowledge and Social Capital:Foundations and Applications*, Butterworth-Heinemann,2000.

30.Ashforth B. E.,Harrison S. H. & Corley K. G.,Identification in Organiz-ations:An Examination of Four Fundamental Questions,*Journal of Management*, No.3,2008.

31.Barlow C. P.,Deliberate Insight in Team Creativity,*The Journal of Creative Behavior*,No.2,2007.

32.Bezrukova K. et al.,Do Workgroup Faultlines Help or Hurt? A Moderated of Faultlines,Team Identification,and Group Performance,*Organization Science*, No.1,2009.

33.Carmeli A.,Gelbard G. R.,Linking Perceived External Prestige and Collective Identification to Collaborative Behaviors in R&D Teams,*Expert Systems with Applications*,No.7,2011.

34.Cerpa N.,Verner J. M.,Why Did Your Project Fail?,*Communication of the ACM*,No.12,2009.

35.Chen M-H. Understanding the Benefits and Detriments of Conflict on Team Creativity Process,*Creativity & Innovation Management*,No.1,2006.

36.Chen M-H et al.,Social Capital and Creativity in R&D Project Teams, *R&D Management*,No.1,2008.

37.Conner K. R.,Prahalad C. K.,A Resourced-based Theory of the Firm: Knowledge Versus Opportunism,*Organization Science*,No.5,1996.

38.De Dreu C. K. W.,Weingart L. R.,Task Versus Relationship Conflict,

Team Performance, and Team Member Satisfaction: A Meta - Analysis, *Journal of Applied Psychology*, No.88, 2003.

39.Eisenbeiss S. A et al., Transformational Leadership and Team Innovation: Integrating Team Climate Principles, *Journal of Applied Psychology*, No.6, 2008.

40.Farrell J. B. et al., CEO Leadership, Top Team Trust and the Combination and Exchange of Information, *Irish Journal of Management*, No.1, 2005.

41.Felin T., Hesterly W. S., The Knowledge-Based View, Nested Heterogeneity, and New Value Creation: Philosophical Considerations on the Locus of Knowledge, *Academy of Management Review*, No.1, 2007.

42.George J. M., Zhou J., Dual Tuning in a Supportive Context: Joint Contributions of Positive Mood, Negative Mood, and Supervisory Behaviors to Employee Creativity, *Academy of Management Journal*, No.3, 2007.

43.Gilson L. L., Shalley C. E., A Little Creativity Goes a Long Way: An Examination of Teams' Engagement in Creative Processes, *Journal of Management*, No.30, 2004.

44.Gonzalez R., Brown R., Dual Identities in Intergroup Contact: Group Status and Size Moderate the Generalization of Positive Attitude Change, *Journal of Experimental Social Psychology*, No.6, 2006.

45.Harrison D. A., Klein K. J., What's the difference? Diversity Constructs as Separation, Variety, or Disparity in Organizations, *Academy of Management Review*, No.32, 2007.

46.Hülsheger U. R. et al., Team-Level Predictors of Innovation at Work: A Comprehensive Meta-Analysis Spanning Three Decades of Research, *Journal of Applied Psychology*, No.5, 2009.

47.Kane A. A., Unlocking Knowledge Transfer Potential: Knowledge Demonstrability and Superordinate Social Identity, *Organization Science*, No.3, 2010.

48.Kang S. K., Morris S. M. & Snell S. A. Relational Archetypes, Organizational Learning, and Value Creation: Extending the Human Resource Architecture, *Academy of Management Review*, No.1, 2007.

49.Kratzer J. et al., The Social Structure of Leadership and Creativity in Engineering Design Teams: An Empirical Analysis, *Journal of Engineering & Technology Management*, No.4, 2008.

50.Kratzer J. et al., Balancing Creativity and Time Efficiency in Multi-team R&D Projects: The Alignment of Formal and Informal Networks, *R&D Management*, No.5, 2008.

51.Leenders R. T. A. J. et al., Systematic Design Methods and the Creative Performance of New Product Teams: Do They Contradict or Complement Each Other?, *Journal of Product Innovation Management*, No.2, 2007.

52.Lin B., Chen C., Fostering Product Innovation in Industry Networks: The Mediating Role of Knowledge Integration, *International Journal of Human Resource Management*, No.1, 2006.

53.Newell S. et al., ERP Implementation: A Knowledge Integration Challenge For the Project Team, *Knowledge and Process Management*, No.4, 2006.

54.Pearsall M. J. et al., Unlocking the Effects of Gender Faultlines on Team Creativity: Is Activation the Key?, *Journal of Applied Psychology*, No.1, 2008.

55.Pieterse A. N., Knippenberg D. V. & Dierendonck D. V., Cultural Diversity and Team Performance: The Role of Team Member Goal Orientation, *Academy of Management Journal*, No.3, 2013.

56.Ratcheva V., Integrating Diverse Knowledge Through Boundary Spanning Processes - the Case of Multidisciplinary Project Teams, *International Jour-*

nal of Project Management, No.3, 2009.

57.Shin S. J., Zhou J., When is Educational Specialization Heterogeneity Related to Creativity in Research and Development Teams?, Transformational Leadership as a Moderator, *Journal of Applied Psychology*, No.6, 2007.

58.Subramanian A. M., Soh P. H., Knowledge Integration and Effectiveness of Open Source Software Development Projects, *IIMB Management Review*, No. 6, 2008.

59.Sung S. Y., Choi J. N., Effects of Team Knowledge Management on the Creativity and Financial Performance of Organizational Teams, *Organizational Behavior and Human Decision Processes*, No.1, 2012.

60.Talke K., Salomo S., Rost K., How Top Management Team Diversity Affects Innovationness and Performance Via the Strategic Choice to Focus on Innovation Fields, *Research Policy*, No.39, 2010.

61.Tang C. Y., Ye L. N., Diversified Knowledge R&D Team Centrality and Radical Creativity, *Creativity and Innovation Management*, No.1, 2015.

62.Tu C. A., Multilevel Investigation of Factors Influencing Creativity in NPD Teams, *Industrial Marketing Management*, No.1, 2009.

政治文化与政治文明书系书目

- **多元文化与国家建设系列**（执行主编：常士闾）

1. 常士闾、高春芽、吕建明主编：《多元文化与国家建设》

2. 张鑫著：《混和选举制度对政党体系之影响：基于德国和日本的比较研究》

3. 王坚著：《美国印第安人政策史论》

4. 常士闾著：《合族之道的反思——当代多民族国家政治整合研究》

5. 常士闾著：《族际合作治理：多民族发展中国家政治整合研究》

6. 王向贤著：《为父之道：父职的社会构建》

7. 崔金海著：《中韩跨国婚姻家庭关系建构及发展的扎根理论研究》

- **行政文化与政府治理系列**（执行主编：吴春华）

8. 史瑞杰等著：《当代中国政府正义问题研究》

9. 曹海军、李筠著：《社会管理的理论与实践》

10. 韩志明著：《让权利运用起来——公民问责的理论与实践研究》

11. 温志强、郝雅立著：《快速城镇化背景下的群体性突发事件预警与阻断机制研究》

12. 曹海军著：《国外城市治理理论研究》

13. 宋林霖著：《中国公共政策制定的时间成本管理研究》

14. 宋林霖著：《中国共产党执政能力建设研究》

15. 孙宏伟著：《英国地方自治体制研究》

16. 宋林霖、朱光磊主编：《贵州贵安新区行政审批制度改革创新研究》

17. 袁小波著：《老龄社会的照料危机——成年子女照料者的角色经历与社会支持研究》

18. 陈文春著：《知识型团队创造力形成机理研究》

- **政治思想与政治理论译丛**（执行主编：刘训练）

19. 郭台辉、余慧元编译：《历史中的公民概念》

20. [英]加里·布朗宁等著，黎汉基、黄佩璇译：《对话当代政治理论家》

● **政治思想与比较政治文化系列(执行主编:高建)**

21. 刘学斌著:《应为何臣　臣应何为——春秋战国时期的臣道思想》

22. 王乐理著:《美德与国家——西方传统政治思想专题研究》

23. 张师伟著:《中国传统政治哲学的逻辑演绎》(上下)

24. 刘学斌著:《中国传统政治思想中的公共观念研究》

● **民主的理论与实践系列(执行主编:佟德志)**

25. 李璐著:《社会转型期城市社区组织管理创新研究》

26. 田改伟著:《党内民主与人民民主》

27. 佟德志著:《民主的否定之否定——近代西方政治思想的历史与逻辑》

● **政治思潮与政治哲学系列(执行主编:马德普)**

28. 高景柱著:《当代政治哲学视域中的平等理论》

29. 许超著:《在理想与现实之间——正义实现研究》

30. 马德普主编:《当代中国政治思潮(改革开放以来)》

● **社会主义政治文明建设系列(执行主编:余金成)**

31. 余金成著:《马克思主义从原创形态向现代形态的发展——关于中国特色社会主义基础理论的探索》

32. 冯宏良著:《国家意识形态安全与马克思主义大众化——基于社会政治稳定的研究视野》

● **国际政治系列**

33. 杨卫东著:《国际秩序与美国对外战略调整》